圖解系列

圖解

本書特色

本書在使讀者了解學校輔導原理與實際運作面向，除了針對校園輔導工作、輔導教師之準備、所需知能做介紹之外，也兼顧目前校園現況、發展及處理方向做詳實解說與建議，務期是一本讀來容易理解且吸收的圖文書。

輔導原理與實務

邱珍琬／著

閱讀文字

理解內容

觀看圖表

圖解讓
輔　導
更簡單

序

序

　　「圖解輔導原理與實務」是教師與諮商輔導養成教育的入門課程。隨著時代的更迭與演進，教師或輔導教師所需的基本功還是存在，我們甚至也建議讓家長或主要教養人可以涉獵相關的輔導知識，對自己或新新一代的學生及孩子，都是福氣！

　　輔導與諮商工作目前在國內仍被汙名化，一般人現存的許多迷思還是堅固存在，即便因為國內發生多起校園事件，教育部預計在若干年內增設國中小專業輔導教師，然而增設的名額還是極度不敷現況，許多現職的專輔導師還是獨力在掙扎奮鬥！

　　這本書的誕生是基於目前許多學生學習樣態與方式的改變，特別以圖文方式呈現，希望可以讓學習者在較短時間之內吸收與了解輔導相關知識，進而有動力去涉獵更多輔導相關資訊、充實自己的知能。也期待本書是一本好用的參考書，可以讓學習者在需要時能隨時翻閱到最有效的資訊。

第5章　輔導教師的自我覺察

第6章　輔導教師提供的服務

第7章 諮商理論與取向

第8章 諮商技巧入門

第9章 適合兒童與青少年階段的諮商理論與其應用

第10章 兒童與青少年諮商注意事項

第1章
輔導原理簡介

教學目的：

　闡明為何需要輔導原理之相關知識？了解輔導的定義、服務對象與功效，明白一般人對於輔導的迷思與誤解，清楚輔導相關領域（如教育、心理治療等）彼此的關係，理解不同輔導專業團隊（半專業、教師、社工、輔導教師、心理師、諮商師、精神醫師等）人員的類別、訓練背景與功能。

1-1　為什麼需要輔導原理與實務的知識
1-2　輔導的定義
1-3　輔導專業的團隊

1-1 為什麼需要輔導原理與實務的知能

一、為什麼需要輔導原理與實務的知能

不同教育層級的教師，除了研修教育相關的專業知能之外，還要有輔導方面的能力，這樣不僅可以提早發現需要協助的學生、做適時介入或轉介，也可以提升教育效果。有些孩子會因為家庭或是自己的因素，導致學習成效無法表現出潛能，教師若能夠具備輔導專業知識，就不會擅自將孩子的問題歸咎於孩子本身，而是會為問題找到有效的解決方法。現在各縣市幾乎都成立了「學生諮商中心」，做為學校輔導工作的後援機制，但是學校輔導教師還是需要先做處置，除非因為案情嚴重、超乎自己能力範圍，才需要做轉介到學生諮商中心去做後續治療的動作。

教育不是學業方面（智育）的學習而已，還包含人格養成、道德修養、認識自己、與人合作、問題解決等能力，而輔導也是教育裡面的一環。會教書的老師不一定能教好書、了解學生、讓學生發揮潛能；了解學生的老師，會給予學生適當的鼓勵與挑戰，以良好的師生關係為基礎（情意教育），讓學生對自己有信心、願意去做試探與努力，成為社會有用的公民。

絕大部分的學校會要求班級導師擔任第一線的輔導人員，因為一來導師與學生相處時間較多（尤其國小還是帶班制），比較清楚學生個性、喜惡、以及家庭背景；二來與學生關係較為親近、學生較信任班導，也較願意與班導談論自己遭遇的困擾與議題；再則，班導與家長們接觸或聯繫時間較多，彼此較為熟悉，較早建立可能的合作關係，為了孩子的福祉，彼此可以互通有無、做適當的「政策連線」。因此，就主、客觀因素來說，教師希望可以成為一位人師與良師，輔導知能可以協助老師達成目標，同時也讓教師成為有效處理學生問題的專家。

以往許多國小還有認輔老師的制度，近年來也因為專任輔導教師的設置而取消。許多認輔教師因為關心學生、願意多花額外的時間與心力協助學生，其實是很棒的一個資源，甚至有些認輔老師因為想要更有效地協助學生，自己還繼續進修輔導相關課程。

二、修正與釐清對輔導的迷思

到目前為止，還是有許多人（包括教師本身）對於輔導有許多錯誤的看法（或迷思），這些其實也是阻礙輔導發揮其功能的嚴重障礙之一。將輔導貼上「汙名」的標籤，認為只要是進入輔導室的都不是「好學生」或是「問題學生才需要輔導」，不僅讓家長或學生感到困擾，也增加學校相關老師的工作難度。因此倘若有更多人了解輔導原理的真正意義與目的，就可以讓輔導與教育工作更順利、有效！

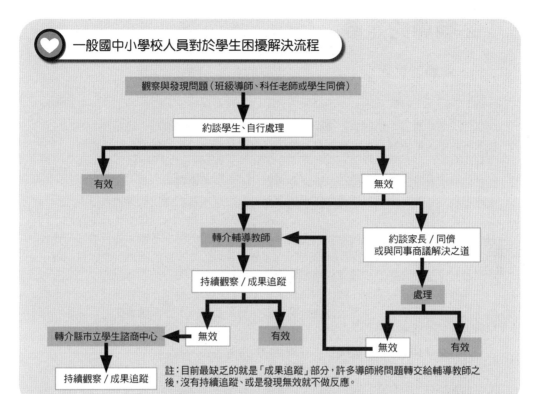

一般國中小學校人員對於學生困擾解決流程

觀察與發現問題（班級導師、科任老師或學生同儕）

約談學生、自行處理

有效

無效

轉介輔導教師

約談家長／同儕
或與同事商議解決之道

持續觀察／成果追蹤

處理

轉介縣市立學生諮商中心

無效

有效

無效

有效

持續觀察／成果追蹤

註：目前最缺乏的就是「成果追蹤」部分，許多導師將問題轉交給輔導教師之後，沒有持續追蹤、或是發現無效就不做反應。

 一般人對輔導的迷思

一、視輔導室為「學生問題中心」
（被汙名化，學生怕被標籤）。

二、視輔導人員為心理醫生。

三、視輔導人員萬能（認為只要交給
輔導老師就可以『修好』學生）。

四、視輔導為無能
（必須有立竿見影之效）。

五、視輔導為給予忠告或建議。

七、視輔導工作為教師額外負擔。

八、視輔導工作為輔導人員
個人的「責任」。

九、擔心輔導人員洩密。

十、將心理測驗、建立學生資料
視為輔導工作主要內容。

十一、視輔導人員為完人、
超人或聖人。

1-2 **輔導的定義**

一、**輔導的定義**

一般是將「輔導」一詞用在學校或教育單位，取其「輔助」與「指導」的含義，英文是 Guidance，就有較多的「引導」意味，也因為學校站在教育的立場，著重指導與引導。《張春興心理學辭典》裡面指出輔導的定義為：「輔導是一種教育的歷程，在輔導歷程中，受過專業的輔導人員，運用其專業知能，協助受輔者（或『當事人』）了解自己、認識世界，根據其自身條件（如能力、興趣、經驗、需求等），建立其有益於個人與社會的生活目標，並使之在教育、職業與人際關係等各方面的發展上，能充分展現其性向，從而獲得最佳的生活適應。」從這裡可以看出輔導包含了：（一）是「教育」歷程的一種；（二）由「受過專業的輔導人員」來運作；（三）協助「受輔者」認識自我與所生存的世界、發揮潛能。因此所謂的輔導基本上要考慮到輔導人員、受輔者與其目標三個面向。國內的輔導教師，以公立高中的配置最佳，目前幾乎都是擁有碩士以上諮商或輔導相關領域學位的教師擔任，國中的人員配置次之（有本科系或非本科系畢業者），國小則是更次之（一般教師或有選修輔導學分者），有些輔導主任屬於「過水」性質（也就是校長訓練的經歷之一）、毫無專業可言。現在正逐步在補足專業輔導人員，也正是因為最基礎的教育領域缺乏專業助人者之故。

二、**輔導與教育、諮商、心理治療的區別**

諮商是輔導或心理治療的歷程，是具有專業知能的專業助人者，提供當事人直接、面對面的協助。協助的對象可以是一般遭遇到日常生活的困難、或需要自我了解的當事人，也可以是生活適應上有困難或心理疾病患者，前者重在自我成長、教育或學習，後者著重「再教育」與習慣的矯治。

心理治療則是針對心理疾病患者或生活適應困難者所提供的診斷與治療措施，提供協助的專業人員包含精神科醫師、臨床心理學家（受過生理精神病學訓練）、精神科社工人員與諮商師等，目的為增進當事人的自我了解與認識環境、內心衝突之解決，養成當事人矯正不良行為或習慣之能力，以及提供當事人支持來面對現實生活、重建幸福生活。

嚴格說來，教育、輔導、諮商與心理治療也可以有先後次序之別。也就是說「教育」上遭遇到困難者，可以進一步尋求「輔導」機制的協助，輔導人員若是因為時間與能力不敷所需，則可以經由轉介與合作管道，讓當事人接受諮商師或心理師、社工與精神醫師等人的協助，情況嚴重者就改與醫院的精神醫師合作、配合藥物的治療。

教育、輔導、諮商與心理治療的關係圖

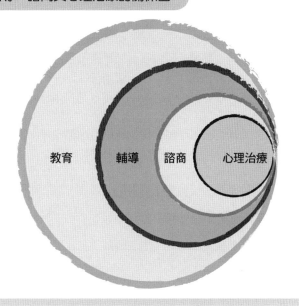

教育　　輔導　諮商　　心理治療

 教育、輔導、諮商與心理治療特色

項目/類別	教育	輔導	諮商	心理治療
服務對象	所有學生	一般人	一般人或需要自我了解與生活遭遇困擾者	心理疾患
特色	發展與預防。有外顯（行為表現）與內隱（價值觀、道德涵養、態度）的教育目的。	發展與預防。（協助當事人了解自己、發展自我與適應學習生活）	發展、問題解決與治療。（針對日常生活困擾）	補救與修復。（常需要藥物的輔助治療。對象是心理疾患居多、需長期治療者，如憂鬱症、精神分裂症、思覺失調症）
關係	有位階或無位階之別、來源無數。	是合作與民主式的協助（非強迫性）。	特別重視諮商或治療關係的建立。	重視醫病關係。
目的	目的在讓個體發揮潛能，過自己想要的生活，也對社會做出有益貢獻。	重視個別差異（配合個人條件與需求）。目標兼顧個人與社會（利己也利人）。	以當事人為中心，以當事人的需求為首要目標。	讓當事人生活功能獲得修復，有時涉及人格之重整或矯正。
其他參與人員	家庭、老師與社會人士與媒體都參與其中。	主要是學校教職員、輔導老師、學生與家長，偶而也涉及社工與（諮商）心理師等。	諮商師、心理師或是其他專業人員（如社工、醫療人員）。	身心科醫師、心理師或其他醫療人員。

1-3 **輔導專業的團隊**

　　教育的工作是由學校老師、校長、家長或安親班老師共同為之，當然社會媒體也有潛在的教育功能，教育是終身學習的歷程。輔導工作由學校專任輔導老師或兼輔老師（大學為輔導本科系畢業、選修輔導為輔系、或是選修二十六到四十個輔導學分的教師）負責，但是班級級任老師與其他科任老師也可以是「半專業」的協助者。諮商工作則是由領有諮商心理師執照或臨床心理師（工作場所以醫療院所居多）執照者擔任，有些機構的社工師也要擔任諮商工作；心理治療則是由諮商師、臨床心理師與精神醫師擔任。

　　由諸多學者的研究發現，許多的問題需要這些助人專業的團隊一起來完成，效果更佳，也就是一個學生的問題，涉及到不同層面的影響。以「中輟」為例：學生個人方面──學習動機低落、情緒沮喪；同儕方面──受同儕排擠；家庭方面──單親、家長工作忙碌無法兼顧教養工作；附近社區方面──宮廟活動頻繁、家長們對孩子學習不熱心；學校方面──注重競爭與學業、無法讓孩子有歸屬感；社會方面──金錢至上、傳統價值觀改變。也因此必須要結合社區裡不同的人士（學校老師與同學、家長、鄰居、社區熱心人士）與助人專業者（社工、輔導教師、諮商師或醫師）共同合作來解決中輟問題，讓學生有動機繼續在學校學習。

小博士解說

　　輔導工作要成功有效，絕對不是靠輔導教師一人可以獨力為之。想想看，一位學生學習動機低落可能已經持續一兩年的時間，要期待輔導教師經由一兩次的約談或處理，就激發或提升其學習動機與成就，幾乎是不可能的任務！學生學習動機低落、造成學業成就不佳，需要考慮的因素可能有（不限於此）：

　　一、學生的家長是否提供適當學習資源或環境讓學生可以安心學習？

　　二、學生家長對孩子有無適當期待？太高或太低都容易折損孩子學習動力。

　　三、學生在班上是否有關係不錯的同學，彼此可以互相協助與學習？

　　四、教師對待學生是否一視同仁，也了解學生不同的能力、有適度期待，以及提供足夠資源？

　　五、班上學習氛圍是否鼓勵學生學習、而非過度競爭或太過鬆散？

　　六、學生生活中是否遭遇突發或特殊事件（如霸凌或失落經驗），影響其學習動機？

　　七、學生是否有良好學習與作息習慣？

　　八、學生住家附近物理環境是否安全與健康，而沒有吵雜、犯罪、或聲色場所因素所干擾？

❤ 不同助人專業的功能與服務對象

專業名稱	服務地點	服務對象	服務方式	備註
輔導教師	國小、國中與高中（職）	學校學生與教師或家長	提供符合發展階段的各項服務	目前各級輔導教師以高中教師的專業度最高，基本上都有研究所以上學歷；國小輔導教師專業度最低、且背景龐雜
社工人員	社區	經濟或身心弱勢族群（如身心障礙或心理疾病、家暴家庭、犯罪受害者）	協助其滿足維生的基本需求（如經濟救助、喘息服務、醫療接送）	社會工作者是各種資源的媒介者，但因為工作量大，替換或耗損率很高
諮商師	社區與大學（也可依服務對象區分為兒童青少年、家庭、成癮或伴侶諮商師）	一般民眾與大學院校相關人士	協助遭逢心理困境、創傷，或是一般自我了解與問題解決	每位諮商師的服務專業不同，目前國內有在學校、社區、私人心理診所服務的，以及「行動諮商師」（或稱自由諮商師）
諮商師教育者（培養諮商師的大學與研究所教師）	大學院校輔導與諮商相關系所	大學生、研究生、以及諮商師（繼續教育提供者）	擔任教學與訓練、督導、做研究	國內公立學校的諮商師教育者受限於「不得私自執業」的規定，許多人都缺乏持續的臨床經驗做為其教學之輔助，容易生疏
心理（或精神科、身心科）醫師	綜合醫院或身心科診所	社區民眾	擔任評估、診療、開藥，少數也做深度的心理治療；若在教學醫院也需從事研究工作	大部分的心理醫師負責診斷與開藥，較少與病人晤談，美國有另一種博士心理師（Doctor of Psychology），可以做催眠或深度治療、但不能開藥
半專業助人者（包括兼輔教師與義工）	社區各單位	一般民眾	做危機處理或是先行安置的作業（如安撫受災戶、提供實體物資協助）	沒有經過專業的系統訓練，其協助有限，然而具相當輔佐之功能

注：許多的危機現場，有時候需要配合當地的資源先行運作，而許多都是「半專業」人員或義工先走上第一線、提供協助，這些人的功能是不容忽視的。

第2章
學校輔導工作

教學目的：

　　了解學校輔導工作現況、面臨的問題與挑戰，了解學校輔導團隊人員與各自職責、專輔教師工作內容，清楚學校輔導工作目標與內容（生活或行為、學習與生涯三項）、兒童與青少年較常見的偏差行為與處置方式，以及各級學校輔導工作重點（發展或預防、補救與治療等三級預防）。

2-1 **學校輔導工作現況**

　　學校有若干位兼任輔導教師通常都是相關科系或是選修輔導課程的教師，其功能是協助學校輔導業務（包括學生之輔導）的推動。然而國小是帶班制，教師課程負擔繁重，擔任兼輔教師只少了兩堂到四堂課，可以提供學生輔導的時間不足。國中層級的學校有較多的兼輔老師，為了讓輔導工作更具效能，專業輔導教師若可以結合兼輔老師與其他教職員工形成一合作團隊，彼此互相學習與協助，不僅在個人或專業成長上，都可以獲得許多助益。目前面臨的問題是，有些學校的兼輔導師通常沒有輔導或諮商專業背景，只是一般科任老師、熱心人士，因此真正要派上用場，還是有所不足；因此，有一些專業輔導教師，與兼輔老師共同組成學習團體，彼此定期聚會討論個案、研習新的諮商資訊，增進彼此的互動與學習，使得輔導成效更為卓著。

　　學校輔導教師的工作地點是不同層級的學校，是學校很重要的一分子，因此深入了解所服務的學校與當地社區是很重要的。倘若該校位於工業區，許多家長都是勞動階級，學生放學之後可能有一段時間是獨自在家、或是有自由時間的，輔導教師明白家長對於子女的教育態度與處理方式如何，與家長們維持良好的關係，不僅容易取得家長們的合作，對於學生問題更能有效處理；如果學校位於都會區，家長們對於孩子成績的要求可能更高，孩子所面臨的壓力也會有不同。

　　學校輔導教師所服務的對象最主要是學生，也可以是同事的諮詢顧問，只是這樣可能會有「角色衝突」的問題，這個議題會在稍後的「專業倫理」章節裡詳述。輔導教師需要規畫該校一年的輔導工作內容，除了配合教育部、縣市的行事曆或是輔導重點工作、以及該校的特殊情況之外，還需要整合資源與人力，做最有效的運用與運作。然而因為有些工作項目是與其他處室重疊或是職責劃分不清楚，因此容易造成合作困難或是淪為「不專業」，這也是目前需要積極改善之處。有些輔導教師會因為界限畫得太清楚，以為自己只是在學校擔任「輔導與諮商」工作而已，欠缺教育與團隊精神，這樣一來更造成輔導工作的障礙，未能達成目標。當然，現在學校的許多經費都需要寫計畫去爭取或是承攬，因此輔導教師也需要有擬定計畫、做研究、寫報告的能力。

　　目前國小與國中雖然已經有專任輔導教師之設置，但是以專業程度來說，高中最佳（許多是碩士層級的教師）、國小最差，國中居中，國中小的輔導主任許多還是酬庸性質、或是作為升任校長的跳板。

❤ 縣市學生輔導機制

認輔老師、班級老師
（協助行為或有偏差之虞/家庭關係不佳之學童）

轉介

輔導室

學生諮商中心

學校輔導室
（專業輔導教師）

學生諮商中心
（專業諮商心理師、社工）

轉介

❤ 理想的輔導教師需要具備的能力

能力	說明
專業輔導諮商知能	基本的助人配備（包含個別諮商、團體諮商與諮詢）。
行政	全校輔導計畫的擬定與執行。
協調與整合資源	與其他同事或是社區機構的協同合作。
與人互動與溝通	不管是在諮商臨床工作上或是一般生活上都需要。
擬訂計畫與做研究	有些學校爭取資助或計畫時需要。
教學	有些輔導教師需要擔任教學工作（如國小綜合活動、國中輔導活動、高中生命教育等）。
訓練與督導	有些輔導教師需要從事義工或是同業的訓練教育與實務督導工作。

2-2 學校輔導工作編制

通常是 24 班以上的國中、小才設置輔導室。輔導室設有輔導主任一名，底下再分為「輔導組」與「資料組」，學校規模較大者又有「特教組」，各組底下有一位組長。唯目前因為少子化之故，學生人數驟減，許多學校都面臨教師縮編的情況，因此輔導室的編制也不同以往。

教育部在 2011 年三讀通過的「國民教育法」第十條修正案，明訂國小 24 班以上須設置專任輔導教師，國中則是至少須有一名專任輔導教師，若在 21 班以上再增設一名，55 班以上還應設社工師或心理師。然而，以這樣的方式增設專任輔導教師，平均1000 人才配置到一位專輔教師，在員額分配與服務品質上還是極為欠缺。目前已完成修法，規定：國小 24 班以下設專任輔導教師 1 人，每增加 24 班就增設專任輔導教師1 人，國中 15 班以下設專任輔導教師 1 人，每增加 15 班就增設專任輔導教師 1 人，高中 12 班以下設專任輔導教師 1 人，每增加 12 班就增設專任輔導教師 1 人。教育部表示，未來修法後，高中以下輔導教師預計增加 4042 人。

基本上學校教職員都是輔導團隊裡的一員，只要是有關學校或是學生的事務，都在責任範圍之內，因此輔導教師必須也有能力取得校長的信賴與支持，最重要的是校長是否重視輔導工作。倘若校長會邀請輔導專長的人員擔任輔導室工作，也願意盡力協助輔導事務的推行，那麼此校的輔導成效一定較佳！因為校長是一個風向球，校長重視輔導，底下的行政人員才會願意配合，才可能協助輔導工作的順利進行。

學校的輔導工作人員除專任輔導教師之外，還包含兼任輔導教師、心理師（或社工師）、輔導行政人員與全體教職員，此外，該縣市的「學生諮商中心」、醫院、衛生局處、社會局、教育局、以及不同的義工人員，也都屬於輔導資源，學校與這些單位的緊密聯繫是必要且重要的。倘若輔導教師能力有限，這些也都是適當的求助管道，而輔導教師轉介個案出去之後，也要繼續做密切聯繫與追蹤。

輔導工作不是輔導教師一人或數人可以獨力為之，而是需要全校師生、教職員、家長與社區人士共同戮力，輔導教師也要取得與各處室的良好合作關係，才能畢竟其功。輔導教師不僅要維繫與增進自身的專業知能，還要讓輔導諮商普羅化、努力創造有利於輔導工作的環境。目前國小專輔老師在員額上的編制較少，因此要負責的對象與事務多且繁忙，最主要的是專業度不足，所以提供的服務品質就大打折扣，許多學校的專輔教師都是一人獨力作業、欠缺奧援，倘若又不拓展或建立資源脈絡，輔導工作更是艱辛難行！

學校輔導人員的編制圖

校長

教務主任　　輔導主任　　學務主任

教師　　　輔導教師
　　　　　兼任輔導教師　　一般行政人員
　　　　　認輔教師

 學校輔導基本原則

一、重視學生個別差異	八、關切個人人格發展與成長
二、尊重個人價值、尊嚴與選擇權	九、協助學生做決定
三、強調人性的積極面	十、強調主動合作
四、以全體學生為對象	十一、協助學生自我了解
五、輔導乃一團隊工作	十二、乃一持續之教育歷程 （學校輔導是指導與教育並重）
六、輔導人員專業化	十三、輔導工作乃有組織、 計畫與評鑑的完整系統
七、輔導是助人自助	十四、學校輔導方案反映學校之特殊性

2-3 **輔導生態圈理念**

　　輔導教師是學校的一員，因此讓學生、老師、職員與家長都能成為輔導生態的一環，大家齊心齊力，可以建設出一個更健康、美善的生活環境！輔導教師也不應只是待在輔導室裡埋首工作而已，必須要了解與熟悉所服務的族群與環境，讓輔導諮商可以普羅（及）化──就是讓一般大眾都知道專業助人者的工作項目與能力、可以如何使用此資源，也是促進社區民眾身心健康重要的一員。輔導工作並不是在學校做完就好，因為一個人的生活圈還有其家庭、鄰里、社區等大環境，因此要顧及輔導效果與其持續性，不能夠只專注於在學校的輔導工作而已。輔導教師也應該要廣拓資源，和當地社區人士與相關可用的資源（如社工、鄰里長、義工組織、社會局、醫院或心理師）做連結，這樣才可能提供更好、更有效的服務。

　　教育上有所謂的「生態圈」觀念，指的是影響個人的不同力量，從最內側的「自我」開始（見下頁圖示），依序為：個人、家庭、鄰居、學校、社區、組織機構、政府、文化、全球化。也可以從這個觀點來看「輔導生態圈」，倘若個人出現問題，可能不是該個人的問題而已，而是除了看問題個體之外，還要考慮到其周遭的其他條件與可能因素（如家庭、學校、社區、政府或文化），也因此若要有效解決此個體之問題，需要多管齊下。

　　生態的觀點就是不將問題歸咎於個人，因為個人可能受到諸多因素影響而出現問題，真正的問題根源也許很多且複雜。像是經濟衰退（全球化）使得出口數量下降、工廠訂單銳減（組織機構）因而裁員（父親失業），家庭經濟頓失依靠，母親必須去工作，孩子在家因父親的失業壓力而被施暴（家庭因素），導致其積壓情緒無法宣洩，於是到校欺負同儕（個人行為問題）。

小**博士**解說

　　「系統觀」的觀點就在於：個人是身處在大系統下的一員，受周遭環境、觀點、文化等影響，因此有時候不是「個人」的問題，而是大系統出現問題，只是在個人身上「表現」出來。

學校輔導專業團隊與職責

專業人員	職責
輔導教師	統籌、執行與協調學校輔導相關業務,包括個諮、團諮、諮詢、學習輔導、全校宣導與班級輔導。
教師	協助學生學校適應與學習效率,轉介學生與協同輔導。
社工師	協助學生就學順利,連結家長、社區與學校資源,並在第一時間提供必要的經濟支援與安置。
校長與處室行政人員	協助輔導計畫與工作執行,特別是人力與行政資源的提供。
校護或醫師	協助學生衛生健康等相關知識與維護,必要時做轉介與諮詢。

輔導生態圈

2-4 學校輔導工作目標與內容（一）

　　學校輔導工作之目的在於輔導人員運用專業知識、關照學生需求，協助學生自我了解、認識世界，面對與適應學習、生涯及身心發展等議題，建立有益於個人及社會之生活目標，使其可充分發揮潛能、有最好的生活適應。

國小輔導工作重點

　　一、預防勝於治療（利用宣導、班級輔導與教育方式進行）；

　　二、重視發展性輔導（了解孩子生理、社會、人格與情緒各方面的發展特色與需求，適時予以協助）；

　　三、重視導師之輔導功能；

　　四、重視親師溝通與合作；

　　五、重視行為改變技術之運用；

　　六、其他相關媒體的運用（如遊戲、繪畫、活動、音樂、繪本、演劇等）；

　　七、重視特殊兒童（包括特殊才能或有障礙者）之鑑定、安置、教育與輔導。

國中輔導工作重點

　　國中正值青春期，因此輔導重點在於生涯探索、發展議題（生理、性、情緒、獨立能力、人際關係、親密關係等）、藥物濫用或行為問題、壓力和調適、與自我了解。此外，青春期是心理疾病發生期，因為個體自身身心發展與社會要求雙重壓力下，更容易發病，也提醒輔導相關人員要注意。

　　學校輔導工作內容主要含括「生活」、「學習」與「生涯」這三項，一般將學校輔導工作歸納為：生活輔導（或稱『行為輔導』）、學習輔導與生涯輔導。以下分別詳細敘述與說明：

一、生活輔導

　　生活輔導或稱「行為輔導」，主要是針對一般學生，項目包含有日常生活、健康生活、休閒生活、社交生活、家庭生活、學校生活與人格發展的輔導。另外對於行為有偏差或是需要協助的學生提供教導、矯正與了解。學生的許多行為問題往往不是本身的緣故，而是反映出他/她當時所遭受到的壓力或是變故。學生的認知發展還未臻成熟，有時候心理或是情緒上的困擾或迷惑無法清楚表達，所以就以行為方式表現，輔導教師會將這些行為視為警訊、或是學生發出求救的訊號，進行深入了解，而不是將其視為個人化的行為而已！學生的行為與其他生活面向的關係，如學業或人際關係等，都不應該切割來看，而是彼此互相影響的。許多學生或許擔憂家計，而未能在學業表現上充分發揮；有些學生可能擔心家人生病或是父母不和，無心放在學業上或是與同儕的互動上，自然影響到其成績表現與交友。

　　班級導師或科任老師通常可以從學生學習與在校生活（尤其是下課活動或與人互動情況）中，發現需要協助的學生，一般說來有暴力、孤僻或是同儕不喜歡的學生，基本上都需要特別關注，才可以在發現之初給予最好的處置與協助。

國中小生活、學習與生涯輔導目標與內容

	生活輔導	學習輔導	生涯輔導
國小階段	◎協助兒童認識並悅納自己。 ◎協助兒童適應家庭生活。 ◎協助兒童認識學校，並適應學校生活。 ◎協助兒童認識人己關係，以增進群性發展。 ◎協助兒童認識社區，並能有效運用社區資源。 ◎協助兒童增進價值判斷與解決問題的能力。 ◎輔導兒童培養民主法治之素養並協助其過有效的公民生活。 ◎協助兒童妥善安排並運用休閒生活，增進活潑快樂的生活情趣。 ◎輔導情緒困擾等適應欠佳兒童，以疏導其情緒、矯正其行為。 ◎協助特殊兒童開發潛能，並輔導其人格與社會生活之正常發展。	◎協助兒童培養學習興趣。 ◎協助兒童建立正確學習觀念與態度。 ◎協助兒童發展學習能力。 ◎協助兒童養成良好學習慣與有效學習方法。 ◎協助兒童培養適應及改善學習環境的能力。 ◎輔導兒童升學。	◎著重在自我認識，了解自我（包括個性、家庭、與性別）、能力、興趣。 ◎認識工作世界與周遭環境。 ◎了解工作特性與個人性格的相符條件。 ◎了解職業存在之價值。 ◎學習獨立作業及與他人合作。 ◎休閒生活（兼有娛樂、自我成長與發展的功能）的重要性。
國中階段	◎協助學生認識自我與悅納自己。 ◎協助學生認識人際關係的重要性，並學習人際交往技巧。 ◎協助學生適應家庭生活。 ◎協助學生充實生活內容和學習生活技巧。 ◎協助學生學習休閒生活所需具備的知識、技能與態度。 ◎協助學生認識與關懷殘障同胞。	◎協助學生認識學習環境。 ◎協助學生了解國中小教學情境的差異。 ◎協助學生培養主動積極的學習態度。 ◎協助學生了解有效的學習策略。 ◎協助學生準備考試。 ◎協助學生檢討學習狀況與克服學習困難。 ◎協助學生充實學習內容。	◎著重生涯探索，協助學生探索與了解工作世界。 ◎協助學生自我覺察興趣、能力、與價值觀。 ◎了解勞動是貢獻社會的管道。 ◎協助學生發展正確的人生觀。 ◎協助學生熟知一切的教育機會、特性，並體認教育、生活方式、工作環境等之關係。 ◎協助學生熟知各行業狀況。 ◎協助學生了解社會經濟的結構。 ◎協助學生建立對事物的價值觀，並培養其決策能力。 ◎協助學生選擇及評鑑就業或再進修的方向。 ◎讓學生熟知未來目標，確定其所欲擔任的角色。 ◎協助學生有效安排工作與休閒時間。

2-5 學校輔導工作目標與內容（二）

一、生活輔導（續）

兒童生活輔導目標與內容是：

（一）協助兒童認識並悅納自己。

（二）協助兒童適應家庭生活。

（三）協助兒童認識學校，並適應學校生活。

（四）協助兒童認識人己關係，以增進群性發展。

（五）協助兒童認識社區，並能有效利用社區資源。

（六）協助兒童增進價值判斷與解決問題的能力。

（七）輔導兒童培養民主法治之素養並協助其過有效的公民生活。

（八）輔導兒童妥善安排並運用休閒生活，增進活潑快樂的生活情趣。

（九）協助情緒困擾等適應欠佳兒童，以疏導其情緒、矯正其行為。

（十）協助特殊兒童開發潛能，並輔導其人格與社會生活之正常發展。

偏差行為

由於兒童或青少年年紀尚輕，往後仍大有可為，因此在就學期間所發生的一些行為問題，我們都稱之為「偏差行為」，而不會將其視之為人格問題或犯罪行為。所謂的「偏差行為」指的是：偏離常軌、違背社會規範、主觀的痛苦或不舒服、功能失常、或不符合預期的反應（梁培勇，2009）。偏差行為產生的因素有許多，絕不是學童個人的因素而已，主要是生物、心理、與環境因素的交互作用所產生。

兒童期較常出現的偏差行為，經過診斷之後，醫療院所與學校就可以同心協力一起協助，其預後情況甚佳。只是常常遭遇到的最大阻礙是家長，因為沒有家長願意承認自己的孩子「有問題」，也擔心他人的眼光（認為自己是不適任的父母親）。然而孩子生病極少是父母親造成的，父母親有「病識感」、願意帶孩子去求助或找資源，才有可能讓孩子較快恢復健康。有時候校方會為了孩子考量自行作主、帶孩子去就醫或是做診斷，但是基本上孩子的監護權與親權還是屬於家長的，因此校方若可以說服家長一起協助，這是非常關鍵的做法。

目前許多學校都提早發現學生可能出現的問題，例如感覺統合失調、過動症或是學習障礙與霸凌問題，其發現頻率似乎較之十年前更甚，這些也都會最先出現在學習與人際關係上的困難。可能是因為檢測的方式更為縝密、有效，也可能是目前學生面臨的壓力較之以往更為嚴重，不管原因如何，也都值得我們關注。然而，學生出現問題最難接受的是家長，一來擔心自己孩子的未來、二來擔心社會大眾的眼光，因為家長有監護權、學校人員也擔心家長的反應，很多時候都因此而延誤了「及早診斷、及早治療」的原則、耗費的人力與社會成本更高，這也是學校輔導會面臨的挑戰。

兒童期較容易出現需要關切的行為

偏差行為	特徵	行為表現	處理方式	共病(同時存在的疾病)可能
注意力缺陷/過動	注意力短暫、有衝動控制的問題。	粗心、無法完成作業、無法依指示行動、遺失重要物品;扭動身體、無法靜坐、過度奔跑或攀爬、多話、搶著說話或打斷他人說話。	藥物與行為治療。	學習障礙、對抗行為、情感疾患(如焦慮、憂鬱)、妥瑞氏症。
行為規範障礙與對立性反抗	無法維持適當人際關係、無法遵循社會規範。	攻擊人或動物、恐嚇威脅他人或找人打架、破壞物品或欺騙;與人起爭執、故意挑釁、暴怒或易怒、責怪他人。	藥物控制、認知行為治療、問題解決技巧。	十八歲以後診斷為「人格違常」(需要長期治療)。
焦慮性疾患	心悸、出汗、發抖、呼吸短促或覺得要窒息、胸悶或胸痛、噁心或腸胃不適、頭暈、不真實感、麻痺或刺痛感、發冷或臉潮紅、睡眠障礙。	過度擔心而難以控制,會刻意避開讓自己焦慮的事物或場所(如社交或空曠恐懼症)。	藥物控制或認知行為治療。	恐慌症、憂鬱症或有藥物濫用問題。
分離焦慮	害怕與依附對象分離。	怕孤單而拒學或去其他地方、夢魘,預計要分離時會有身體症狀出現(如頭痛、胃痛或嘔吐)。	藥物治療、認知行為治療。	憂鬱、焦慮。
憂鬱症	其徵狀表現與一般成人或有不同。	強烈情緒反應或行為改變,情緒悲傷或煩躁、行為無法靜止或活動減少、無價值感、自我批判、身體疲累或疼痛、食慾降低、失去興趣、孤立、學業表現失常、有自傷(殺)念頭。	藥物與認知行為治療雙管齊下。	焦慮、行為規範障礙、過動。
選擇性緘默	沒有生理上的語言問題,大半時間不說話,在某些場合或是對某些特定人還是會說話。	語言發展較遲緩、家長為人格疾患者、家人互動不良、出現在社經地位較低者。	行為治療、藥物治療或社交技巧訓練。	可能合併社交恐懼症、口吃或語言障礙。
創傷後壓力疾患	遭遇重大失落或災難後的生心理壓力症候群、害怕失控。	夢魘、難專注、強迫症狀、逃避、過度警覺或驚嚇反應、麻木、或失去現實感、解離症狀。	藥物治療、認知行為治療、減壓團體治療。	憂鬱、焦慮、恐慌。
自閉症	大腦神經功能受損,導致缺乏與他人建立感情接觸的能力。	刻板行為或重複動作、與人互動時無眼神接觸、社交關係貧乏、較無感受或表情、語言能力發展遲緩或有障礙、固執。	早期介入、行為治療。	過動、強迫性焦慮症、妥瑞氏症、情感性疾患、精神分裂症。
學習障礙	語言或聽力發展受損、閱讀書寫或數學學習有障礙。	思考衝動、注意力缺陷、學習動機與自我概念低落、社交技能差。	行為分析與治療、社交技巧訓練、適性的教育(包括電腦輔助教學)。	
智能障礙	智商低於七十、適應功能受損。	缺乏適當溝通技巧、容易發脾氣、以破壞或攻擊性行為來表達情緒、被動依賴。	行為治療與訓練。	過動、情感性疾患、廣泛性發展遲緩、刻板動作。

2-6 學校輔導工作目標與內容（三）

一、生活輔導（續）

以正向管教替代懲罰

輔導教師也需要有教學與班級經營的理念，因為其工作是教育的一環，除了配合教學，主要是讓學生可以有效學習、發揮潛能。不同教師由自己獨特的班級管理信念，所造就的班風因此而異，現在的家長也很注重孩子的學習與發展，因此快樂學習、「零處罰」就成為目前教育的首要重點。

處罰只能暫時遏止該行為、卻無法根除，也會帶來許多不良的後果，包括：模仿「以暴制暴」的報復行為、破壞彼此關係、造成孩子低自尊與不安畏懼，也可能有嚴重後果（如受傷或虐待）。因此聯合國教科文組織就發起「正向管教」運動，讓學童學習尊重平等的態度、採互惠原則與人互動，也使用正確的方式表達情緒（鄔佩麗、陳麗英，2010, p.234）。

（一）懲罰：

懲罰通常只會暫時遏止該行為，倘若沒有後續的正確行為示範與跟進，錯誤的行為並不會因此而消失，而懲罰通常是在情緒的張力之下所做的行為，因此往往失之理性、也讓處罰者做出讓自己後悔或是造成傷害彼此感情的動作。現在的民主社會已經不容許當眾的處罰行為發生，然而還是可以與鼓勵或獎勵做適當的搭配，另外還要考量當事人（或學生）本身的個性特質。處罰之前最好先做說明，讓學生知道自己不對的地方、應該如何改進，然後告知處罰方式。處罰的方式不需要用體罰或苦刑，而是要符合與其行為改進有關的「邏輯性」（或『合理性』）來進行，因此「取消特權」也是可以使用的方式之一。此外，每個人都不可能「一次就做對」，也要記得給學生第二次機會。

（二）處罰的目的與影響（Sweeney, 1989, p.95）：

1. 通常是為了展現個人的威權或權力。
2. 無邏輯可言，只是擅自將破壞性行為與結果做任意的連結。
3. 可能會涉及道德議題。
4. 與過去或歷史有關（不是著眼於現狀）。
5. 不管是表面上或隱藏著，都有氣憤的因素在，而且常常做出處罰動作之後會有懊悔的感受、也傷害彼此的關係。
6. 通常會讓受處罰對方屈從或羞辱。
7. 仰賴外在的動機（讓受處罰對象懼怕、而非內心真誠改過）。
8. 給對方沒有轉圜餘地或選擇。
9. 被處罰者充其量只是「努力忍受」而已，而不是真心接受。
10. 通常是在衝動（而非理智）之下所做的處罰決定。
11. 受處罰的對方會覺得沒價值、很渺小。
12. 通常會有不斷的嘮叨（而不是單一次行為）。
13. 使用說話或強迫手段。

學生較常出現的偏差行為（鄔佩麗、陳麗英，2010, pp.228-229）

行為種類	較常出現的行為
外向行為（有不滿情緒或壓力時，表現出對周遭環境的威脅）	偷竊、暴力（言語與行為）、逃學或逃家、攜帶武器、破壞公物、參加幫派等。
內向行為（或是『內化行為』，將外在環境所給的壓力轉向自身）	自卑、憂鬱、懼學、人際問題（孤立、被排擠）、自殺或有自殺意圖。
影響教室常規	干擾教學、上課不當發言、上課睡覺、說謊或作弊等。
學業方面的適應	上課表現無聊、對所學無興趣、學習或考試焦慮（甚至出現身體上症狀如腸胃不適、出疹子）、低學習成就等。
其他不良習性	不良嗜好（抽菸、喝酒、吸毒、熬夜、上網）、衛生習慣欠佳、不懂禮貌等。

「正向管教」的原則與重點（引自鄔佩麗、陳麗英，2010, p.235）

目的在於讓孩子學習自我內化管理	「自律」行為不需要藉外力約束，效果較持久。
針對行為而非個人	將「人」與「問題」分開，較容易改善。
注意正向、可欲的行為	看見也肯定個體的優勢，因為每個人都需要被看見、被認可。
與孩子共同討論要遵守的規則	一起商議的結果較容易遵守、也將孩子的意見納入考慮。
前後一致、堅定的引導	一致的態度才能奏效，堅定而不需要「嚴厲」。
肯定也尊重孩子	每個人都需要被認同，語氣要特別注意。
非暴力的語言與行為	做最佳行為示範，也展現了情緒智商。
回應方式直接且符合邏輯	這是與處罰最大的區別。
傾聽與示範	最基本的尊重就是從傾聽表現出來，孩子被聽見、了解之後，才有可能接受建議。「不教而成謂之虐」，適當的教導與說明，孩子才會學得正確、又有自信。
不當行為若造成損失，應有適當之補償動作	這是教會孩子「負責」的表現。
將錯誤當成學習的機會	許多學習都應該有「第二次」機會，而不是一次就要求完美。

＋ 知識補充站

　　「正向管教」（Positive discipline）的理念是從「正向心理學」（Positive psychology）而來，指的是以正向的態度與方法來指導學生，其目標是協助學生發展自尊與自我控制能力，並與別人建立健康和諧的關係。

2-7 學校輔導工作目標與內容（四）

二、學習輔導

學習輔導的目標是要讓學生可以有效學習、對學習有興趣、且能充分發揮潛能，協助低成就學生運用適當資源與方式，解決學習上的困擾，協助高成就或資優生發揮潛力、獲得最好成就。

（一）學習輔導目標與內容

學習輔導目標與內容（引自王文秀、田秀蘭、廖鳳池，2011, pp.295-296）：

1. 幫助學生建立正確良好的學習觀念與態度，以利其終身學習。2. 培養學生良好的學習習慣與方法。3. 激發學生產生濃厚學習興趣。4. 使學生實現學習的適切期望。5. 輔導學生規畫學習時間。6. 協助學生適應或調整學習環境、有效運用資源。7. 診斷學生潛在的學習困擾。8. 協助學生建立並發展有效的學習策略與能力。9. 介紹學生運用學習所需之工具與書籍。10. 培養學生主動針對需要，蒐集並統整資訊的能力。11. 培養學生獨立思考、判斷與做決定的能力。

綜而言之，也就是針對學生學習、課業、升學問題提供指引與協助，包括補救教學，務期學生可以發揮所長、豐富生活。學習輔導目標分為發展性、預防性與補救性三項。

（二）學習輔導項目

一般學校較常進行的學習輔導有（鄔佩麗、陳麗英，2010, p.215）：

1. 始業輔導：在學生進入新學習活動（或階段）之前，了解後續活動目標、內容與進行方式；新生的始業輔導與轉學生的輔導也包含在內。

2. 課業輔導：讓學生可以有效學習，提供學習方法，培養良好學習態度與習慣。

3. 升學輔導：協助學生做自我探索、學科探索與選組等。

4. 特殊學生輔導：提供適合學生能力的性向協助。除了資優教育之外，對於有情緒障礙或是學習方面有特殊需求的學生，應有個別化之輔導方案協助其有效學習。

學習輔導牽連甚廣，也需要學校相關團隊的共同合作與努力，效果才容易彰顯。

（三）影響學習的因素

影響學習的因素有許多，基本上可分為以下幾方面：

1. 個人方面：性別、身心成熟度、準備度、記憶量、認知風格、情緒穩定程度、先前的知識背景、學習經驗、學習方法與策略及時間規畫等，有無同儕支持與協助、同儕價值觀是否相同等。

2. 家庭因素：家庭經濟情況（可否提供良好學習環境與資源）、家長教育程度與期待、家庭氣氛、管教態度等。

3. 學校方面：教學設備、班級管理與氣氛、師生關係、教材適當性、教師之教學方式與態度等。

4. 社會方面：是否鼓勵學習、圖書館等相關資源之提供、電腦科技之普及與可接近情況等。

學習輔導目標（鄔佩麗、陳麗英，2010, p.215）

發展性目標　是以全體學生為對象，務期學生潛能得以發揮，因此有效率的教學讓學生可以學習有效是最重要的。像是提供閱讀讀物、徵文比賽、影片欣賞與討論等等，教師提供適當的資源與架構，讓學生可以有效學習並將之應用在日常生活中。

預防性目標　以若干學習有困難之學生為對象，為了避免問題惡化而所做的相關活動與方法，像是做性向測驗、或是潛能開發等課程，作為加強學生學習的效果。

補救性目標　是在問題發生之後，校方對於需要協助的少數學生做學習的救濟動作，像是課業輔導加強、適性或個別客製化的學習計畫、安排個案討論等。

 影響學習的因素

是否鼓勵學習、圖書館等相關資源之提供、電腦科技之普及與可接近情況等。

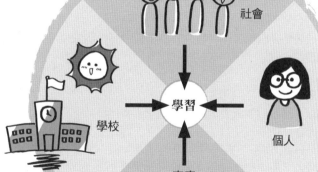

性別、身心成熟度、準備度、記憶量、認知風格、情緒穩定程度、先前的知識背景、學習經驗、學習方法與策略及時間規畫等，有無同儕支持與協助、同儕價值觀是否相同等。

社會

學校

個人

學習

家庭

教學設備、班級管理與氣氛、師生關係、教材適當性、教師之教學方式與態度等。

家庭經濟情況(可否提供良好學習環境與資源)、家長教育程度與期待、家庭氣氛、管教態度等。

2-8 **學校輔導工作目標與內容（五）**

三、生涯輔導

生涯是持續終生的過程

生涯發展是持續不斷的過程，因此生涯輔導也要以動態與互動的角度來看學生的生涯發展，必須要同時兼顧教育與訓練者、雇主與政府的需求，以及要因應勞動市場的變化（王文秀等，2011；鄔佩麗、陳麗英，2010）。以往是以傳統方面的工作佔優勢，近年來電腦科技的創新、以及人才競爭的張力，勞動市場的需求就產生了極大的變化，電腦技能成為必要條件，而雇主也需要職員有移動的能力、不待在同一個地方，而是需要到外地外國出差、甚至常駐。

生涯發展包含個體個性、興趣、想要的生活方式與工作等，因此「休閒」也相當重要，懂得培養一些嗜好或活動，不僅可以增進身心健康、打發時間、抒發情緒，也可以發揮創意、提高工作效能。

兒童與青少年生涯發展特色

兒童生涯發展特性包括：此時期處於生涯發展的「幻想階段」，對於未來職業的幻想主要來自於對父母親職業的認識，然後他們的偶像人物也可能產生影響，最近對學齡兒童的調查就可見一斑，兒童們想要做的最多是歌手與運動員，這與媒體風行的「我是歌手」等類似的超偶節目有關。兒童對於職業幻想的種類與內容外，還有職業的性別刻板印象（認為某些特定職業是屬於男性或女性）（王文秀等，2011）。

青少年生涯發展特性包含：「幻想」、「不穩定」與「現實」三個階段。國小之後進入「不穩定」期，會出現興趣、能力、價值觀與轉型等四個發展期，直到十七歲以後，才會顧及職場的實際條件與需求，正式進入「現實」期（鄔佩麗、陳麗英，2010, p.175）。

生涯發展需考慮面向

兒童與青少年的生涯方向與決定，通常受到家人與同儕的影響深遠，尤其是家長對於孩子的期待，倘若家長不清楚目前就業市場現況與孩子的想望，可能就會一味以自己的想法主導孩子生涯方向，也可能會造成親子衝突或遺憾，因此學校在了解不同年齡層的生涯發展特色、予以適當資訊提供與教育之外，還需要將家長或是社區重要人士也囊括進來，可以讓家長清楚自己孩子的能力與興趣、以及目前職場上的趨勢與需求，進一步讓家長成為孩子生涯發展的助力而非阻力。兒童與青少年處於生涯幻想與不穩定期，讓他們有機會接觸實際的工作場域、與有經驗的實務工作者有第一類接觸，不僅可以培養孩子更切實的工作觀念以及應有的態度，也會了解工作對一個人的重要性與對社會及他人的貢獻。

兒童與青少年生涯發展特色（Ginzberg, cited in Zunker, 1994/1996, p.36）

幻想時期	不穩定時期	現實時期

 兒童（11歲前）

 青少年初期（11-17歲）

 青少年中期（17歲至成人）

最初是完全玩樂導向，本階段末期玩樂才成為工作導向。

藉由慢慢認識工作要求，體認到自己的興趣、工作報酬、價值，以及時間的轉換階段。

整合能力與興趣，價值觀進一步發展，職業選擇特定化、職業選擇結晶化。

 Super 的職業發展階段（Cited in Zunker, 1994/1996, p.39）

階段	年齡	特徵
成長	出生-14、15歲	能力態度興趣與自我概念相關需求的發展。
探索	15-24歲	選擇範圍縮小，但尚未確定的試探階段。
建立	25-44歲	經由工作經驗的嘗試與穩定。
維持	45-64歲	為了改善工作職位與狀況而做持續性調整。
衰退	65歲以上	考慮退休，減少工作產出，然後退休。

＋ 知識補充站

職業選擇結晶化（Crystallization）指的是對特定職業領域做出承諾，很清楚自己要從事的工作屬於什麼性質或領域。

2-9 學校輔導工作目標與內容（六）

三、生涯輔導（續）

兒童生涯輔導的目標與內容是：

（一）增進兒童的自我覺察：認識自己、了解自己，進而喜歡、悅納自己。

（二）培養兒童正確的職業觀念：每個人的工作都有益於社會發展，也是個人回饋社會的積極方式。

（三）培養兒童正確的工作態度：盡力、真誠、責任。

（四）讓兒童了解教育與未來職業之間的關係。

（五）了解社會經濟狀況：了解個人工作與社會經濟之間的關係。

（六）增進個人對工作世界的認識：增加生活經驗，也從自己的日常生活中認識不同的工作與所需的能力。

（七）學習做決定的基本技巧：從日常生活中的選擇與決定開始，讓兒童學會自己做決定、也負起責任（像是選擇上學要穿的衣服、放學後學習什麼才藝等）。

青少年生涯輔導目標：

（一）協助學生發展正確的人生觀、了解與接受自我。

（二）協助學生熟知不同行業的狀況與所需能力，以為他日選擇職業之參考。

（三）協助學生了解社會經濟結構與變化。

（四）協助學生建立對事物的價值觀，並培養做決策的能力。

（五）協助學生選擇與評鑑就業或進修方向。

（六）協助學生熟知未來目標，了解自己想要擔任的角色。

（七）協助學生有效安排作息時間。

生涯輔導進行方式：

生涯輔導的進行方式可以很多元，端賴學校可以提供或連結的資源而定，包括課堂上的講授與介紹、興趣與職業性向測驗、參觀與觀摩、網路連結與搜尋、建教合作、個別或團體輔導，甚至提早汲取經驗，也可以結合教育活動（包括教學、升學博覽會、資料展示、校友返校座談、社會人士經驗分享）。

兒童方面可以用體驗式的教學，也可以讓他們從家人那裡了解工作性質。兒童生涯輔導主要目的是在「職業自我概念」的發展，著重其生涯的覺察。對於自我的認識攸關其生涯的面向，唯有讓兒童很清楚自己的能力與特性，才能夠在對工作世界有更多的認識之後，將自我與工作世界做適當連結（哪些工作需要什麼能力，而我有什麼能力）（王文秀等，2011）。

青少年方面，可以運用設計與發展生涯教育方案、觀察、實際工作經驗、網路連結、監督、提供以社區為本位的策略、輔導會談與融入教育方案的方式進行（鄔佩麗、陳麗英，2010, p.189）。

許多的生涯輔導方案流於單一、獨立作業（像是只出現在綜合活動裡），若能結合其他學科（如國文、數學）或活動，成效更佳！例如輔導課進行了解職業分類與興趣量表，國文課請學生訪談家長工作史，數學課可以計算一家三口一個月的收入與支出，讓學生可以體會更多生活面向與思考。

Holland的人格類型模型與職業環境（Cited in Zunker, 1994/1996, p.61）

個人風格	主題	職業環境
積極、偏好具體的工作，較不具社交性，人際互動不佳。	實際型	技術性的行業，像水電、機械操作、攝影師等。
有智慧的、抽象的、分析能力佳，獨立、有時激進，是任務導向的。	研究型	化學、物理或數學等科學家、實驗室技師、電腦程式設計師等。
想像力豐富、重視唯美主義、偏好藉由藝術方式表達自我、獨立且外向。	藝術型	雕塑家、畫家、設計師、音樂老師、編輯、作家等。
偏好社會活動或對教育活動感興趣、關心社會問題、有宗教與服務導向。	社會型	教師或教育工作者、行政人員、社工員、社福或專業助人者等。
外向、積極、喜冒險、偏好領導角色、主控性強、具說服與良好言詞技巧。	企業型	人事、生產及業務經理等管理工作者、各種銷售人員。
務實、自我控制良好、善於社交、略為保守、偏好結構性工作與社會認可。	傳統型	辦公室與事務性人員、檔案管理、會計出納、電腦操作、書記與接待等。

 Holland的人格類型模型與職業環境鑽石型圖

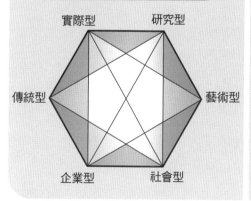

 生涯規劃模式：（Swain, 1984，引自劉焜輝主編，2010, p.150）

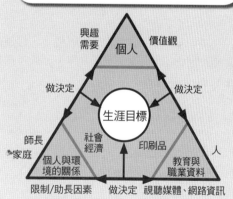

 生涯輔導進行方式示例（不限於此）

實施方式	說明	實施方式	說明
電腦輔助系統	興趣、性向或是人格與職業適配測驗	工作經驗計畫	研擬自傳、履歷表或曾擔任工作內容簡介
教育媒介	提供書面或影音資訊（如職業類別、公司或科系介紹）	就業準備	包括需要的能力、與人互動、市場調查等
團體過程	藉由團體方式了解自我與工作趨向	就業安置	協助應徵、面談資料並安排就業場所
模擬活動	想像從事的工作與流程，做實際演練（如「實習商店」）	追蹤輔導	就業後遭遇問題的協助解決

2-10 各級學校輔導工作重點

目前各級學校輔導工作基本上可分為三個層次：發展性（或預防性）、補救性與治療性，或稱為「初級預防」（一般預防）、「次級預防」（早發現早治療）與「診斷治療」（危機調適）等三級預防。

學校的輔導老師的工作當然涵蓋這三項，重點放在發展性（或預防性）與補救性上較多。因為學校是教育機構，必須針對所服務的主要對象（學生）優先考量，因此了解學生的發展情況，搭配預防的理念，可以讓問題未出現前先做好準備的工作，萬一問題還是出現，就可以做有效的補救。在「治療性」方面，有時候需要轉介給當地縣市政府的「學生諮商中心」協助處理，因為諮商中心有諮商師或心理師以及社工，而輔導老師則是擔任合作、協助的角色，通常是較為嚴重或需要較長時間治療的當事人才需要轉介。小型學校輔導老師通常只有一位，面對數百位師生，在時間上或是心力上常感不足，而學生諮商中心裡面，有較為資深或有經驗的諮商心理師可以接手繼續進行治療，有時要配合精神醫師的診斷與藥物治療。

通常進行個別輔導的程序是：發現適應欠佳者（通常是行為、情緒、或學業出現問題）→觀察與診斷問題行為成因→擬定輔導政策→進行輔導→追蹤與評估。

「發現適應欠佳者」是一般教師都可以擔任的工作，從日常或上課行為的觀察、甚至是學生或是家長方面的資訊獲得；若學校的專任輔導教師沒有擔任教學，就需要借重一般的班級導師或科任老師的敏銳觀察力、以及與學生的良好關係（師生關係良好，學生才會信任老師、據實以告）。接著，輔導老師就可以根據這些老師所蒐集到的資訊，做進一步評估與確認（或觀察），必要時帶給醫師診斷，然後擬定輔導方向與計畫並執行（這時也需要團隊合作），最後還要做追蹤、修正輔導方式，直到學生可以適應或是問題消失了為止。

學校輔導工作不是輔導教師一人可以勝任，基本上需要從校長到工友、家長與社區人士的積極投入與參與，才可以成果圓滿。一來學生生活在家庭與社區裡，周遭環境對其影響重大，二來許多的行為或心理問題不是學生個人造成，可能有諸多因素的影響，因此要做好輔導工作，健全的社區與家庭是最重要的，輔導教師不僅需要了解當地社區資源、並做聯繫與結合（類似社工工作），也需要有對的政策與執行，才能奏其功！

三級預防處理事項與方式

預防層次	第一級預防	第二級預防	第三級預防
重點	發展性或預防性	補救性	治療性
目標	協助學生或個人在生理、心理、情緒與社會成熟上的發展	當學生行為發生偏差、學習困難時，就需要介入處理，其目的是及早做補救與修正，避免問題坐大	當學生行為與問題嚴重偏差時，或者是問題發生後進行危機處理與善後，預防其再度發生
處理方式	講座或宣導方式（實施心理衛生方案）	由認輔老師或是輔導教師諮詢或諮商、團體諮商	做適當環境安置、或轉介給諮商師或身心科醫師做較長期的治療
負責專業人員	導師、科任或認輔老師	社會工作者、輔導教師、諮商師	諮商師心理或精神醫師

學校輔導工作不是要待在輔導室等工作或等人來，而是可以走出去，觀察需要或認識所服務的族群，讓大家更瞭解諮商功能。

走出輔導室，發現新天地。

＋ 知識補充站
學校針對學生的「發展性」輔導：
　　「生理」上的像是了解與認識自己的性別、如何做好衛生保健、養成健康習慣、以及青春期注意事項等；「心理」上的像是認識自我、接納自我等；「情緒」上的像是認識情緒、情緒的功能、情緒管理等；「社會」上的像是如何與家人相處、交朋友的技巧與態度、霸凌等，有些主題或內容可以是重疊的，像是「心理」與「社會」。

第 3 章
輔導教師的準備

教學目的：

　專業輔導教師通常是輔導諮商相關科系畢業、修習過教育相關課程，或是教育相關科系、修習輔導相關課程與實習。國中小輔導教師因為缺乏臨床經驗，在實際協助當事人時會較生疏，這些情形經過更多的經驗與督導、研習，就可以改善許多。學校輔導教師身負重任，需要有很高的敏感度與危機處理警覺性及能力，對於高危險群（如自傷、自殺、受暴）學生的觀察與判斷更是重要，而且絕不能漠視或不處理。

3-1 **輔導教師的準備**

　　Corey（2009）提到諮商師的條件包括：自我認定，尊重也欣賞自己，能認可與接受自我力量（也有正面影響他人的力量），對改變開放，做選擇並塑造自己生命型態、所做選擇為生命導向，感覺有活力，真誠、認真、誠實，有幽默感，犯錯也願意承認，活在當下，欣賞文化之美，對他人福祉真心關切，投入工作並自其中衍生意義，能維持健康界限。可見從事諮商這一行，不僅僅是專業方面的知能，著重的還在諮商師本身的許多特質。

各級學校輔導教師之資格

　　輔導教師除了要有教育與教學方面的專業訓練之外，還需要有輔導與諮商方面的養成訓練。以美國中學的輔導教師（Guidance counselor）為例，需要了解所服務的學生族群（青春期），再者還需要經過諮商師的系統養成訓練、取得碩士學位之後，才可以擔任這項工作。我國的情況略有不同，國小輔導教師要修習國小的教育學程，包括輔導專業學分 20 個（或參加 40 學分班）、修過輔導實習課程（也就是實際進入國小教育現場擔任國小相關的輔導工作一學期），考過國小教師證之後，才有資格參加國小專任輔導教師的考試；國、高中輔導教師需要修習中學教育學程，通常是輔導或諮商系所的學生，修畢輔導諮商實習課程，畢業之後才有擔任國、高中輔導教師之資格。我國目前專業度最高的是高中輔導教師。

學校輔導工作與在地資源的結合與回饋

　　學校輔導工作不是獨立運作就好，還需要結合在地資源、建立合作關係，並對社區做適當回饋：

　　一、與在地資源的結合：不同教育層級的學校儘管輔導工作重點不同，其資源與特色亦異，因此了解該校及社區擁有的文化、既有資源與特性（包含學生家長從事的工作）是必要的，輔導工作也需要做在地化的彈性調整與安排。

　　二、舉辦相關活動、回饋地方：學校不是一個孤立的單位，必須與在地連結，因此輔導工作除了針對學生所做的生涯、學習與生活輔導項目之外，還要不定期配合學校行政單位，舉辦親職教育、危機處理等衛生教育宣導，若能夠取得社區家長的了解與合作，輔導功能才能發揮最大功效！

輔導教師培訓課程

　　輔導教師需要完成的輔導課程包括：兒童（或人類）發展、學校輔導工作、輔導原理與實務、諮商理論與技術、團體輔導與諮商、輔導與諮商實習、輔導方案設計與評估、學習診斷與輔導。

　　教育部規定的國小輔導教師「加註輔導專長」分為「必備科目」與「選備科目」。「必備科目」就是基本輔導與諮商理論及實務課程（包含『實習』），只要選修對應課程裡的一項即可滿足要求。「選備科目」裡，可以依據個人之需要與興趣做適當選修。

教育部規定的國小輔導教師「加註輔導專長」科目如下表：

(必備科目 10 學分、選備科目 16 學分，共 26 學分)

目的	必備科目	對應科目或課程
培養教師基本輔導素養、學習基礎學校輔導知能，並能配合學校與社區的脈絡，推展輔導工作。	學校輔導工作	學校輔導工作、輔導原理與實務、學校諮商
認識助人工作與諮商歷程與知能，可以依據既有資訊形成個案概念化，並採用有效策略與方式協助當事人。	諮商理論與技術概論	諮商理論與技術、諮商技巧、諮商歷程與技巧、輔導與諮商概論、諮商理論與技術的應用
了解變遷社會中兒童面臨的挑戰與適應，並運用專業知能做預防與處遇。	兒童適應問題與輔導	兒童輔導與諮商、青少年輔導與諮商
認識不同校園可能遭遇之危機與處理方式、建立三級預防之輔導網路，務期將災害減低到最小。	危機管理	危機處(管)理
透過同儕支持團體之合作，培養有效推展學校輔導工作之能力與經驗。	輔導工作實務與專業成長	輔導與諮商實習

選備科目	對應科目或課程
兒童心理學	發展心理學、人類發展
表達性治療	遊戲治療、沙箱遊療、音樂治療、故事治療、親子遊戲治療、藝術治療
人格心理學	人格或性格心理學
親職教育	親職教育與諮詢
多元文化輔導與諮商	多元文化教育或多元文化諮商
兒童輔導技術與策略	認知行為取向諮商與實務、行為改變技術、焦點解決、兒童諮商
個案研究	個案研究、個案評估與診斷、個案管理
團體輔導(諮商)	團體輔導、團體諮商、團體輔導與諮商
心理衛生	心理衛生、情緒管理與壓力調適、正向心理學、健康心理學
人際關係與溝通	人際關係與溝通、人際關係、人際關係與輔導
諮詢理論與實務	諮詢概論、諮詢理論與實務、親師諮詢、心理諮詢
輔導行政	學校輔導行政、輔導行政與評鑑、輔導行政與實務
學校輔導方案設計與評估	輔導活動教材教法、輔導方案設計與評估、學校輔導方案設計與評估、團體方案設計與介入
學習輔導	學習心理學、教學心理學、學習診斷與輔導、學習問題與診斷、學習輔導與策略
生涯輔導	生涯發展與規劃、生涯輔導、生涯教育、生涯輔導與諮商
心理測驗與評量	心理測驗、心理與教育測驗、心理測驗在輔導工作中的應用、測驗與評量
學校輔導倫理與法律	諮商專業倫理、諮商倫理、學校諮商倫理與法律、輔導倫理

3-2 專業團隊的縱貫聯繫與合作

各級學校的輔導工作其實受到主校政者的理念影響極大，倘若校長或是輔導主任重視輔導工作，通常輔導工作的組織就會較為完整與專業，可以發揮最大的效能，而學校氛圍與學生之間的關係都會呈現較佳狀態。

我國國、高中輔導教師通常都是輔導諮商本科系出身，因此只要選修教育學分即可滿足輔導老師之應考規定與資格。唯目前許多公立高中輔導教師幾乎都具有碩士以上學歷，而且絕大多數是輔導與諮商所畢業，其專業性最高，國中輔導教師次之，國小專輔老師又次之，然而共同的最大問題依然是專業人員不足，與要服務的對象比例有嚴重差異。

輔導教師需要接受輔導相關訓練，一般大學畢業層級的輔導教師（主要是國小與國中）較缺乏的是諮商與晤談技術的訓練，儘管在校學習期間接觸了諮商理論與技術，但是因為較缺乏臨床經驗，系裡的要求也不及培育諮商師的碩士級學生，因此在實際擔任學校輔導工作之後，才發現千頭萬緒、難達成效，更需要了解與適當運用可及資源與網路，同時也要持續增進自己的專業知能，方能竟其功。

目前我國國中、小除了專輔老師的設置之外，有些學校還搭配有社工師、心理師或精神醫師，但是許多小學校專輔老師只有一名，只好邀請有意願的老師擔任兼輔老師，但是倘若沒有專業背景的老師願意協助，也可能只徵求「有意願」者，因此程度參差不齊，對於輔導工作幫助不大。

儘管客觀環境條件不是那麼充裕，卻不表示輔導工作就無法做更好發展。輔導教師本身要走出輔導室，與同校教職員、家長與社區人士維持良好互動與溝通，也願意主動去聯繫在地的許多資源與人力（包括專業助人團隊），定期與同僚或同業舉行個案研討或是有固定督導，閱讀相關研究與書籍、參加繼續教育與研討會，可以提升自己的專業與個人成長。只有願意繼續進修、充實自己實力的輔導教師，才是學校與社區之福！

輔導工作目前已經以環境脈絡的生態系統為導向，注意到周遭環境與人事的影響，當然也不可能由輔導教師單獨作業。倘若不同助人專業可以整合與合作，這樣的團隊模式不只是必要、也是目前的趨勢。學校輔導教師有時還要發揮類似社工的功能，結合不同的資源與人力，可以讓輔導效果更好！儘管不同助人專業的服務對象可能不同，但是基本上全部都是助人專業網路的一環，不管是縱的或橫的聯繫上，都一定要做到最好，彼此之間可以有較佳的合作、造福更多有需要的民眾。

美國提供不同服務的助人專業人員

助人專業名稱	負責事項	最低教育程度
社會工作者（社工師）	一般大眾（或弱勢族群）基本經濟與生存需求的滿足與協助	大學社工相關科系畢業
學校心理師（國小）	提供有關學生發展與預防工作的診斷、處理與轉介	大學學校心理或相關科系畢業
輔導教師（國、高中）	學校輔導工作之策劃與執行、學生輔導事務、師長諮詢、實習督導（提供大學部與相關系所諮商與輔導實習）	大學學校心理或相關科系畢業
諮商師（一般社區）	任何民眾想要處理的問題。除了自願型個案外，也接機構（如社福單位或法院）轉介之個案	心理或諮商相關系所碩士畢業
諮商師教育者	在大學院校做諮商師訓練、督導與進行實務工作及相關研究	諮商師教育或是心理諮商博士學位
臨床心理博士	進行深度治療（包括催眠與人格重整）	臨床心理博士學位
精神醫師	進行評估、診斷與治療（主要是開立處方的藥物治療，也進行深度長期治療）以及臨床研究	醫學學士學位

＋ 知識補充站

在大學院校裡的諮商系所教師，就是所謂的「諮商師教育者」，雖然畢業的科系可能不同（如『諮商師教育』、『諮商心理』、『諮商心理學』或『臨床心理學』），但是其功能就是培育新一代的諮商師。也因為培育諮商師的工作，需要臨床實務與學術研究並重，才能夠不與實務脫節，同時又能印證與改進相關理論，因此在美國絕大部分的諮商師教育者會自行開業、或是持續擔任臨床工作與督導，讓專業的實務與理論互相映照。

3-3 適當的危機敏感度與警覺性

現在由於法律制度較為完善,也顧及到一些弱勢族群的權益,特別是關乎國家未來的年輕族群與弱勢族群(如兒童、青少年、老年人或是有身心障礙者等),也都受到法律的保護。學校輔導教師在面對這些年輕族群時,也必須要有適當的敏感度與警覺性,才可以在危險發生之前做適當預防、發生後做必要處理,務必讓傷害減少到最低。兒童與青少年倘若遭遇到暴力侵犯,尤其是發生在家庭裡面的事件,通常都不會願意主動說明,儘管自己是受害者,但是考慮到家人、家庭的完整性、自己的安全或是家庭顏面,就不會主動舉發,這樣的情況常常使得創傷為時更久、傷害更重,甚至是無法收拾的局面。

一般或輔導教師若發現學生行為異常,就要進一步蒐集資料、諮詢相關人員,然後按照學校通報的流程做處理,千萬不要淡然處之、或是不處理,萬一後果嚴重,不僅自己承擔不起,也將帶著這些悔恨與愧疚過生活。

危機感是很直覺的,只要發現不對勁、或是異乎常理,就需要進一步探究或確認。像是觀察到學生與同儕表現不同,或是之前與目前的表現有異,違反常理的一些行為(如溽暑天氣還穿著長袖衣服、喜歡的活動不再參加、害怕與人接觸、行為畏縮等),都有必要去了解。輔導教師的「走動式」觀察,即使沒有帶班,也要熟識學校的學生(與教職員),下課時間或是在校園裡遇到學生,都可以花一兩分鐘時間打個招呼或是閒聊,這樣對於學生的情況就更能掌握,而學生也會因為熟悉、不陌生,願意與輔導老師分享生活與心事。

高風險家庭

教育部訂有下頁情況的家庭都要加以留意並舉報,以防止更多的孩童或青少年受到傷害、付出更多社會成本,這也是輔導教師的責任之一。

小博士解說

對於危機或不尋常情況的「直覺」是可以培養的能力,其實以一般常識來判斷也不會錯(覺得怪怪的),或是站在對方的立場來思考,也會發現不對勁或擔心,此時就要進一步去探問與證實。

高風險家庭篩選評估標準

家中成員關係紊亂或有家庭衝突，家中成人有同居人、常換同居人，家長或同居人從事特種行業、有藥酒癮、精神疾病及犯罪前科。

兒童/少年的父母或主要照顧人從事特種行業、有藥酒癮、精神疾病而未就醫或未持續就醫者。

因貧困、單親、隔代教養或其他不利因素，使兒童及少年未獲妥善照顧。

負擔家計者失業或重複失業（包括裁員、資遣）、強迫退休，使兒童及少年未獲妥善照顧。

負擔家計者死亡、出走、重病、入獄服刑等，使兒童及少年未獲妥善照顧。

其他。

危機處理一般流程

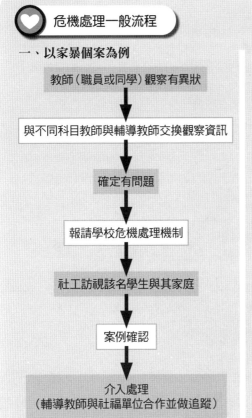

一、以家暴個案為例

教師（職員或同學）觀察有異狀
↓
與不同科目教師與輔導教師交換觀察資訊
↓
確定有問題
↓
報請學校危機處理機制
↓
社工訪視該名學生與其家庭
↓
案例確認
↓
介入處理
（輔導教師與社福單位合作並做追蹤）

二、以校園霸凌為例

教師（職員或同學）觀察有異狀、或相關人士通報
↓
立即召開防治霸凌（委員）會議
↓
蒐集相關資料(包括訪談師生與受害者)
↓
案例成立
↓
召集雙方家長及學生與會討論後續處理方式
↓
進行處理
（針對加害與受害者個別諮商、法律教育、道歉與補償措施，嚴重者依照相關法律辦理）
↓
追蹤輔導

3-4 自殺警訊

　　自殺的三大主因是：有致命性自我傷害能力、知覺造成他人負擔或挫敗的歸屬感。若懷疑學生有自傷或自殺想法，不能忽視、一定要問清楚，因為他們正在發出求救的訊號。

　　輔導教師倘若在了解學生的情況與處境艱難、認為對方可能想要結束這些心理上的痛苦時，就可以單刀直入、詢問其有無傷害自己的想法或動作？一般人的迷思是認為：「這樣問不就提醒他/她（可以）自殺嗎？」臨床經驗證實這是錯誤的想法，因為一般人或許想要以自殺來解決問題，通常已經思索很久、但是又不能告訴任何人，因此內心有許多矛盾與掙扎的壓力，一旦有人意識到他/她的想法，心理上的壓力會頓然紓解許多，接下來就比較好處理。

　　即便是年紀小的兒童，也有自殺的能力，況且現在資訊發達、加上個人若較無挫折忍受力，可能就以自殺來「結束痛苦」或「解決問題」，因此學校輔導教師也有義務將相關自殺警訊與處理方式讓教職員知道。另外，要自殺的學生通常不會主動找人說或解決問題，因此觀察與注意其行為就很重要。因為自殺通常與情緒低落有關，最便捷之道就是先讓學生誠實填寫憂鬱量表、然後再一一詢問。

　　處理自殺危機時，找學生信任的老師或成人一起出席很重要，同理與了解學生的想法與感受，也站在「未知」的立場好好傾聽、不要急著給建議，倘若學生情緒極端不穩定、隨時有採取自殺行動之可能，強制其住院是很好的方法，藉由醫院的醫療團隊與安靜安全的環境，可以暫時解除自殺的危機，然而接下來還是要監督學生的行為與感受，因為自殺意念若沒有消失、而當事人又有自殺的能力，很可能會自殺成功。

　　當輔導教師與企圖自殺學生會談時，通常為了安全起見，會與學生訂立所謂的「不自殺契約」，其目的是提醒當事人有人在乎他/她，也希望學生可以堅持守護自己生命的責任，最重要的是若學生有自殺意念產生時，可以按照所書寫的步驟做緊急處理，因此「不自殺契約」裡要詳細具體列出可以採取的行動（這些是經由輔導教師與當事人商議之後決定）、且依照順序（若前面的作法仍未讓自己冷靜下來，就試下一個），像是：

一、去做一些讓自己可以放鬆的活動（聽音樂、打電動）。

二、打電話給○○（最好列出三個人名與電話號碼），談談自己當時的心情與想法。

三、跟家人在一起。

四、打電話給輔導老師（電話是 ××××××××××）。

五、打電話給生命線或○○熱線（電話是 ××××××××××）。

六、去附近醫院急診室。

可能自殺的徵象

一、低自尊、較無主見、有罪惡感者

二、感覺無助或無望

三、孤立的社交網路

四、以成就來肯定自己（不能忍受失敗），覺得自己無價值

五、當時承受過多或極大壓力

六、有重大失落或偶像死亡

七、有自殺歷史、曾企圖自殺

八、情緒低落或憂鬱症

九、睡眠、飲食習慣改變

十、覺得無聊（或人生無意義）

十一、生理上有病痛

十二、藥物濫用

十三、行為或個性突然改變

十四、威脅要採取行動自殺

十五、談論死亡或暴力

十六、無法專心

十七、把珍貴物品送人（有『告別』或『交代』意味）

十八、翹家或逃學，課業上有變化等

✚ 知識補充站

如果聽到有人提及要結束生命或做傷害自己的事：

一、這個人發出了求救訊息，請把它當一回事。

二、進一步詢問是不是有什麼困擾？好好聽他/她說。

三、探問其是否已經有執行的計畫？要他/她先暫緩行動，應該還有解決之道。

四、告訴他/她不要獨自解決，需要找人商量。事情都可以解決，只是滿意程度不一而已。

五、告訴他/她其他重要家人與朋友可能會有的感受或遺憾。

六、請他/她與重要他人聯繫、求助。

七、若危機暫時消失了，並不表示不會再起，陪伴或建議他/她去找諮商師或見心理醫師談談。

3-5 兒童青少年受暴徵象（一）

霸凌

孩子在學校受到同儕的欺負，不管是身體、語言、精神或是性方面的霸凌，都可能對孩子身心造成傷害，首先是上學不快樂、無心學習，接著可能就會有行為方面的問題出現、或拒學，甚至自殺。我們附近的日韓等國，因為升學競爭劇烈，加上網路發達，不同形式的霸凌現象陸續出現，而遭受霸凌的孩子常常不願意說出來，一來可能被威脅、二來會認為是自己無能才會遭受此待遇，輔導教師、學校教職員工與家長都要留意可能的徵象，俾便做適當妥善的處理，讓孩子們上學愉快、學習有成！

霸凌種類

霸凌行為最常見的有：

第一種是「肢體霸凌」，「直接」以身體動作來欺負他人或讓別人受傷，像是打人、故意推擠、捏、刺、踢、害人跌倒或受傷等都是，也包括破壞或搶奪財物。

第二種是「語言霸凌」，像是說人壞話、取難聽的綽號、傳不實的謠言（包括用手機或 Facebook），或者是刻意讓他人與某人疏離的惡毒或威脅語言。

第三種是「關係霸凌」，像是故意說壞話或不實的話、破壞某人形象，傳布謠言讓某人沒有朋友，甚至故意拒絕對方都是。女生喜歡用這樣的「間接」方式霸凌他人，主要是因為這樣的方式不容易被發現，許多成績優秀、人緣好、或是班級領袖的學生，常常使用關係霸凌。

第四種是「性霸凌」，是因為某人的性特徵（如女性的胸部或男性的陽具）、或是行為表現不符合該性別的刻板印象（如男生『很娘』或女生『粗魯、霸氣』）、性傾向（同性或雙性戀者）的少數族群，就會受到侵犯身體、嘲弄、開玩笑、散佈謠言、勒索或破壞財物等，有些遊戲本身也是霸凌的型態，如「阿魯巴」，在青春期的校園更容易看見。另外，許多青少年以為彼此同意之下而發生的性行為是可以的，但是只要十六歲之前發生，都屬於性侵害，而父母親也可以依法保護二十歲以下子女的性自主權（也就是可以控告對方妨害性自主）。

第五種是「網路霸凌」，指的是藉由電腦（如上社交網站、Facebook）或科技（如手機）等媒介，而散佈私密、謠言或不雅照片，目的是破壞某人的形象或名譽，甚至讓某人孤立、沒有朋友都是。網路霸凌其實說明了霸凌可以運用的媒介很多元，讓霸凌的傷害更無遠弗屆！

第六種是「反擊型霸凌」，也就是說某人本來是霸凌受害者，後來因為受不了被欺負、反過來去欺負霸凌他/她的人或其他人，就是屬於這一種，所謂的「狗急跳牆」型。

霸凌徵象

許多霸凌被視為「無傷害」或是「開玩笑」，因此被忽略，事實上許多霸凌受害者最後採取了激烈手段來「終結」霸凌，包括自殺、殺人或是罹患心理疾病，因此絕對不可輕忽。

霸凌受害徵象（Eilliott, 1997/1998, pp.17-19）

一、學生害怕走在路上或放學，或是改變平常上學的路徑。

二、學生突然不想搭校車去上學。

三、學生求家長開車送他上學。

四、發現學生不願意上學、或說他／她覺得不舒服。

五、學生開始逃學。

六、學生突然學校課業表現不佳。

七、學生回到家時，衣服或書本遭到破壞。

八、學生傾向倚賴家人。

九、學生回到家中異常飢餓。

十、學生變得退縮、口吃、缺乏自信。

十一、學生變得苦惱、焦慮，甚至停止進食。

十二、學生嘗試或恐嚇自殺。

十三、學生哭著睡著或作惡夢。

十四、學生要求給錢、或者開始偷竊。

十五、學生拒絕說出發生什麼事。

十六、學生身上有一些傷痕，問他／她原因，他／她會說是「跌倒」或是理由含糊、甚至無法解釋。

十七、學生對其他手足施暴。

十八、學生變得具攻擊性或不可理喻。

3-6 兒童青少年受暴徵象（二）

家庭暴力

家庭暴力頻傳，已經不是「情緒發洩」的藉口，因為其後果非常嚴重，目前不是直接受害者身心受創或有生命危險而已，其他聽聞或目睹的孩子同樣承受其可怕後果，包括暴力的傳承、受害者傾向，以及自傷/殺的潛在因子，實在不容忽視。兒童與青少年是最可能受害的族群，卻因為年紀小，常常不被相信、或是不知求助管道，因此往往是已經喪失了性命、或是嚴重傷害已造成，才被外界發現，其預後要付出的代價更多！

暴力的發生是因為「控制」與「權力」，不處理就會成為一種習慣、釀成不可收拾的悲劇。家庭暴力往往是一個家庭「祕密」，家庭裡面的人不願意向外言說，是因為「家醜不外揚」的傳統、擔心他人看法、或是家庭會因此分崩離析，而外人不願意介入，通常也是因為「清官難斷家務事」、或是認為後果不會很嚴重，也因此造成受害時間更長、傷害更大！

家庭暴力有許多型態，肢體暴力或過度體罰、言語與精神虐待（通常肢體暴力都伴隨著言語與精神虐待）、性虐待（不適當觸摸、窺伺或是性行為）、金錢或行動控制（像是孩子要出門就打）等。家庭暴力最多是家庭裡的女主人受到攻擊，但是目睹家暴的孩子也連帶受創，不僅影響其對人（際）關係的看法（包括親密關係）、還有心理與自尊的傷害。已經有研究證實目睹家暴的孩子成人之後，男性容易成為施暴者、女性容易成為受害者，許多犯罪者也是出自暴力家庭。

學校輔導教師必然會碰到類似的個案，也許是暴力的直接受害者或是目睹者，這些也都需要謹慎處理。孩童遭受家暴的可能徵象有：

一、行為出現問題：學業表現與動機低落，不信任或孤立自己、與人關係疏離或暴力相向，出現破壞物品或攻擊行為、強迫行為，抱怨身上疼痛、或害怕被觸碰，衣著不合時宜（如熱天穿長袖上衣），情緒表達失常、或有不適齡性行為表現，逃學或逃家，或退化行為等。

二、情緒出現問題：情緒不穩定、容易哭泣或悲傷，焦慮、無望，有罪惡感或羞愧，低自尊、或對他人懷有敵意，有自傷行為或自殺意念、失眠或是精神不佳。

三、身體上出現徵狀：身上有不明傷痕、頭痛或其他疼痛症狀，重要部位的疼痛與不適、頭暈、噁心或有性病等。

沒有適當照顧或疏忽

在學校偶而會發現有孩子常常生病、衛生習慣不良，衣著不潔或髒亂、甚至沒有適當的衣物，這樣的孩子不僅容易受到同儕的排擠、對學習沒有動機，也是中輟的常客。這些孩童可能是生長緩慢或停滯、無依靠或被遺棄、缺乏管束或督導等，其數目較之家暴受害/目睹者更多，因為較難被注意到。

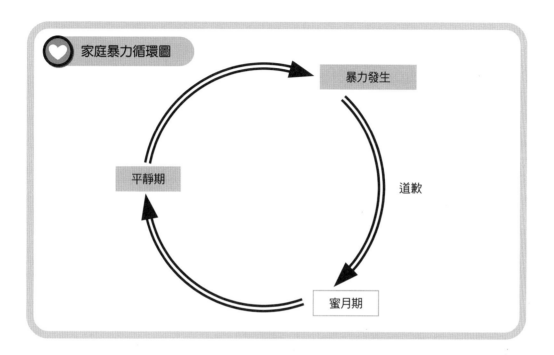

家庭暴力循環圖

- 暴力發生
- 道歉
- 蜜月期
- 平靜期

家暴可能的迷思

是家務事,不需要外人干預。

夫妻床頭吵床尾和,不會有事。

男人都是一時氣憤,會出手打人一定是女人的錯。

男人喝醉酒才會失控,勸他該戒酒了。

打孩子是正常管教,家長知道分寸。

有些孩子就是要教訓,要不然不知天高地厚!

第4章
輔導教師與專業倫理

教學目的：

　　諮商是專業助人的一環，影響對象很多、也涉及社會大眾對此專業的觀感及信任度，因此也明訂有諮商師專業倫理守則，以維護其專業形象與公眾利益。專業守則裡規範了當事人（自主性、受益權與公平對待）與諮商師的權利，保密的範圍與限制，諮商師的專業能力與繼續進修，要注意的界限與雙重關係等，輔導教師也應受其約束。

4-1 為何需要專業倫理

為何需要專業論理

幾乎不同的專業都有其專業倫理，用來規範專業同仁。專業倫理是用來約束該專（職）業領域裡的工作人員，主要目的是維護與提升其專業聲望及公眾信任度，不僅是讓該專業有一定程度的水準，還需要對社會大眾有貢獻，像是教師、醫師、律師等專業人員，也都有自己公會訂定的職業倫理守則，用來約束公會人員的專業行為，以確保服務對象的福祉與信任。只可惜國內的一些專業倫理並未與法律有密切掛勾，因此有時候專業倫理委員會或是公會本身並不能有效約束裡面的專業人員，而諮商師與輔導教師就是其中一種。

專業倫理是由相關的專業人士為了保護當事人、提供指導原則給執業者，也釐清專業人員在機構中的立場（Corey, Schneider Corey, & Callanan, 2007）。因此助人專業倫理目的主要有二：對內規範助人專業人員的行為與其服務品質之維繫；而在對外方面，則是維護當事人最佳福祉、建立社會大眾對助人專業的信任（王智弘、牛格正，2008）。換言之，專業倫理守則除了維護當事人權益之外，也為專業助人者提供支持與維護權益。

專業倫理只提供原則

專業倫理提供的是原則，而不是像食譜那樣詳細的處理方式，因此在遭遇可能的倫理情境時，還需要蒐集相關資訊、做明智的判斷。諮商倫理的內含必須考慮到幾個層面才可以做最好的判斷，包含個人、服務機構、專業組織、當事人與社會等因素（王智弘，2005）。換句話說，每個當事人的情況與處境不同，必須要儘量兼顧不同層面的因素，才可以做出最適當的解決策略。例如有位青少年當事人懷孕了，父母親與少女又有宗教信仰、絕對不容許婚前性行為，同時也不能墮胎，除了當事人本身有衝突與煎熬之外，倘若讓其家長知道，可能會有更大的風暴，因此如何謹慎處理、務期讓結果減少傷害，就需要智慧的判斷與決定。

諮商專業倫理的精神與規定

諮商專業倫理的精神有兩個：一是最低程度的倫理規範、是強制性的必須遵守，專注在「行為」上；而最高程度的倫理，主要是專業人員本身的價值觀與行動，比倫理守則上所規範的還要更高、更多（Corey et al., 2007）。目前立法院已經三讀通過「學生輔導法」，裡面也有輔導教師應該遵循的相關法規規定。

諮商倫理總則裡規範了諮商目的（維護並促進當事人權益）、認識專業倫理守則、釐清專業責任為何、與服務機構的合作、責任衝突時該如何處理的原則、發現同仁違反倫理原則時的處理方向、諮詢之必要以及倫理委員會的設置。其他則在以下篇幅分段闡述。

學生輔導法相關規定重點

高級中等以下學校主管機關應設學生輔導諮商中心，其任務如下：

一、提供學生心理評估、輔導諮商及資源轉介服務。

二、支援學校輔導嚴重適應困難及行為偏差之學生。

三、支援學校嚴重個案之轉介及轉銜服務。

四、支援學校教師及學生家長專業諮詢服務。

五、支援學校辦理個案研討會議。

六、支援學校處理危機事件之心理諮商工作。

七、進行成果評估及嚴重個案追蹤管理 。

八、協調與整合社區諮商及輔導資源。

九、協助辦理專業輔導人員與輔導教師之研習與督導工作。

十、統整並督導學校適性輔導工作之推動。

十一、其他與學生輔導相關事宜。

學校應視學生身心狀況及需求，提供發展性輔導、介入性輔導或處遇性輔導之三級輔導。其內容如下：

一、發展性輔導：為促進學生心理健康、社會適應及適性發展，針對全校學生，訂定學校輔導工作計畫，實施生活輔導、學習輔導及生涯輔導相關措施。

二、介入性輔導：針對經前款發展性輔導仍無法有效滿足其需求，或適應欠佳、重複發生問題行為，或遭受重大創傷經驗等學生，依其個別化需求訂定輔導方案或計畫，提供諮詢、個別諮商及小團體輔導等措施，並提供評估轉介機制，進行個案管理及輔導。

三、處遇性輔導：針對經前款介入性輔導仍無法有效協助，或嚴重適應困難、行為偏差，或重大違規行為等學生，配合其特殊需求，結合心理治療、社會工作、家庭輔導、職能治療、法律服務、精神醫療等各類專業服務。

學校校長、教師及專業輔導人員，均負學生輔導之責任。

4-2 當事人的權利與諮商師的權利（一）

當事人的權利包括自主權、公平待遇權（不論其年齡、性別、種族、膚色、性取向、智愚、教育或能力程度、障礙與否、宗教信仰、社經情況、語言或政治立場等，都應平等對待）、受益權（為當事人最佳福祉著想）、免受傷害、要求忠誠（信守對當事人的承諾與約定）與隱私權。

一、當事人的自主權：

倫理守則裡面規定要尊重當事的人格與自主權，包含當事人是否願意接受諮商服務。在學校裡面，輔導教師很常接到教職員轉介過來的個案，這些基本上都是「非自願」當事人，因此向當事人說明諮商相關的過程與其效果是必要的，最好取得當事人的合作，治療效果更佳！有時候儘管當事人不願意晤談，但是輔導教師可以用一些妥協的方式，像：「我知道你 / 妳不願意出現在這裡，但是為了避免下一次〇〇老師還是要你 / 妳來很麻煩，我們這一次就談個五分鐘，讓我也可以給〇〇老師交代，好不好？」最後還是要尊重當事人的決定。

（一）了解諮商的過程與本質

當事人有權利了解諮商的本質、過程、權利、角色以及限制，可以讓當事人更清楚自己可以做些甚麼、促進諮商效果，而這些都應該出現在契約書內，也就是要先取得當事人的「知後同意」才進行諮商，契約內可能還列有費用的項目、保密權的限制等。在國中、小可能較無需訂定契約（也要注意當事人有法定監護人，謹慎起見有些學校會先取得其『知後同意』），但還是需要讓當事人清楚諮商的過程與目的、如何利用諮商服務、以及保密等相關規定，諮商師也可以請當事人隨時提問、並予以適當回答或解釋。倘若對象是家長或是教職員，最好有簡單的書面契約可供填寫，將雙方的權利義務以白紙黑字方式呈現，可以保障當事人與治療師的權益。

將諮商過程與目的做清楚說明，可以釐清一些迷思、也避免一些不必要的期待，不少人對於治療有錯誤想法，認為跟專家講一講、問題就可以解決，或者認為治療師像醫生一樣會開藥，或是擔心自己所說的無法保密，這些也都是錯誤的觀念，需要進一步釐清。

（二）取得知後同意

在諮商時先取得當事人的「知後同意」，可以讓當事人較為放心、也願意合作，更容易達成諮商目標，就像是諮商契約一樣，把相關規定與注意事項以文字方式載明清楚。「知後同意」的形式可以是口頭上的、文字上的，或是兩者兼具，通常需要兩者兼具。

專業倫理守則的道德原則基礎
（Meara, Schmidt & Day, 1996, 引自林家興, 2014, p.7）

自主（Autonomy）	專業人員應促進當事人之自主權，避免當事人依賴他人，也應尊重當事人之自主性，促進當事人之獨立判斷與自主自決能力。
避免傷害（Nonmaleficence）	專業人員在與當事人工作期間，應避免傷害當事人，在選用治療技術時，即使治療無效，也不會傷害當事人。
受益（Beneficence）	專業人員首要之務在促進當事人福祉，有責任提供當事人最有效之治療。
公平對待（Justice）	專業人員應公平對待當事人，不因當事人之人口背景（如性別、種族、年齡、語言、社經地位、性傾向、宗教、能力等）而有差別待遇。
忠誠（Fidelity）	專業人員應對當事人忠誠，遵守承諾、維繫信任關係，所做所為都應以當事人最佳福祉為考量。
誠實信賴（Veracity）	專業人員應以誠信態度對待當事人，不欺騙當事人，信賴當事人、也被信賴。

 「知後同意」包含的要素（牛格正、王智弘，2008, pp.128-131）

完整資訊	自由意願	資格能力	充分理解
過程中要提供給當事人完整資訊（諮商師的角色與專業資格、諮商目標、處理方式的選擇、過程中可能的冒險、結果、利弊），也開放給當事人發問，以協助其做合理決定。	當事人有權利接受或拒絕諮商服務，若當事人是非自願個案，也可以清楚了解自己的權限。	當事人有資格與能力行使同意權，未成年者可得其監護人之同意。	以當事人可以理解的語言溝通、了解。

4-3 當事人的權利與諮商師的權利（二）

一、當事人的自主權：（續）

（三）未成年人的知後同意

取得當事人的「知後同意」，對成年的當事人來說比較沒有問題，然而在學校裡的主要服務對象是學生、學生又未滿法定年齡，因此許多的事務必須有家長的同意才可以執行，倘若家長不願意簽署同意書，是不是就不要協助該學生了？如果該學生的確需要幫助又該怎麼辦？有些學校在學生入學前就已經準備好家長的「知後同意」書，請其簽名同意校方對學生的相關服務（包括諮商），有些學校會在服務學生之前才徵求家長同意，但有時候並不一定可以順利取得。我國法律在許多情況下，親權還是大於教育權，儘管學校是教育場所，學生有受教權，一般可以將諮商權規範在教育權之下，然而現在家長常常干涉學校教育，大部分學校也是以尊重家長的決定為主，這一點可能需要專業輔導教師特別去了解清楚學校的處理方式與立場為何。其次，也可以親師溝通的方式，詳細說明與解釋，坦然回應家長所提的問題，應該更容易取得家長的了解與信賴。

二、保密的限制：

一般說來，在諮商室內所進行的談話內容，諮商師要予以保密，這樣才可以獲得當事人的信任、願意坦承以告，有利治療之進行，尤其是當事人要在一位陌生的諮商師面前透露自己最隱私、脆弱、或是不欲人知的故事，的確不容易，如果沒有諮商師的保證，又怎能進行這麼私密又危險的談話？因此，保密就成為很重要的一項守則，然而諮商師的角色與牧師等神職人員或是律師等執法人員又有不同，因為諮商面對的是活生生的生命，所以諮商專業守則裡面還特別規定哪些事項或情況，不在保密之列。

（一）自傷、傷人或有人受傷的可能性

如果諮商師知道當事人有自傷或自殺、或危害他人生命（包括虐待或法定傳染疾病）、或是有法院命令時，諮商的保密就無效。然而，倘若當事人知道有人可能受傷害（如家暴受害或老人被凌虐），諮商師可以說服當事人做證或協助舉報。

此外，當事人也有權利知道治療的益處與危險，尤其是在諮商師使用較非傳統性（或新）的治療（方式）時，也都要讓當事人事先知悉、然後再做決定，不能擅自就使用。

許多的大專院校在諮商的「初次晤談表」（Intake form）裡或是當事人申請諮商服務時，都會請當事人就其目前的情緒與自殺可能做評估（如之前的『貝克憂鬱量表』），這不僅可以做為諮商進展的初始點，也可以協助諮商師思考能夠做的處置與介入。

♥ **晤談申請表示例（以屏東大學為例）**

年　　月　　日

姓名		系級		學號	
性別		年齡		出生年月日	
e-mail					
通訊處				聯絡電話	
緊急連絡人			緊急連絡人電話		

來談原因	□ 1. 自行前來　□ 2. 導師轉介　□ 3. 教官轉介　□ 4. 同學介紹 □ 5. 中心邀約　□ 6. 課程要求
來談主題 （可複選）	□ 1. 自我探索　□ 2. 學習困擾　□ 3. 學校適應　□ 4. 家庭關係　□ 5. 人際關係 □ 6. 感情關係　□ 7. 健康狀況　□ 8. 情緒困擾　□ 9. 壓力適應 □ 10. 生涯發展（升學就業）　　□ 11. 人生意義　□ 12. 心理測驗 □ 13. 諮詢　□ 14. 轉系輔導 □ 15. 曾就診精神科　憂鬱　躁鬱　精神分裂　用藥　未用藥 □ 16. 其它（請書寫）＿＿＿＿＿＿＿＿

主要問題概述（請務必填寫）

對諮商的期望（請務必填寫）

~ 背面請繼續 ~

家庭狀況	家庭狀況：父（存、歿），母（存、歿）
	排行：兄　人，弟　人，姊　人，妹　人

晤談狀況	曾晤談之輔導老師：□無　□有，姓名 □ 希望安排原輔導老師　□ 任一輔導老師皆可 □ 若原輔導老師不行，可安排其他人 期待晤談次數約： 關於問題處理緊急度評估（請圈選）	0　　　　　5　　　　　10 ├┼┼┼┼┼┼┼┼┼┤ 可等待　　　　　　　　緊急

自我評估	為瞭解您目前的狀況以利晤談，請您依最近兩個星期來（包括今天）所感受的狀況和想法，填寫下列題目：

　0 不符合　　1 有點符合　　2 有一半符合　　3 完全符合作答

（　）我最近會容易悲傷哭泣　　（　）我最近睡得變少或變多
（　）我最近常常失去興趣　　　（　）我最近吃的東西變多或變少
（　）我最近常有罪惡感　　　　（　）我覺得身體無力
（　）我最近容易自我批評　　　（　）我覺得自己沒有價值
（　）我最近變得容易疲倦　　　（　）我有想自殺的念頭

總計分數：

可會談時段勾選：請打　　　　　（本中心諮商服務採預約制，若有特殊困難者不在此限）

可會談時段	一	二	三	四	五
08:00-08:50					
09:00-09:50					
10:10-11:00					
11:10-12:00					
13:30-14:20					
14:30-15:20					
15:40-16:30					
16:40-17:30					
18:20-19:10					
19:15-20:05					

★以下各欄由本中心聯繫後填寫 ★
輔導老師：＿＿＿＿＿＿＿　老師
會談時間：＿＿＿ 年 ＿＿＿ 月 ＿＿＿ 日
（星期 ＿＿＿ ）＿＿ 午 ＿＿ 點 ＿＿ 分

備註事項：
1. 夜間諮商時段僅於週三晚間開放申請。
2. 請盡量勾選數個可會談時段，以助於本中心順利排案。
3. 底色深部份為非開放時段，若有特殊困難者不在此限。
4. 本人同意中心取得個人資料，目的在於進行諮商服務
　相關事宜，個人資料受到個資法及相關法令規範。（請打勾）

4-4 當事人的權利與諮商師的權利（三）

二、保密的限制：（續）

（二）預警的責任

諮商師若是評估當事人或他人可能有危險時，也有預先警告的責任。有時候諮商師在與當事人晤談之後，懷疑當事人可能會有傷害自己或他人的可能性、或是知悉有人會受到傷害（如虐待情事）時，就需要採取適當的行動，若沒有做到、造成有人受傷或死亡，就需要負起連帶責任，因此做適當的「暴力評估」是很重要的。在與當事人做第一次晤談之前，或是進行第一次晤談時，就可以先針對當事人的情緒、生心理狀況等先做初次評估。一般大學院校的「初次晤談表」或諮商申請表中，大概也都列了這些檢視項目，以供諮商師做評估與擬定治療策略。

（三）錄音或錄影

諮商師要在諮商過程錄音或錄影（不管是因為被督導、或是自己進修反思之用），也都需要經過當事人的同意才可以收錄。然而在學校裡面，當事人若是學生，可能基於老師的威嚴而不敢不答應，要清楚說明讓當事人知道，即便拒絕配合也是他/她的權利，而這一點也可能就涉及監護人的同意問題。

然而在實務工作上，萬一是當事人要錄音呢？可以與當事人進行了解其錄音或錄影目的，然後再做決定，畢竟諮商師有專業倫理約束，也會擔心錄音檔案可能成為自己執業問題或當事人申訴的證據。

（四）紀錄的覽閱與保管

有關當事人的記錄，其權利屬於當事人，除了法院的命令之外，只有當事人本身可以決定該讓誰看，即便當事人已經死亡，諮商師在沒有獲得當事人同意之前，都不可以洩漏。有些學生會對於諮商師寫的記錄好奇或懷疑，治療師也可以讓當事人過目，或與其商議哪些資訊可以寫下來、哪些不需要？這些考量雖然細微，但是都是輔導教師應該注意的部分，因為攸關信任與治療關係。

輔導教師也要特別注意學生記錄的保管。有時候維持兩份記錄（一為簡式，給學校或官方紀錄，一為繁式，翔實記錄）可能對當事人更有利。然而在學校裡，倘若學生提到的是老師或家長的違法行為（如體罰或家暴），或是不願意讓師長知道的事（如懷孕或吸毒），除了要告知當事人保密的限制、以及商議該如何因應之外，諮商師在向師長敘述當事人的進度或內容時，也都可以酌予考量，以保護當事人的福祉為優先。像是學生提到老師對他的待遇不公平、卻轉介他過來要他修正自己的態度，輔導老師對該老師的詢問就可以簡單說明：「我們提到在學校人際關係的問題。」

保密例外情況：（諮商師倫理守則）

一、當事人或其監護人放棄時。

二、專業人員接受系統性專業督導與諮詢時。

三、諮商師懷疑當事人有自傷或傷人的危險時。

四、涉及法律強制通報要求時。

五、當事人控告心理師時。

 保密的限制：以下的情況保密都有所限制
（牛格正、王智弘，2008，pp.147-161）

情況或條件	例如
當事人同意或要求洩密	當事人同意時，或當事人對諮商師提出控訴。
法庭要求出庭作證	當案件進入法律程序時，治療師必須提供，否則就是藐視法庭。
當事人涉及訴訟案件	當事人控告他人或被控時。
預警、保護與舉發	當事人可能危及自身或他人時、當事人要求透漏資料時、法院命令、諮商師正在接受督導、當事人未成年、機構內的制度（分享資訊乃處理過程的一部分）、當事人在法律程序上提出其心理健康的問題時、諮商師合理懷疑有虐待情事或法定傳染病發生時。
監護權的要求	離異家長尋求法定監護權。
婚姻與家庭諮商	治療關係中不只一位當事人時。
機構的特殊情況	如學校或心理疾病機構，有時相關人員都需要知道當事人的情況。
團體諮商	治療關係中不只一位當事人時。
專業需要	專業上的研究、教育或諮詢時，得視目的而定，要謹慎小心。
電話或網路諮商	設備、技術或是隱私足夠與否。

4-5 **當事人的權利與諮商師的權利（四）**

二、保密的限制：（續）

（五）法院機構或特別轉介個案

當事人若是經由轉介管道過來（像是法院或是司法機構），極大部分是「非自願」當事人，輔導教師可能需要定時向該負責單位（如觀護人）做報告或意見交換，因此在諮商之初，就要讓當事人知道他／她的權益與可能限制（像是諮商內容都要讓該單位或負責人知道，但是諮商師的職責與目的不是在打小報告），當然這也可能會讓治療效果打折扣，諮商師的真誠協助相信會打破當事人的心防。

（六）督導、個案討論或研究

輔導教師有時候會擔任實習諮商師（受督導者）或輔導老師的督導，受督導者會與督導討論自己所處理的個案等事宜，或是輔導老師參與個案討論、以及自己做的研究，都要特別注意保密的重要性。凡是可能認出當事人身分的資訊都不宜透露、甚至要變更可辨識的資料，若是印出當事人相關資料，記得要及時銷毀。此外，因為在學校場域，老師與教職員大家都是同事，有時候不免會交換一些學生的訊息，而學生也很容易被辨識出來，更是需要注意討論的地點與保密機制；有些教師甚至會在班上或是對學生透露諮商師給予的有關學生訊息，這不僅會更加深學生求助的困難度，也讓學生對輔導教師的信任度大打折扣。

輔導教師與一般教師不同，容易取得學生的信任，一旦信任破壞，要建立有意義的治療關係就更困難了！治療關係是治療的最根本基礎，沒有了它，任何的努力都不可能有成效！

（七）強制通報案例

若涉及強制通報案件，輔導教師也需要考慮、甚至將自己立場讓當事人知道。目前我國強制通報的法律有「兒童及少年福利與權益保障法」、「家庭暴力防治法」、「兒童及少年性交易防制條例」、以及「性侵害犯罪防治法」（林家興，2014）。還有法定傳染病（如愛滋或性病）或是目前的「伊波拉」病毒，輔導教師也有通報的義務與責任。涉及通報議題，許多當事人可能就會懷疑諮商師的誠意，而諮商師則會在意破壞了治療關係、減損諮商效果，但是只要諮商師與當事人平日所建立的信任度夠，諮商師願意多做說明與解釋，其實大都可以取得當事人的諒解，而當事人自己也會做決定，看該不該透露相關訊息，這也是尊重當事人自主權的展現。

另外，輔導教師若要將個案轉介出去給醫療或是心理治療相關機構，也要得到當事人與其監護人之知後同意，同時要注意所提供的資訊有哪些是必要的？個案轉介出去，並不因此而結案，很多情況下輔導老師還是治療團隊的一員，還是要定時與學生晤談、或者追蹤其治療結果。

目前相關校園安全事件需要通報者（整理自林家興，2014, p.209）

```
┌─────────────────────────────────┐
│ 目前相關校園安全事件需要通報者 │
└─────────────────────────────────┘
```

- 愛滋病毒感染
- 少女未婚懷孕
- 吸食毒品
- 中輟生
- 性侵害、性騷擾、
- 性霸凌
- 兒童與少年保護違反事件
- 輔導衝突事件
- 學生暴力與不當行為
- 校園安全維護事件
- 學生意外事件

 諮商契約內容（表）：國小（中）諮商知後同意書（樣本）

諮商服務同意書

本校基於服務學生，設有學生諮商服務，貴子弟經由校方評估，適合接受諮商服務，協助其發展潛能、增進學習效率、提高生活適應能力。然而依照規定，未成年學生接受這樣的服務，需要獲得家長或監護人之同意，以下為提供服務之相關規定與需要配合事項，若你在閱讀後同意貴子弟接受服務，請簽名後擲回輔導室：

一、服務人員：本校的輔導人員均接受過心理治療之專業訓練，具有兒童與青少年諮商專長，為了維護諮商服務品質，輔導人員也會接受不定期的督導。

二、服務內容：輔導老師會依據對貴子弟的了解，一起與輔導團隊發展適合的諮商目標與計畫，藉由諮商晤談、入班觀察、家庭訪視與親師諮詢等方式，協助貴子女成長與潛能開發，並適應學校生活。

三、服務次數與時間：諮商晤談以每週一次、一次四十五分鐘為原則，必要時可邀請相關重要他人（如家長、老師或朋友）一起晤談，時間酌予延長。晤談次數以六次為原則，經過評估後可酌予增減。

四、取消服務：請假超過兩次、或未事先請假而缺席者，校方得取消此諮商服務。

五、保密：晤談內容基本上會予以保密，或有必要透露，會先取得家長的同意，然而保密有以下限制：
（一）貴子弟的情況可能危及自己他人的生命、自由、財產與安全者。
（二）貴子弟或其他關係人涉及法律或行政通報事項者，如「兒童及少年福利與權益保障法」、「家庭暴力防治法」、「兒童及少年性交易防制條例」等。
（三）貴子弟的情況需要學校輔導團隊協同輔導或緊急轉介醫療機構者。

家長或監護人配合事項

一、請假：因故必須取消晤談者，請於晤談前二日前以電話通知學校輔導室老師，請假超過兩次、或未請假缺席者，得取消其服務。

二、接受晤談邀約：輔導老師若認為有必要邀請家長或監護人參與或提供資訊，或需要家長或監護人協助之處，家長或監護人應儘量配合出席，以共同協助貴子弟。

三、知會義務：貴子弟若有下列情況者，請務必告知，以利輔導教師提供有效服務。
（一）曾患有精神疾病或正在服藥者。
（二）有自殺或自傷企圖、計畫或經驗者。
（三）目前正使用其他心理相關服務或資源者。

本人已詳細閱讀以上規定，願意確實遵守，並同意子女接受本項服務。
子女就讀班級：＿＿＿＿ 年 ＿＿＿＿ 班
學生姓名：＿＿＿＿＿＿＿＿
家長簽名：＿＿＿＿＿＿＿＿ ＿＿年＿＿月＿＿日

4-6 保密在倫理與法律上的意義

一、保密在倫理與法律上的意義

當事人在未進行諮商晤談之前，諮商師應該告知其權利、限制，以及可以如何善用諮商服務的相關訊息。最好在讓當事人簽訂契約的同時可以隨時提問、諮商師及時做解答或說明。許多輔導老師或諮商師往往忘記了這一點，這樣很容易讓當事人不知道如何使用諮商服務，較難建立信任的治療關係，或是流於一般的聊天談話、沒有共同的目標。

諮商進行之初，Corey 等人（2007）建議可以讓當事人了解以下相關事項：

（一）諮商的期待為何？（二）諮商師的資格與可以提供的服務有哪些？（三）當事人的期待為何？（四）治療的危險與益處？（五）收費情況的規定如何？（六）諮商次數與時間多長？（七）保密的限制有哪些？（八）諮商師的價值觀（如宗教）是否會影響當事人進入治療關係？（九）倘若當事人是經由轉介或是法院命令而來，當事人的權益又如何？

有時候學校發生緊急事故（像是重大車禍），需要有發言人滿足媒體的需求，也必須要注意到相關當事人的權利，絕對不可以傷害涉及的當事人。

助人專業者（包含輔導教師）在保密上的法律責任有：保護當事人隱私權、維護當事人「溝通特權」、有預警與舉發以免當事人或其他人受害、以及避免在實務上發生處理不當或瀆職（像是治療不當、或是與當事人發生性關係等）（牛格正、王志弘，2008, p.82）。

二、如何因應家長權或親權？

輔導教師在學校裡主要服務對象是兒童、同事或家長，而兒童是由父母親監護，因此必要時取得監護人的同意才可以進行諮商，然而有些家長不願意讓孩子接受諮商服務（不認為孩子有問題需要協助、擔心孩子被汙名化『被視為有問題的孩子』、家長的面子問題、不願意家裡事務被洩漏等），所以不會簽諮商契約，那麼輔導教師或諮商師該如何解決問題？

通常在學校裡面，只要孩童有需要，導師或教職員工都可以轉介兒童給輔導老師，不需要家長的同意，但是有些學校為了預防家長申訴或是法律問題，還是堅持要有家長的同意書，若同時輔導教師認為孩子的確需要協助，那麼該如何做？建議輔導教師可以的話，在第一次諮商前找家長來一起會談、達到共識，商議為孩子最大福祉著想的方式，不僅邀請家長參與、更加了解學校的運作，也少了許多可能誤解，積極面是：家長希望更清楚孩子的情況、也願意共同協助。當然輔導教師必須要注意到當事人的需求與家長權之間的平衡，著實不容易，這也是輔導教師做倫理判斷時最需要智慧的部分。

小博士 解說

「汙名化」（Stigma）是指個人或是生理上的特徵（如心理疾病或肢體障礙）是不被社會所接受的，導致成為一種標記或缺陷。「汙名化」會導致有疾病需要醫療的人不敢去就醫，倘若自己去就醫也會認為自己是有問題的。

以下案例輔導老師該怎麼辦？

以下案例輔導老師該怎麼辦？

 小六的阿強受到保護管束，昨天他因為要交畢業旅行的費用，偷了同學的錢，他怕被撫養他的阿嬤知道，也怕觀護人那邊知情，輔導老師怎麼處理較佳？

國一的小琍透露說自己跟一位同校學長發生過親密關係，現在她擔心自己懷孕了，她說父母知道了一定會趕她出門，輔導老師該怎麼做？

 小薇是國小三年級學生，她告輔導老師說自己常被父親用皮帶打，輔導老師也觀察到小薇身上的傷痕，但是輔導老師知道小薇的父親與校長是好朋友，常常與校長見面，輔導老師該怎麼做？

✛ 知識補充站

「溝通特權」——法律名詞，指的是憲法上對於個人隱私權落實在法律層面上，保障當事人在接受專業人員服務時，溝通內容不洩露的特權，如醫師對於病人隱私的保密。

4-7 界限與多重關係

一、界限

「界限」是指人與人之間心理上的一條線，規範的是與他人之間的關係；關係近的，界限就較不明確，關係遠的，界限就很清楚。「界限」的兩個極端就是「糾結」（界限不清）與「僵化」（界限太清楚），都會妨礙彼此關係或是個人獨立性。最好的界限是維持彈性、自主，也就是可以依照個人評估與對方的關係（親疏遠近）而有不同的做法。學校輔導教師可能因為角色不同（兼具教師與諮商師、教師與行政人員、諮商師與同事等），需要拿捏的界限就會有差異。

輔導教師與一般教師

輔導教師與一般教師本來角色就不同。教師要顧及教學進度，其對象是全班學生，因此要具有公平性，同時也要了解學生個別的能力與學習需求，在學生眼中的角色是較為嚴格、有為有守的；輔導教師則是較針對個別學生，學生在班導前面不能說的事，也都可以讓輔導老師知道，其角色是較為親切、寬容的。即使現在專任輔導教師是做輔導業務，這樣的職責與角色較為明確，但是有些學校還是會要求輔導教師兼課，這樣就可能容易混淆教師與輔導教師的角色與界限。

輔導教師遭遇到的另一層界限問題就是與行政主管的立場，有時候會不一樣。輔導教師也許是站在當事人立場，行政主管可能是站在學校立場，因此有時候學生出事（如霸凌），但是行政單位希望大事化小（希望不要往上呈報），可能就會與輔導教師有衝突，因此輔導教師要注意學校的文化與規定，平時要儘量讓諮商輔導的理念得到主管與同儕的支持，這樣在緊急或衝突時刻，比較能夠做足夠溝通與協調。洪莉竹（2013）也提到在學校做倫理考量時，不能只顧慮與學生的關係，還需要同時考量到學校政策、監護人權利與責任以及學校相關行政人員的責任與介入的必要性。

二、雙重（多）關係

多（雙）重的關係發生主要有兩種：一是諮商師認識的人，一是諮商關係之外另外發展的關係（林家興，2014）。給認識的人做諮商，常常會因為彼此的關係很難進行，也不會有效，因為對方還是將彼此關係定位為原先的關係（如母女）、不會改變，最好做轉介動作；倘若在治療關係之外發展其他的關係，對治療來說也有許多負面影響，處理不易，很容易就因為處理失當造成傷害，像是原本是治療關係，後來成為顧客關係（如諮商師去當事人的工廠修車），分寸又該如何拿捏？

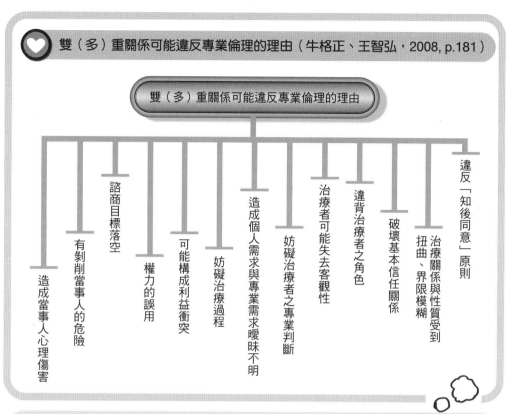

雙（多）重關係可能違反專業倫理的理由（牛格正、王智弘，2008, p.181）

雙（多）重關係可能違反專業倫理的理由

- 造成當事人心理傷害
- 有剝削當事人的危險
- 諮商目標落空
- 權力的誤用
- 可能構成利益衝突
- 妨礙治療過程
- 造成個人需求與專業需求曖昧不明
- 妨礙治療者之專業判斷
- 治療者可能失去客觀性
- 違背治療者之角色
- 破壞基本信任關係
- 治療關係與性質受到扭曲、界限模糊
- 違反「知後同意」原則

進入多重關係需要考慮的因素
（Herlihy & Corey, 2006, 引自林家興，2014, p.123）

進入多重關係需要考慮的因素

一、多重關係有時很難避免，也不一定會傷害當事人。

二、多重關係的存在容易傷害到當事人，且有其複雜性、處理起來不容易。

三、在多重角色與關係底下，治療師要更審慎檢視自己的動機。

四、在考慮進入多重關係之前，最好先做諮詢，請教督導或同儕。

五、進入多重關係之前，應該考慮的是當事人權益，而非保護治療師自己。

六、決定進入多重關係之前，先評估其利弊，並與當事人做充分討論，徵得其「知後同意」。

七、心理師擔任督導或教學者時，要提醒與協助學生多重關係的相關議題及處理。

八、諮商師培育機構或教育現場可能就有多重關係的問題，應有適當因應政策與原則。

4-8 越界與跨界

　　雙（多）重關係（如擔任級任老師、輔導教師與體育教練）最好避免，因為關係多一層、就更複雜難處理，然而在校園裡，有時候不容易維持單純的關係。有學者（Corey et al., 2007）提出雙（多）重關係很難避免，而「跨越」界限（角色的轉換）有時候是允許的，主要看治療師本身的理性考量，也就是說違反界限的行為是不容許的，然而可以允許偶而的「跨越」界限（像是送給學生生日卡、嘉許其努力與成就）。

　　國小與國中的專任輔導老師，有時候還要兼課，高中輔導教師可能較為單純、不需授課，但是也有例外。倘若只是單純的輔導教師，較不容易有角色混淆的情況，但是因為沒有帶班或上課，與學生建立關係不易，也可能是輔導服務的挑戰；反之，若帶班或上課，可以與學生有第一類接觸、容易建立關係，學生也可以較願意在有需要時來尋求輔導教師的協助。因此，兼不兼課的利弊，或是角色的可能衝突，也都要事先考量。

　　在學校擔任輔導工作，雖然不收費用，但是如果小朋友送自製的禮物，該不該接受？有時候需要考慮到我國文化與當事人的心意，以及評估送禮的時機、態度與影響，如果不是貴重的，基本上可以接受，或者用等值的物品回送。倘若輔導教師與學生是同一教會的成員、或者與其家長熟悉呢？有時候也會在學校以外的場合碰面，又該如何拿捏分寸？這也都可能有多重關係，只是在行動之前都需要審慎的思考，務期謀求當事人最大福祉、最少傷害。如果對於跨界或是可能的多重角色有疑慮，最好與同儕商議或請教資深督導。

　　「違反」界限（剝削當事人權益）同時是違反專業倫理與法律的，最嚴重的莫過於與當事人發生親密性關係或有戀情關係。戀愛關係也容易讓學生困惑，到底是因為互相吸引、還是儡於教師之權力與權威？學生是未成年，倚賴成人甚深，倘若輔導教師藉由職務之便、行滿足自己需求之實，不僅傷害學生身心與福祉，也可能有牢獄之災。諮商師若要與當事人有肢體的接觸時，最好徵得當事人的同意，倘若當事人曾經遭遇過暴力或是性侵事件，對於身體的觸碰會相當敏感，更需要特別留意。

　　即使輔導教師沒有自己帶班，但是認識與熟悉所服務的族群非常重要，因此平日不妨多走出辦公室，讓學生也了解輔導室的功能，同時要與同事有充分溝通與合作，才能夠讓輔導工作事半功倍。藉由這樣的熟悉，不僅可以讓學生或教職員更清楚輔導與諮商工作，也可以進一步取得其合作，在諮商現場也較不會有因為角色或職責不同而產生的疑慮。

降低雙（多）重關係風險的提醒（Herlihy&Corey, 2006, pp.191-194）

① 多元關係幾乎影響所有的心理衛生執業人員。

② 大部份的專業倫理都會提醒該領域的成員小心雙重關係的形成，但是卻沒有進一步知會這些關係的複雜性。

③ 不是所有的雙重關係都可以避免，也不是所有這樣的關係都是有害的。

④ 多重角色關係挑戰我們的自我監控能力、以及檢視我們執業的動機。

⑤ 不論何時當我們考慮要進入多元關係時，最聰明的方式就是去諮詢信任的同事或督導。

⑥ 幾乎沒有絕對的答案或方式可以解決多元關係的難題。

⑦ 當決定是否進入多元關係時，應以當事人或所服務對象的福祉為考量，而非保護治療師自己。

⑧ 在決定進入多元關係前，要先考慮其潛在益處是否多於害處。

⑨ 諮商師教育訓練課程應介紹界限議題，並與學生探討多元關係的議題。

⑩ 諮商師教育訓練課程或機構有責任發展出一套屬於自己的原則、政策與過程來處理課程內多元關係與角色衝突的問題，或有關更多諮商場域可能出現的雙重或多重關係。

✚ 知識補充站

幾個輔導教師可以思考的案例：

一、一位跟妳關係不錯的同事，因為個人的情感問題要諮詢妳的專業意見，妳該如何因應？

二、一位學生家長因為丈夫外遇，在當地又找不到適當的諮商師可以協助，於是找到妳這位她唯一知道的諮商師協助，妳會採取怎樣的行動？

三、你的兄長告訴你一位親戚家常常發生父子爭吵事件，那對父子信任你的專業，所以希望你這位專家可以前去協助，讓他們一家人可以像一家人，你會怎麼做？

4-9 專業能力與訓練

專業訓練與繼續教育

國中小的輔導教師，只要是相關科系、修過諮商實習課程就可以擔任這個職務，因此有些輔導教師的專業訓練有所不足，特別是缺乏臨床實務上的經驗。但是，諮商相關科系的研究生、甚至已經取得諮商師證照者，也不能保證其具有有效的專業助人能力，因此訓練的背景也只是入門磚，真正要發揮助人效能還是要有經驗與熱誠、加上願意持續進修與學習。

輔導教師或諮商師的專業訓練背景是專業倫理的一部分，主要是告訴社會大眾輔導教師是經由一套系統訓練而來，有基本的助人專業素養，因此可以信賴，然而每一位專業助人者的專業聲望還是得靠自己去維持。輔導教師不妨將自己的專業訓練或教育背景證明放在當事人很容易看見的地方，若參加過一系列的特殊訓練（如家庭治療、遊戲治療、催眠或其他）也可以一併展出，若當事人有疑問，可以清楚說明。

諮商師每六年需要換照一次，在這期限內需要接受繼續教育 180 個學分才能滿足換證要求，然而這只是官方強制的部分，有效的諮商師不僅滿足強制要求，還會持續參加有助於自我與專業成長的教育及訓練，甚至參與同儕或是督導團體，提升自己臨床實務的能力，或做研究、發表研究結果，參與研討會以獲悉新知、技巧與研究趨勢。

使用測驗與解釋

諮商師實施與解釋測驗都需要經過專業訓練，特別是測驗的解釋，但是不同測驗需要的專業訓練有異，不一定每位諮商師都能夠勝任。測驗的分數或結果需要比照常模或是某些臨床標準來看，不能光以分數來論高下或解釋（像是一般人對於智力測驗就有許多誤解）。做測驗時當事人當時的身心理狀況或是情境也會影響其表現，這些因素也都需要考量在內。此外，測驗只是提供參考，不應該當作重要決定唯一的依據。

諮商師對於測驗結果要保密，測驗結果需要讓誰知道也必須經過評估。若有家長要給孩子做測驗，或者是學生本身想要做測驗，都要仔細詢問其動機是否恰當、有無必要性，儘量使用標準化測驗，或是評估測驗之信、效度之後再使用，若非諮商師專長，就讓適當的專業人員來做。學校輔導老師有時會因為學生診斷或教育的需要，要提供測驗結果，這一點也要留意資訊要給誰、需要注意甚麼？

諮商師自我照護能力

諮商師對於自己本身的情緒管理與身心健康，也會影響到實際工作的情況，諮商師若能夠做好自我照顧，就更有能力與心力協助當事人。當然諮商師在實務上的作為，要讓當事人覺得可以信賴，因此對自我與倫理的覺察是必要的功課。諮商師本身也不應該藉自己的專業或假職務之便，去獲取不當利益。

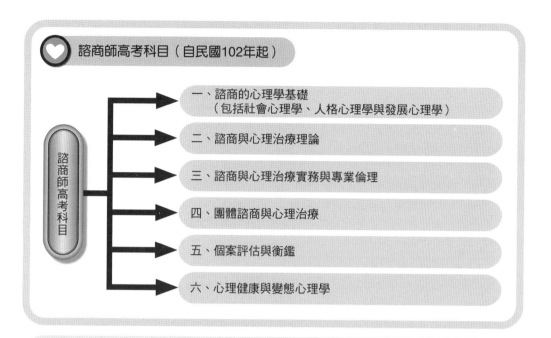

諮商師高考科目（自民國102年起）

諮商師高考科目

一、諮商的心理學基礎
（包括社會心理學、人格心理學與發展心理學）

二、諮商與心理治療理論

三、諮商與心理治療實務與專業倫理

四、團體諮商與心理治療

五、個案評估與衡鑑

六、心理健康與變態心理學

諮商師專業訓練內容

科目	說明
諮商與心理治療理論領域課程	包括諮商與心理治療理論、諮商理論與心理治療理論
諮商與心理治療實務領域課程	包括諮商與心理治療實務、諮商與心理治療技術、與諮商技術
諮商倫理與法規領域課程	包括諮商倫理與法規、諮商專業倫理、與諮商倫理或諮商與心理治療倫理
心理健康與變態心理學領域課程	包括心理衛生、變態心理學、與心理病理學
個案評估與心理衡鑑領域課程	包括心理測驗或心理評量、心理測驗與衡鑑、及心理衡鑑或心理評估
團體諮商與心理治療領域課程	包括團體諮商理論與實務或團體諮商理論與技術、團體諮商、與團體心理治療
諮商兼職（課程）實習領域課程	包括諮商實習或諮商與心理治療實習、諮商專業實習、與諮商心理實習

4-10 **督導與諮詢**

一、受督者

　　輔導教師若本身還在受訓期間、需要被督導，也應該讓當事人知道，因為被督導的身分，有必要和督導討論與當事人有關的問題，保密的限制就不在此列，若當事人擔心私密被洩漏，輔導教師要提出可以信服的保證。受督導的輔導教師若能夠清楚地告訴當事人督導的流程，可以減少當事人的焦慮、增進其合作意願，這當然也包含錄音或錄影部分。國外甚至有臨場的督導方式（Live supervision），更可能讓當事人焦慮，因此為了教學與學習效果之故，儘量與當事人保持順暢且清楚的溝通是必要的。

　　臨床上也碰過當事人希望錄音晤談過程，諮商師就可以詢問其錄音之目的，因為諮商師也擔心自己若因為諮商過程處理不當而遭到申訴或訴訟，當事人手上的錄音就可能成為「呈堂證供」。

二、同儕督導或擔任督導與諮詢

　　輔導教師若可以固定接受督導，或者是與同儕間有定時的個案督導（所謂的『同儕督導』），也有助於本身專業的成長與提升，當然這樣的督導過程也要注意保密倫理與相關規定。

　　諮商師也可能是他人的督導，在擔任督導實務的時候，必須要具備有督導的相關理論與知識（或證照），也要讓受督者清楚相關的倫理界限。督導者當然也受到專業倫理的約束，因此要特別注意關係的界限、權力的使用，若因為督導疏失而造成受督者在執行工作時有失職或是傷害當事人者，督導負有連帶的責任。

　　輔導教師若是擔任督導，也要留意受督者的個別差異，而與受督者的關係究竟是諮商關係、諮詢關係或其他，也都要特別注意，這也涉及雙重或多重關係的界限問題。

　　「中國輔導學會諮商專業倫理守則」有關諮商督導中的「教學與督導」裡有關督導的規定：

　　（一）督導應熟悉專業倫理知能；

　　（二）要告知受督者督導過程（含目的、評鑑方式與標準）；

　　（三）清楚界定彼此關係、避免不必要的雙（多）重關係；

　　（四）具督導資格並善盡職責；

　　（五）負有與受督者相關的連帶責任；

　　（六）提升受督者專業知能以及專業人格（敬業精神）；

　　（七）給予受督者適當的倫理教育與訓練、增強其倫理判斷能力；

　　（八）提供受督者多元諮商理論與技術，培養其結合理論與實務的統整能力及批判思考；

　　（九）注意受督者之個別差異，必要時給予發展與補救機會，對於不適任者應協助其重新思考生涯方向。

　　尋求諮詢的諮商師通常是因為知識不足、缺乏技術或信心、以及不夠客觀之故，因此擔任諮詢工作時，務必要協助求詢者降低主題干預，使其能以客觀態度評估問題之不同角度，自現有困境中找到解決之道，也因此更有能力（鄔佩麗、黃兆慧，2006）。

美國諮商督導人員資格、限制、方式與內容
（Borders &Cashwell, 1992, 引自徐西森，2007, p.92）

督導資格	督導限制	督導方式與內容
★需有合格諮商師執照。 ★需為相關專業人員（如精神科醫師、臨床心理師）。 ★至少有一年以上之諮商實務經驗。 ★需具有碩士以上學歷。 ★需有專業督導能力與經驗。	★不得督導與自己有親友關係之諮商師。 ★不得督導與自己有商業交易關係的諮商師。 ★不得同時督導諮商師多人。	★督導時數每週至少一小時。 ★每週個別督導時數比例宜多於團體督導。 ★督導方式包括個案報告、直接觀察、示範、教學以及錄音（影）帶分析等。 ★督導人員對受督之諮商師負有倫理責任。 ★督導人員須義務批閱被督導者所完成的全部諮商計畫及諮商過程記錄。 ★督導人員須給予受督者「全時服務」或「限時服務」之承諾。

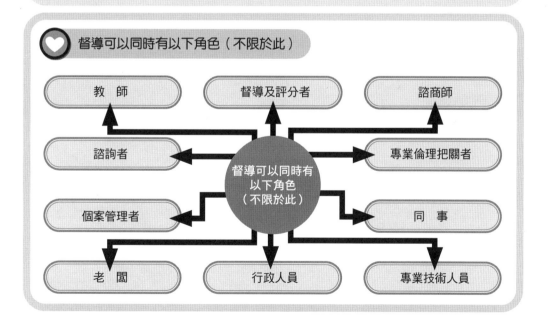

督導可以同時有以下角色（不限於此）

知識補充站

「主題干預」（Theme interference）：是指求詢者在生活經驗裡，未能充分解決過去的衝突所烙下的主題痕跡（或謂『未竟事務』），與必然會有負面結果的主題痕跡相結合，持續地呈現在求詢者的推論方式中，這些未經處理的推理往往帶來負面的情緒反應。

4-11 理論、執業與研究

理論

輔導教師有自己相信與喜愛的學派，有些人甚至會去取得該學派的專業認證（如精神分析、焦點解決），然而因為國內目前還沒有類似的認證制度，因此無特別要求。治療師在使用治療技術時，背後要有堅強的理論基礎與研究證實，這樣才不會傷害當事人。在美國，治療師需要將自己的相關認證資料陳列或擺放在諮商室裡，通常包含受訓或教育背景、證照或執照以及特殊 技能，此外也可以讓當事人知道自己的理論取向（如人本中心的遊戲治療、認知行為治療）、較擅長的當事人族群與問題。再則，當治療師要使用新的療法前必須要向當事人做適當說明，包含提供治療的風險與效果，甚至是研究數據與報告，不能只是說好的方面，而最後還是要當事人決定是否參與。

執業

目前我國在公立學校機構任職的諮商師因為礙於公教人員身分、不得在外執業，有些還要簽具切結書保證，因此除非有特別規定或需求，輔導教師才會有校外協助輔導事務的情況發生。當然，諮商輔導的專業還是需要臨床經驗的提升，要不然諮商師也不清楚目前專業助人的實務與情況，就不太能提供有效服務。大學或研究所內的諮商師訓練者，在美國都仍然保留私人的執業權利，因為政府與諮商師教育者本身都很清楚：臨床經驗不能中斷，要不然如何培育新一代的諮商師？

輔導教師執業當然也要注意是否自己能力可及？對於自己專長的對象或技巧有沒有繼續進修與精研？有沒有注意不適當的關係與接觸？

研究

諮商師在學校擔任輔導工作事務繁忙，然而因為站在臨床第一線，常常會有許多的臨床經驗發人省思，甚至希望可以藉由科學系統的過程做研究、為問題找答案，因此做研究的敏銳度與能力也不可或缺。

不少學校輔導教師也需要接政府的一些研究案件或調查，研究進行過程要注意受試者的權利與福祉，發表研究也要注意參與者身分保密，受試者當然也有決定要不要參與研究的自主權。研究的危險性或是相關的資訊，都要清楚、透明，有時研究要做一些操弄（像是『雙盲設計』或是欺騙），也要注意。研究不能對當事人有傷害，倘若有預期的可能傷害，要先告知當事人，也先做好準備；像是有些研究是以訪問當事人的創傷經驗為主題，掀起當事人的痛苦記憶可能會導致傷害，因此要先告訴當事人、徵求其意願參與，若是中途要退出，也是當事人的權利，還要讓當事人可以在必要時，接受諮商師為其付費的治療服務。若受試者非成年人或是無法定行為能力者，則需要其監護人之知後同意，一般在學校所做的教育相關測驗則較無需家長同意。

參與研究說明事項示例（Corey et al., 2007, p.426）

一、研究說明

四、可能影響參與意願的訊息

二、自願參與

五、回答參與者所提問題

三、拒絕參與或中途退出結果

 檢視自己的研究倫理態度（同意打○，不同意打 ×）
（Corey et al., 2007, pp.431-432）

一、（ ）使用的治療技巧或介入處置若缺乏實證研究基礎，是不負責且不合專業倫理的。

二、（ ）有時候欺騙是心理研究的必要手段。

三、（ ）研究若未能取得參與者的知後同意都是不合倫理的。

四、（ ）研究若涉及對參與者的任何危險性，研究設計就必須要改變，因為這是不合倫理的。

五、（ ）使用安慰劑分組是合理的，因為如果不使用這樣的控制，研究者就不能評估介入方式是否有效。

六、（ ）研究設計若對參與者公開、誠實，都可以獲得最佳結果。

七、（ ）倘若事後才對參與者做說明，就可以容許研究中的欺騙。

八、（ ）研究者不應使用未經證實的技巧。

九、（ ）要有好的治療研究結果，我們必須要忍受一些違反倫理的行為。

十、（ ）基於研究可能的益處，在教育機構做研究是可以的。

注：目前凡是涉及人體的研究，都需要經過倫理委員會審查通過後方能執行。

＋ 知識補充站

安慰劑分組（Placebo group）：在參與者以為自己接受介入處置的情況下參與研究，事實上並沒有。就像醫療上為了驗證新藥物的效果，通常將研究分成「實驗」（使用新藥品）、「控制」（不投任何藥品）與「安慰劑」（讓參與者使用不影響結果的維他命，因為有時候心理上的反應也會呈現在效果上）三組比較其療效。

4-12 配偶或家族諮商注意事項

資格與注意事項

從事配偶或家庭治療需要接受過系統的專業訓練之後，方可以執行治療工作。雖然學校輔導教師可能較無機會做伴侶或家族諮商，但是並不表示沒有可能。在學校還是會碰到兩小無猜或是在交往中的學生，只是因為學校無明令禁止，但並不表示不會發生。小倆口可能因為互動細節、表達方式或是意見不合，細心的輔導老師也都可以給予聆聽及建議，甚至做療傷的後續治療；有些可能因為愛戀的對象是同性，卻又擔心社會輿論或他人眼光，輔導教師當然也可以提供必要的教育與協助。

雖然老師面對許多來求助或是轉介而來的學生，然而因為學齡孩子年紀與發展尚未成熟，許多行為上發生的問題，其背後的原因或動機可能還是與家庭有密切關係（像小二的小男生突然有暴力傾向、欺負同學，原來在家裡父親會動手打母親），因此有必要請家長一起參與及協助，若是因為家庭不睦或是家長關係的因素，輔導教師也可以視情況邀請家長雙方出席，為了孩子的幸福一起努力。當然參與的家長或許不認同輔導教師的歸因或解釋，然而身為助人者、看到有人在受苦（尤其是年幼的孩子），一定會想方設法、積極協助，甚至可以說服家長，為了孩子摒除自己的歧見、一起合作。

保密原則

有時候女性家長會與學校輔導老師較接近，因為我國的傳統還是習慣將教養責任放在女性身上，有些家長不習慣去找外面的專業協助機構或諮商師，可能就會前來與輔導老師商議。倘若輔導老師與家長其中一位（如母親）碰面，屆時又邀請另一位家長（如父親）出席，如何避免從前一位家長那裡蒐集的資料，在與兩位家長晤談時不會脫口而出或是洩露？而另一位剛加進來的家長，可不可能因為配偶與輔導老師的熟悉度，而容易認為輔導老師偏袒一方？因此較不公正？在這樣不公正的前提下，如何可以彼此開誠佈公、做進一步合作？

有時候一對伴侶的其中一人已經或正在接受個別諮商，後來又加入伴侶或家族諮商，諮商師要分辨哪些訊息是個諮時或是其他形式的治療時知道的就會有困難、也容易不小心洩密，況且若之前有過個諮的治療關係，在伴侶或是家族治療時，面對當事人伴侶中的另一人時，對方也可能會覺得熟悉度不同、或是諮商師處理時較缺乏公正性。雖然是配偶或是家庭治療，但是當事人都可以隨時退出、不繼續參與，這是尊重當事人的自主權。同樣地，即便輔導教師是擔任諮詢工作，也有保密與其他相關原則要遵守。

小博士 解說

所謂的「家族治療」並不需要全部家人出席，當然可以邀請越多重要他人加入晤談最好，因為有機會在同時表達自己的需求與感受、讓其他家人了解，可以增進溝通與對彼此的開放度。只要家族裡有人願意開始改變，小的改變也可以刺激大的（系統）改變。

家族治療中諮商師可能需要考慮的倫理議題

責任	對當事人的責任是對其全家、個人或數人？
保密	因為對象不只一人，保密有其難度，若有婚外情或家暴，應否對所有人透露？
專業能力與操守	專業證照與繼續教育是必要的，也要注意如何建設性地運用價值觀。
對學生與受督者的責任	儘量避免雙（多）重關係與不同角色之拿捏。
對研究參與者的責任	若以家族為研究對象，應如何避免研究與治療目的彼此衝突？如何取得知後同意？
對專業的責任	包含公眾服務。
收取費用	保險給付或是經濟情況不同的當事人給付方式。
廣告	如何讓大眾知悉治療師的服務範圍，但不渲染或做不實廣告？

＋ 知識補充站

一、「性別」：通常是指生理上的性別（Sex），指的是出生時具有的生理特徵所規範的男性或女性，而「性別」（Gender）就含有社會性意義，指的是社會文化因為其生理性別（男女）而給予不同的訓練與對待。另外「跨性別」的人可能是生理上具有兩性特徵、或者是身為男（女）性卻屬於女（男）性的心理狀態。

二、「性別敏感度取向」（Gender-sensitive）：企圖協助個人跳脫傳統性別角色的刻板印象所帶來的影響，因為性別態度與彼此的權力地位會影響彼此關係。

4-13 **價值觀與性別敏感度**

價值觀與性別敏感度

　　諮商師本身的一些價值觀也可能會影響其在進行婚姻或家族諮商時對問題的定義、諮商過程和效果。像是如果諮商師本身較為平權、認為性別角色的分工是應該的，儘管諮商師的性別敏感度是多元文化能力的一種，然而也牽涉到當事人可能的文化與價值觀，因此當諮商師介入一對配偶或一個家庭時，可能也會與該配偶或家庭的觀念及做法有衝突，諮商師要提醒自己勿將自身的價值觀強加在他人身上，而是提供不同的選擇給當事人。

　　雖然輔導教師從事配偶治療的機率較低，但可能會有學生有（同、異性）伴侶諮詢或諮商的需要，也要注意資訊的保密部分。原則上，最好當事人接受個人諮商與其他形式諮商的治療師不是同一人，而當事人的個人諮商與伴侶或家族諮商的治療師可以互通訊息（當然要在當事人同意的前提下）。即便是接觸一般的學生，輔導教師也要留意自己的性別刻板印象、或是對同異性戀的可能偏見。

　　許多諮商師是以異性戀的思維為主，遇到學生遭遇到親密關係議題，很容易在面對男學生時提到「女朋友」、女學生時提到「男朋友」，這樣先入為主的假設，也可能會讓求助的學生卻步、不敢說真話。

　　輔導教師是成人，與年輕一代族群若接觸少，很可能不清楚年輕人的價值觀，容易「倚老賣老」、甚至以自己的價值觀來批判或建議當事人，這也是倫理方面需要注意的議題。許多輔導教師還是脫離不了傳統教師的教誨與權威，這也是在做諮商工作時常會遭遇到的（教師或諮商師）「角色衝突」。只要願意去了解當事人，許多的成見或是障礙也都可以化解。

改變受阻與復發預防

　　一個人不能自外於大系統（像是家庭、社區、學校、社會），因此有時候在做個人諮商時，當事人已經在改變（如學生願意自己獨力作業），卻可能被家人認為「危害」家庭（如母親認為孩子跟自己不親了）、會開始抵制當事人的改變；或者是家庭中若干人參與治療，也開始做一些前所未有的改變，但是他們的這些做法也可能受到其他家庭成員的抗拒或是破壞，這時候諮商師就需要事先與當事人（們）商議可能的危機處理或是改變方向。此外，改變開始時容易，但是常常會因為改變之路遙遠，沒有堅強的意志力或支持，很容易「復發」或是回復到原來的問題狀況，因此輔導教師也要讓當事人學習如何預防復發、萬一發生了該如何處置？

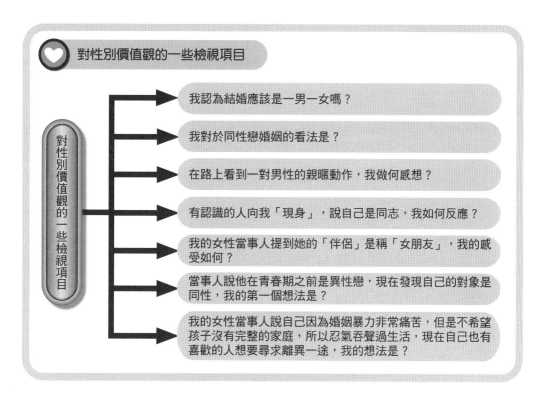

對性別價值觀的一些檢視項目

對性別價值觀的一些檢視項目

我認為結婚應該是一男一女嗎？

我對於同性戀婚姻的看法是？

在路上看到一對男性的親暱動作，我做何感想？

有認識的人向我「現身」，說自己是同志，我如何反應？

我的女性當事人提到她的「伴侶」是稱「女朋友」，我的感受如何？

當事人說他在青春期之前是異性戀，現在發現自己的對象是同性，我的第一個想法是？

我的女性當事人說自己因為婚姻暴力非常痛苦，但是不希望孩子沒有完整的家庭，所以忍氣吞聲過生活，現在自己也有喜歡的人想要尋求離異一途，我的想法是？

4-14 團體諮商注意事項

訓練與資格

「團體諮商」主要是借重其類似人類的小社會、彼此可以互相影響與協助，對實際治療與經濟效益都極佳。擔任團體諮商的領導人，諮商師同樣必須受過系統的專業訓練。事實上在諮商師培育這一塊，最難養成的就是團體領導人。通常是接受相關團體訓練課程、參與相關的團體、有過豐富的團體經驗，然後擔任觀察員、學習與熟悉團體的動力運作，接著可以與有經驗者一起主持團體（擔任『協同領導者』），最後才獨挑大任。通常團體領導人也需要接受督導一段時間之後，經過評估合格，才適合擔任團體領導。

團體諮商與個別諮商最大的區別就是：個別諮商是「一對一」，團體諮商則是「一對多」，諮商師一（或二）人是否可以公平照顧到所有的成員做適當的處理？之所以對團體領導的規定與要求較多，是因為團體諮商的效果佳、影響深遠，但是團體中會出現許多的狀況，連資深的領導有時候都無法預期，因此若處理不好，其傷害更大！

領導者所熟悉或是專長的領導團體也有別，大部分的諮商師受過一般（正常）成人團體的訓練，倘若要進一步去帶領其他族群（如青少年、兒童、受虐婦女、身心障礙或罹患精神疾病者）的團體，則需要更多的訓練，如果諮商師本身還有不同的理論取向，將其運用在不同族群身上，也有必須注意的地方，或許要做一些修正，以切合當事人（團體成員）需要。因此，不是每一個團體諮商師都能夠有資格帶領諮商團體，諮商師也有能力方面的限制，自己要非常清楚。

價值觀與關係發展

諮商師在帶領團體時，也要注意專業倫理的議題，像是不強加自己的價值觀在成員身上、不適合與成員發展治療關係以外的其他關係、公平對待每一位成員、避免養成成員的依賴心態等（牛格正、王智弘，2008, p.206）。許多團體可能在團體結束之後，會發展另外的關係，成員也許就自成為一個「自助型」團體（Self-help group），一般說來是不錯的發展，然而若成員邀請領導繼續加入，諮商師本身就可能要仔細思考其利弊或可能牽涉到的倫理議題。

保密議題

個別諮商的保密較容易維繫，但是若一群人參與團體，在團體裡面所討論的事項，若無三令五申、特別注意，不免就容易洩漏出來。何況學生都是未成年，基本上仰賴家長甚深，因此家長若追問在團體裡做些甚麼，可能就比較容易說出來。儘管在團體裡保密不易，但是還是要常常提醒成員，讓團體運作更順利、凝聚力更深，萬一有洩漏情事發生就要做適當處理。

有關性別的幾項事實

一、胚胎在懷孕期初期兩性器官同時存在，若無男性賀爾蒙，男性器官就萎縮，外顯雌性器官就出現，並在懷孕三個月內完成。

二、男性化或女性化與男性賀爾蒙有關，大多數與男性有性關係的男人是雙性戀；男同志只佔全部男性人口的1%～5%。男同志的下視丘中核與女性相同，異性戀的男性則有兩倍厚。

三、男性胼胝體較女性不成熟，因此連繫功能較弱、思考較不周全。

四、男性第二性徵的發展會壓抑免疫系統，增加掠奪行為的危險性。

五、男女性比率在正常情況下是100：108，加上男性夭折數，最後應該打平，但是現在有人工操作，男女比率已經出現懸殊現象，尤以亞洲國家為然。

六、治療關係中不只一位當事人時。

七、男性骨架發展，使其體力優於女性，男嬰活動力較女嬰強，女嬰身體彈性與眼睛協調度較男嬰佳，因此女性可以從事較需眼力、細膩的工作。

八、男性痛苦忍受力較女性強，但是女性在若干情況下（如生育），也可以忍受相當的痛楚。女性對於痛覺的反應較快速而正確。

九、男性對於環境的敏銳度高於女性，但是也因此容易遭受疾病感染或是發展上的問題。

十、男性在數學與空間表現優於女性。

十一、女性在情緒表現上（判斷臉部表情與同理心）及語文方面表現較男性佳。

十二、男嬰比較會逃避與同性間的目光接觸（六個月大就很明顯），女嬰對於社會情境較敏銳、也較有反應。

十三、男性粗動作較多、也較多競爭式活動，喜歡以共守的原則替代私人關係；女孩較多合作性活動，善用說服力。

十四、女孩比較容易聽從口頭指示，男孩較不理會口頭指令，也因此男孩會以體力競爭方式獲取自己的目標，女孩則是以口頭勸說或要求。

十五、在社會關係上，女孩較具同理心、顧慮到他人福祉、喜歡與人親密、社交技巧較佳；男性較優於建立掌控權、主宰權，屬於工作或任務導向，也喜歡冒險。

✚ 知識補充站

團體諮商最難的就是「保密」，成員可能會在團體外談論自己參加團體的心得，常常不小心就違反了「保密」原則，若團員彼此關係更加熟絡，也會在團體外聚會，讓「保密」工作更難，因此需要常常提醒。

4-15 社區工作注意事項

關係拿捏

輔導教師在社區裡就成為社區的一員，當然也有身為社區一員的責任與義務，但是否應該將在學校的角色（輔導老師）展現出來？如果鄰居來找輔導老師詢問教育孩子的問題，該不該回答？要以怎樣的身分回應較為恰當？如果是來詢問有關自身的困擾呢？輔導教師又應該站在什麼立場？

諮商師在社區可能扮演的角色就很不同，可以是倡導者、改革者、諮詢者、顧問、支持系統或醫療系統的催化者，因此其需要注意的倫理議題可能就會因地制宜而有所不同。女性主義治療取向認為諮商師本身是社區的一員、也是社會的改革者，與當事人在社區裡還是會碰面，因此沒有特別限制諮商師可能有的雙（多）重關係，然而也提醒雙（多）重關係的複雜性與處理的困難度。到底諮商師進入社區之後，就沒有了治療師的角色？還是其功能可能會被濫用？回歸到諮商師自己的覺察與敏銳度是很重要的，也要有適度的諮詢與督導。

保密情況

輔導教師在學校或社區提供服務時，不免會與其他專業人員或單位有合作的關係。平日與相關單位就要有密切聯繫、跨團隊合作、結合專業助人網路，這是保障當事人福祉的最好運作方式；聯繫與溝通很重要之外，在聯繫與溝通時也要留意當事人隱私與資料的保密性。有些社區民眾、甚至是專業人員本身，並不清楚「關心」與「隱私權」之間的界限，這也必須要做清楚說明與明確約束，接下來的行動才會順利展開。

多元文化議題

在社區工作，對於多元文化的議題要特別敏銳。輔導教師在學校，其實面對的族群就有許多不同的類型，因此了解、接納與尊重不同的文化是基本的素養。助人專業當然也要求諮商師要具備多元文化的態度、知能與技巧，也因此要求諮商師必須要：了解自己的文化價值觀與偏見、了解當事人的世界觀，也具有適合文化的處置策略（Association for Multicultural Counseling & Development, 引自牛格正、王智弘，2008, p.194-195）。

如果說「每一個人都是一種文化」，也許並不誇張，因為每個人有不同的生長背景、家庭價值觀與世界觀、學歷與經驗，對許多事情也有自己的看法。學校輔導老師面對的也是多元文化，包括當地社區居民的族群是閩南、客家、外省、外配、原民較多，還是屬於混居的情況？是屬於農漁民、勞工階層、白領階級、商業貿易較多的族群，可能文化風貌、對學校與諮商服務的態度就有很大不同；學生家庭結構屬於隔代教養、單親、繼親、大家庭或折衷家庭等，也可能涉及不一樣的價值觀。

「尊重」（RESPECTFUL）的社區諮商模式
（Lewis, Lewis, Daniels & D'Andrea 2011, pp.54-61）

R（Religious/Spiritual identity）	包含了（但不限於）：宗教/靈性認同（包括當事人的信仰或生活哲學）
E（Economic class background）	社經地位（當事人不同的社會地位與經濟情況）
S（Sexual identity）	性別認同（性別社會化、性取向）
P（Level of psychological development）	心理發展（當事人所表現的成熟度）
E（Ethic/Racial identity）	種族認同（不同的種族背景）
C（Chronological/Developmental challenges）	年齡/發展的挑戰（不同發展階層與生命任務）
T（Various forms of trauma and other threats to one's sense of well-being）	不同形式的創傷或個人感受到威脅其福祉的因素（像是經歷過自然或人為災難，或是居住在犯罪社區，個人資源也會因為長期在壓力下而耗損）
F（Family background and history）	家庭背景與歷史（家庭功能與一些可能遺傳或複製的因素）
U（Unique physical characteristics）	特殊生理特徵（包括身障或是不同於一般人的特徵）
L（Location of residence and language differences）	居住地與不同語言（居住地與語言不同也會有不同的文化或生活習慣的考量）

✚ 知識補充站

　　「社區一體」的概念，基本上是結合當地可用資源與人力的「團隊服務」，其進行團隊工作時必須要注意：（Lewis et al., 2011, p.187）
　　一、清楚阻礙當地居民發展的環境因素；
　　二、提醒當地學校或機構團體有關此關注議題的資訊；
　　三、與這些團體合作結盟，為改變而努力；
　　四、使用有效傾聽技巧、取得共識與目標；
　　五、檢視團體成員在進行改變過程所帶來的優勢與資源；
　　六、進行溝通，認可與尊重這些資源與優勢；
　　七、諮商師提供促成合作的技巧。

4-16 線上諮商的倫理議題

使用網路的優勢

現在已經是網路科技時代，學生使用電腦與智慧型手機的比例很高，許多都會區的教師也使用網路規定或瀏覽作業，因此線上諮商似乎也是一個潛在的發展趨勢。使用網路諮商有其便利性，像是網路無遠弗屆，可以讓更多人受惠，尤其是地區偏遠或是有交通或身體障礙顧慮的民眾；網路的「匿名性」也讓民眾較願意在短時間內透露自己的心事與困擾；加上網路也沒有時間的限制，不像一般傳統諮商受限於諮商師的辦公時段。

男性使用網路的比率較之女性為高，因此線上諮商似乎也讓男性可以擺脫傳統的男性形象（如求助是弱者的行為），較願意透露心事，因為傳統面對面的諮商，男性談論較多的偏向於生涯諮商議題，不願意透露私人議題。

網路諮商技能與限制

諮商師要進行網路諮商除了要耗費更多的心力與時間之外，本身對於網路科技與操作要有相當能力，然而保密、當事人身分不能確認（如是否成年）、只用網路溝通等是其限制，也較難處理緊急事件。許多的治療要有效果，還是得回歸傳統的「面對面」諮商方式。線上諮商可以做為面對面諮商的輔助，然而還是不能替代直接治療的效果，因此最好還是請當事人可以就近找諮商師予以協助。

網路因其便利、立即與匿名的特性，可以掩飾個人身分，甚至比一般傳統諮商更容易馬上深入關切的議題或是禁忌、難堪的話題，也因為其無遠弗屆、容易讓諮商更普及化，深入城鄉或是弱勢族群。然而對於治療還是有其限制，因為多半較為嚴重或需要長期協助的議題，還是最好有面對面、第一類的接觸效果較佳，像是憂鬱症者還是要走出自己的居住處，藉著心理醫師與諮商師的協助與相關支持，而不是光靠線上諮商就可以達成療癒效果。

線上諮商會遭遇的倫理議題

線上諮商即便有攝影的設備，但是仍然缺乏面對面諮商的人性與許多溝通線索（如細膩的臉部表情、肢體動作等），所得到的資訊受限，也容易有移情或反移情情況出現、缺乏現實感。線上諮商的倫理議題包含：

一、保密性：電腦是否為某人專屬？還是有其他人可以使用？是否成年？涉及「知後同意」的有效性，資料的保密也不容易。

二、治療關係：治療關係是治療效果的指標。關係建立只有網路一途，缺乏其他可供參考資料，有礙信任關係的建立，諮商師專業技術的使用也會受到限制。

三、預警：當事人藉由文字方式溝通、缺乏其他可供參考資料，診斷不易、無法正確篩選當事人適不適合諮商服務，倘若有緊急事故需要聯繫或處理需耗時，而當事人卻隱藏許多重要的危險資訊，也可能阻礙或困擾諮商師的理性判斷。

線上諮商的優劣

好處

★很適合一些需要簡短協助、方便且匿名的當事人。

★適合不喜歡傳統諮商形式、身體上有障礙不良於行、或對於傳統面對面晤談會有焦慮與極度害羞的當事人。

★服務可深入到較偏遠地區。

★線上諮商適合問題解決導向。

★可以有效協助當事人去完成與評估家庭作業。

★時間上較有彈性。

壞處

★較不能有效協助有立即危機的當事人（如有自殺企圖者），諮商師警告或保護他人的能力受限。

★做診斷較困難，因為缺乏足夠的資訊。

★隱私權與保密的疑慮。

★未成年者可能仿冒成年人（匿名性）。

★較難提及移情與反移情議題。

★不適合長期且複雜的心理問題。

線上諮詢的方式（On-line counseling，引自林家興，2014）

電話　電子郵件　聊天室　視訊　社交網路

✚ 知識補充站

「移情」：當事人將自己過去對重要他人的感受與態度投射到諮商師身上的過程。像是將諮商師當成自己父親，認為諮商師跟自己父親一樣嚴峻、不願意聽當事人說話。

「反移情」：則是與上述相反，指諮商師自己將過去對重要他人的感受與態度投射到當事人身上的過程，會影響治療關係。像是諮商師看到當事人就想起自己的初戀，對當事人態度就失卻客觀性。

4-17 輔導教師可能會遭遇的倫理議題

輔導教師與其他專業一樣，有需要遵守的職業倫理，尤其輔導教師身兼教師與專業助人者，因此需要恪遵教師與輔導兩層專業倫理。

雙（多）重關係與界限

輔導教師的第一個難處在於自己位置的認定。到底是輔導人員還是教師？學生是要把輔導老師當作是諮商師還是一般的老師？輔導重視治療關係，因此是採民主平權的方式進行治療，而一般教師則仍保有教師專業的威權，學生是屬於較低階級的，在晤談時就不容易敞開心房、擔心被批判與評價，而學生也會擔心自己的事會被老師宣揚開來、無法保住秘密。儘管許多輔導教師非諮商師公會之一員、不受公會之約束，但是仍有需要恪遵專業的倫理法則，以取得服務對象與公眾（至少包含師生與家長）的信任（目前已有『學生輔導法』通過）。

輔導教師倘若遇到同事前來諮詢或諮商，既然是同事、又是諮商師，就會有所謂的「雙重」或「多重」（若又加上是學生家長）關係存在，讓關係變得很複雜，因為多一層關係、就多一層顧慮；輔導老師若是還兼課，與學生的關係就同時是老師與諮商師，在威權或處理事情方式上可能大相逕庭，因為角色不同、目標也可能不一樣。輔導教師若不兼課，可能因此與學生、同事較無機會接觸，要推展輔導業務有較多困難，因此要想辦法積極去熟悉校內外文化與服務族群。

我國只有高中輔導教師較少兼課的要求，可以專心提供其專業之服務；近幾年由於國內多起校園事件的影響，政府增設國小專業輔導教師名額，目前只有全校 43 班以上的國小才獲得一名輔導教師的配置，以這樣的比例來看，根本無法因應需求，而許多非都會區學校的輔導教師竟然還被要求授課，與一般國小教師無異，更難讓其發揮專業性！

保密議題

輔導教師因為是學校的一分子，而老師之間不免會交換一些有關學生的訊息，輔導教師要特別注意「保密」的原則，哪些資訊可以透露？哪些資訊可能違反隱私權或是讓學生受到不必要的傷害，也都應該嚴格把關與遵守。教師之間有所謂的「同儕忠誠」要遵守，有些教師不希望自己班上的問題有他人干涉，然而若是問題嚴重、或已違反學生權益，該如何介入、又不影響同事情誼？的確需要很高的處理智慧。此外，誰可以接觸學生資料？這也是特別需要注意的保密議題。

服務對象未滿十八歲

學校學生通常是法律保護下的個體、受家長監護，倘若輔導教師發現學生受到家暴，該不該知會家長？而家長一旦知道，會不會讓受暴學生更陷於危險之中？此外，像是未成年懷孕或墮胎，可能都需要讓監護人知道，又增加處理的困難度。最好是有商量或諮詢的對象，也可以打電話詢問諮商倫理委員會徵詢意見，還要明瞭有關兒少的相關法令。

少年事件處理法第三條（103年1月22日修正，由少年法院依法處理事件）

一、少年有觸犯刑罰法律之行為者。

二、少年有左列情形之一，依其性格及環境，而有觸犯刑罰法律之虞者：

（一）經常與有犯罪習性之人交往者。經常出入少年不當進入之場所者。
（二）經常逃學或逃家者。
（三）參加不良組織者。
（四）無正當理由經常攜帶刀械者。
（五）吸食或施打煙毒或麻醉藥品以外之迷幻物品者。
（六）有預備犯罪或犯罪未遂而為法所不罰之行為者。

 **「兒童及少年福利與權益保障法」第四十九條規定（衛福部）：
任何人對於兒童及少年不得有下列行為**

一、遺棄。

二、身心虐待。

三、利用兒童及少年從事有害健康等危害性活動或欺騙之行為。

四、利用身心障礙或特殊形體兒童及少年供人參觀。

五、利用兒童及少年行乞。

六、剝奪或妨礙兒童及少年接受國民教育之機會。

七、強迫兒童及少年婚嫁。

八、拐騙、綁架、買賣、質押兒童及少年。

九、強迫、引誘、容留或媒介兒童及少年為猥褻行為或性交。

十、供應兒童及少年刀械、槍砲、彈藥或其他危險物品。

十一、利用兒童及少年拍攝或錄製暴力、血腥、色情、猥褻或其他有害兒童及少年身心健康之出版品、圖畫、錄影節目帶、影片、光碟、磁片、電子訊號、遊戲軟體、網際網路內容或其他物品。

十二、對兒童及少年散布或播送有害其身心發展之出版品、圖畫、錄影節目帶、影片、光碟、電子訊號、遊戲軟體或其他物品。

十三、應列為限制級物品，違反依第四十四條第二項所定辦法中有關陳列方式之規定而使兒童及少年得以觀看或取得。

十四、於網際網路散布或播送有害兒童及少年身心健康之內容，未採取明確可行之防護措施，或未配合網際網路平臺提供者之防護機制，使兒童或少年得以接取或瀏覽。

十五、帶領或誘使兒童及少年進入有礙其身心健康之場所。

十六、強迫、引誘、容留或媒介兒童及少年為自殺行為。

十七、其他對兒童及少年或利用兒童及少年犯罪或為不正當之行為。

4-18 多元文化知能

多元文化趨勢

美國諮商師在近十多年來，特別要求諮商師或其他助人專業有「多元文化」的素養與知能，這是符合人權與民主的精神與趨勢，即便在台灣，也有許多不同的種族與文化，加上每個人性別、成長背景、經驗、價值觀與個性等等都不一樣，也都是一個文化。

尊重每一個人與文化是最基本的，諮商師站在專業助人的立場，當然也不例外，諮商師本身對於一些種族、性傾向、性別（包括對於性別的刻板印象）、社經地位、宗教信仰等有自己既定的思考，這無可厚非，只是願不願意去接納其他不同的價值觀與想法？至少不要因為自己的觀念而有偏見、甚至影響到當事人的權益。像是治療師本身的性別、性傾向、宗教或價值觀，也都可能影響對當事人的看法與處置，這些也都與諮商師的多元文化能力有關。此外，輔導教師在學校碰到新移民子女，可能會做哪些歸因？這些也都需要多元文化的相關能力與素養。

諮商師的多元文化知能

諮商師先要對於自己本身的文化與出處有所了解，接著就是主動積極去認識與了解當事人的文化。諮商師本身若有機會接觸不同的族群，比較能夠寬容看待不同文化，當然諮商師本身也應該對於不同服務族群有所認識與了解，擁有開放的心胸去接納與自身不同的個體，甚至願意不恥下問、讓當事人來教育諮商師關於他們的特有文化。

對服務對象次文化的了解

輔導教師對於自己服務的對象，也應該要有一些屬於兒童或青少年次文化的知能，不僅了解其發展階段、特色與挑戰，兒童與青少年在新世代科技與網路的環境下所受到的衝擊與影響，也要列入考量。例如現在的兒童或青少年競爭對象多、有許多能力要學，加上網路世界的光怪陸離，甚至是家庭結構與功能的變化，也讓他們面臨了前所未有的挑戰。再則，小孩子說話常常不被信任，在學校擔任輔導工作，是應該相信孩子嗎？還是需要去諮詢多方、拼湊事實？有些輔導人員擔心自己若都相信學生，就顯得天真、容易受騙。然而站在學生立場，即便是說謊、其目的可能是為了保護自己，有時候只是說了「部分」實話，只要讓當事人知道說實話是最好的策略、不會被譴責或受傷，他們自然會做明智的選擇。

繼續教育與自我充實

輔導教師當然也與一般教師或專業人員一樣，需要持續繼續教育，才可以確保當事人之福祉，也只有願意持續進修、成長的諮商師，對當事人才會有最大幫助。不管是閱讀書籍或研究、觀賞影片或紀錄片、參與文化相關研討會與活動、與不同族群人士互動與學習等等，也都有助於輔導教師的多元文化知能與敏感度。

諮商師需要具備的的多元文化能力

了解自己所屬的文化與其假設	先了解自己所屬文化的一些假設,有些假設可能就是有偏見的,而治療師自己若未能覺察對某些特殊族群的刻板印象,就很容易傷害當事人。
從文化體驗著手	理解多元文化最好的方式就是去體驗。唯有諮商師願意開放自己去接觸、體驗不同文化,才是破除錯誤偏見或刻板印象的便捷、有效之道,而且更容易去欣賞文化之美。
培養文化能力	包含治療師對於當事人與自己文化的覺察、知識與技巧(術)。

 諮商師「文化能力」內涵
（Tseng &Strelitzer, 2004, cited in Vasquez, 2010, pp.128-129）

「文化敏銳度」 （Cultural sensitivity）	「文化知識」 （Cultural knowledge）	「文化敏銳度」 （Cultural sensitivity）
覺察與欣賞不同文化。	關於不同文化的基本人類學事實。	能夠在情感上與當事人的文化觀點作連結。

✚ 知識補充站

　　學理上有所謂的「文化衝擊」（Cultural shock），指的是進入新文化的新鮮、興奮,過了一陣子進入穩定、無趣階段,而在要離開時,又有眷戀及不捨的過程。

4-19 **如何做好最佳的倫理判斷與行動**

　　遵守與提升專業倫理不易，主要的重點還是在於專業助人者的倫理覺察力與問題解決能力（鄔佩麗、陳麗英，2010，p.349）。輔導專業倫理光是靠倫理課程來了解專業倫理相關守則是嚴重不足的，儘管在課堂上教師會提供實際案例做輔佐說明，但也是僅供參考而已，在實際遭遇需要做倫理判斷時，要考慮的面向多而複雜，因此討論與諮詢是免不了的。

倫理判斷的原則

　　倫理的判斷與決定可能牽涉到價值觀、道德感與文化風俗，諮商師或輔導教師在做倫理判斷或決定時，要顧及「自主性」（也就是讓當事人自己做選擇與決定的權力）、「不傷害」（避免當事人受到有形、無形或潛在的傷害）、「為當事人最佳福祉做考量」、「正義公理」（顧及社會正義與其他人的福利與權利）、「忠誠」（諮商師需要信守自己的承諾）、以及「真實性」（諮商師與當事人之間的信任關係）（Corey et al., 2007）等六個原則。

同業違反專業倫理

　　身為助人專業的一員，除了自己本身要以當事人福祉為第一考量之外，還需要為自己所屬的專業盡一份社會道德的責任。倘若輔導教師發現有同事或是同業可能違反了專業倫理守則該怎麼辦？該不該跟對方談？要不要呈報上去給相關機構或負責單位？當輔導教師懷疑同事有違反專業倫理的行為時，最好還是直接告訴他/她、你/妳關切的議題，倘若對方不予理會、或是事態嚴重，就必須呈報專業倫理學會。

時時覺察與反思

　　學校教師並不一定擁有諮商師執照，然而因為他／她是輔導教師，當然也受到輔導專業的約束，至少也受到教師專業倫理的約束。當然，通常發現他人犯錯是比較容易的，有句話說「看見別人眼中的刺、沒看見自己眼中的樑木」指的就是這個意思，因此諮商師或輔導教師自己本身持續的覺察與恪遵倫理守則，才是維護專業與提升專業公共形象最重要的關鍵。

　　學校輔導人員在做倫理判斷時，最主要是依據自身的臨床經驗，然而缺乏討論商量對象，常常在評估自身是否符合專業倫理時遭遇困境（洪莉竹，2013）。因此，最好有專業同儕可以一起討論，平日也可形成非固定的同儕督導團體、個案討論，或是尋求督導諮詢與協助，可以獲得不同的思考與解答。當然徵詢一般學校同事的意見也是不錯的方式，只是學校教師也許不了解輔導專業的倫理原則，有時候可能讓討論掛一漏萬。

倫理判斷流程（Corey et al., 2007, p.20-23）

步驟	說明
認清問題或困難所在	蒐集相關資料，看看是否違反專業倫理、法律或只是純粹道德議題？問題重點在哪裡？涉及到哪些人？危險性如何？我自己的價值觀又如何？社會大眾會怎麼看這件事情？當事人受到的影響為何？
定義問題	取得當事人的合作很重要。
將相關資料收集匯整之後，列出重要事項	評估相關人士涉及的權利、責任與福祉為何？其他文化與位階權力的相關因素也必須列入考量，並將六項原則（自主性等）的優先考慮次序列出來，與當事人思考可能的解決方案。
決定處理方式	將可能涉及的倫理條例重新瀏覽一次，並詢問所服務機構（或學校），提供可能的解決方法。輔導教師也要檢視自己的價值觀與對於倫理條例的了解，檢視自己的價值觀與倫理條例有無一致、可能理由為何？記得將一切過程都仔細記錄下來並保存。
與當事人重新檢視整個過程、重新做選擇	明白相關的法律，也要了解機構的相關規定，尤其是有關保密與記錄、虐待、是否傷害當事人自己或他人、涉及親權與否、評估診斷或執照等情況。 同時可以諮詢機構、諮商同僚或督導、甚至熟悉法律者，了解不同角度的看法，然後根據這些資料與意見，研擬出可以採用的行動。
執行與評估	已經有許多解決方向與想法之後，就能列出可以採取的行動、或是不採取行動，以及可能會產生的結果，將這些與當事人、其他專業人士商議研討，並將所談論的內容與時間做記錄，從中選出最佳的解決方法，然後採取行動。
繼續檢視與反省	行動之後，還需要反省與評估解決結果，有無其他行動需要跟進？諮商師不僅可以從中學得寶貴經驗，也要記得要讓當事人參與且清楚整個過程。

第5章
輔導教師的自我覺察

教學目的：

　　本章就輔導教師本身的自我知識與覺察做說明。諮商師要時時檢視自己的價值觀，價值觀雖然細微、不容易察覺，卻是影響深遠，像是對於不同性別的分工與角色、性傾向少數或不同族群的刻板印象等；此外，諮商師也要培養危機敏銳度，因為關乎當事人生命安危，同時要將所觀察與處理的一切都記錄下來。

5-1 自我知識

自我知識

諮商師的「自我知識」先於專業知能，也就是說諮商師本身需要對自己有一定程度的了解之後，進一步才能為其他人做更好的服務。有些人投入諮商或輔導的行列，卻不太清楚自己是誰、要的是甚麼？而當面對生命中遭遇困境的當事人時，常常被勾起舊的創傷或是未竟事務，造成對當事人的傷害。諮商師要做倫理的專業判斷不易，除了需要對諮商專業倫理有清楚的認識與了解、修過相關的倫理課程之外，還需要有法律方面的常識與知識，因為服務的對象不同，有可能會涉及法律層面（像是平等教育法、家暴或虐童案、父母執行親職的權利與限制、未成年兒童與青少年的權益與福祉、涉及違法或犯罪案件等），因此最重要的是輔導教師本身的自我覺察功課。

想要擔任助人工作者，第一個要很清楚自己為什麼想要從事這一行？是為了自己的療癒、為自己的生命找答案？是喜歡幫助他人或被需要的感受？還是因為社會的聲望地位？助人專業是生涯的一種選擇，因此要考慮到自己的個性、生活方式與生活目標，讓專業可以與個人生命結合在一起。社會大眾對於諮商師或輔導老師的期許很高，而不管從事的是哪一種行業，都希望對社會或人類是正面、積極的貢獻，因此最好的方式就是「表裡如一」、「言行一致」，一來對自己誠實就很好交代，二來也不需要花費額外的心力去遮掩或欺騙，人生可以過得坦蕩蕩！選擇從事諮商這一行，基本上就是選擇一種生活方式，要過這樣的生活，自我覺察、反思與做適當的改變行動是很重要的，也是諮商師或輔導老師自我覺察的精髓。

自我與專業成長並行

自我覺察與自我成長、專業成長二者密不可分。許多助人專業者較著重專業上的覺察，也許每每接過一個案例或是晤談之後，會仔細思考與反省可以做得更好的地方，然而專業覺察只屬於專業層面上的嗎？我們很容易發現其實不盡然，因為助人專業所接觸的也都是人生世上會發生的大小事務，而這些事務我們也會遭遇到、也會在我們身上發生。擔任助人專業的特權是可以接觸到形形色色的人物與際遇，絕大多數都是在生命中遭逢劇變或困阨的當事人，很多的私事令人不堪、難受，助人專業者都可以被託付與信任，更應該珍惜與戒慎恐懼。有人說「會反省的父母是最好的父母」，同樣地，「會反省的諮商師是更好的諮商師」。當然光是覺察是絕對不夠的，還需要有更進一步的行動改善，才能達成覺察的目標，而這樣的覺察才有意義！

成為助人專業的動機（Schneider Corey, & Corey, 2011）

助人動機	可能的危機
我想要對他人造成影響	因為重視當事人的改變，可能會從「賦能」（使其有能力或力量）當事人而獲得滿足，若當事人無意改變、就容易受挫或灰心。
我想要回饋給曾經幫助我的人	自己曾經受到協助，轉而想要幫助他人，也可能因為過度幫助，而讓當事人覺得無能或無自信。
我想要照顧別人	是因為自小就有的習慣，也成為個人認同的一部分，但是這種單向的照顧，一來不一定得到認可或喜愛，二來容易身心耗竭。
我想要協助自己、做自我療癒	諮商師有過創傷經驗，容易過度同理當事人、或將當事人視為自己的延伸，失去客觀性，反而未能協助當事人。
我想要被需要	覺得「被需要」很重要，若他人無感激就會失落或憤怒，也可能忽略了自己的需求。
我想要有名望、地位與權力	這一行有時候必須要與許多弱勢族群工作，經濟上的酬賞並不豐厚。倘若諮商師以收入為考量，是否就不去幫助需要協助的人，或是讓可以結案的人持續接受治療？這是否也違反了專業助人的善意與本質？
我想要為問題提供解答	很多時候一個問題並沒有一個解決方式或根本無法解決，有行動做改變的還是當事人本身，若當事人無改變意願或動機，諮商師就容易受挫或認為當事人不合作。
我想要獲得掌控	生活中有適度的掌控是正常的，倘若想控制更多、甚至涉及他人的生活，不僅對方可能會有反感或抵抗，諮商師本身也會有情緒上的失調或失控。

注：以上的這些論點也都可以提供（準）諮商師覺察的方向與思考，但不限於此。

5-2 諮商師的價值觀

諮商師的價值觀

諮商師本身當然有自己的價值觀與偏見,唯有透過時時檢視與增廣知識及經驗,才有可能改變這些有害治療的價值觀與偏見。我們一般很少與人談論自己的價值觀,然而卻可以從對於事務的看法或感受中去理解,如同一般人對於特定族群的「刻板印象」就是其一,像是南美洲來台學生感受到台灣人對於膚色較白皙人的喜愛,美國人認為黑人容易犯罪、華人很「狡猾」,或是罹患愛滋者都是同志,而國人方面對於原住民或是新移民的看法,是不是也說明許多人的偏見儘管是錯的、卻不願意去「證實」?只要反過來思考,自己如果是被錯誤看待的一方,就可以了解那種情緒!

諮商師服務的對象是社會大眾、不同年齡與族群,隨時都可能碰到諮商師不太熟悉的族群,那麼請問諮商師該婉拒服務?還是帶著有色的眼光進行治療?倘若接下案子,對當事人有益還是有害?倘若當事人屬於 YAVIS(Young 年輕、Attractive 美麗、Verbal 會說話、Intelligent 聰明、Successful 有成就)的族群,諮商師可能就有所「偏好」,或是相反的特質(不符合 YAVIS),就容易產生「月暈效應」,反而妨礙了自己的判斷力。

日常生活覺察

選擇諮商就是選擇一種生活方式,諮商師的言行應該要前後、裡外一致,也就是因為諮商師相信助人專業、願意以此作為自己一生的志業,因此會奉行自己所相信的諮商專業,諮商師在臨床專業與一般生活中,也都是很一致的。不僅是忠於某個理論學派的,生活得就像是那個學派的人,願意以諮商為職志,同樣地也是如此!

許多的價值觀存在於「認知層面」,但是很容易在言行舉止之中表現出來,因此即便諮商師在「知識」層面的覺察都無問題,然而在現實情況中的表現可能就有差異,沒有敏銳的自我覺察習慣,很容易就犯下錯誤、甚至傷害了當事人。通常是在遭遇一些情況時(有時很細微),諮商師才會敏銳覺察到自己的價值判斷,倘若沒有刻意留意,其實很容易任由事件過去、也不會引發任何反思。

日常生活中與人互動或是觀察及體驗當中,如果諮商師願意去思考,其實會有許多的收穫,尤其是與自己有親密關係的家人,我們常常忽略經營關係的重要性,甚至給自己很好的理由(如家人就應該讓我做自己)不去經營。倘若諮商師相信某些理論的觀點,也最好在自己生活周遭做實驗,自己做得到、有效果之後,運用到當事人身上,才具有說服力、自己也不會覺得心虛,這其實也是所謂的「真誠一致」。

諮商師的價值觀覺察（Corey, et al., 2007）

價值觀	進一步思考
我對於性別的看法	是否很堅持不同性別的刻板印象或偏見？ 是否認為男人應該像甚麼模樣？女人應該如何？ 對於不同生理性別所表現出不符合該性別典型行為 （如男生很娘、或比蘭花指）會覺得不舒服或噁心？
我對於性傾向少數族群的看法	對於性傾向少數群是否有足夠的認識？
家庭價值觀	對於不同性別在家庭中的角色如何？對於「完整家庭」有無迷思？
宗教或靈性信仰	對於諮商師自己與當事人的宗教信仰有無迷思？或因為宗教關係，有 些價值觀不能改變（如不贊成同性婚姻或墮胎）？
我對不同種族人的看法如何？	國內不同的種族（如閩南、客家、外省、原住民、新移民）有其特殊的文 化背景或宗教信仰，諮商師本身有無意願去了解？與這些族群有無第 一類接觸經驗？有無刻板印象？ 對國外的白種人與其他不同種族或膚色人的看法與對待是否不同？
生命權	對於墮胎（維護生命權或選擇權）或安樂死的觀點如何？
性慾與性行為	諮商師本身對於人類性慾的看法如何？對於自己的性慾與親密關係有 何想法？對於當事人提出有關親密關係或性行為的態度如何？對於結 婚與單身、婚外情或劈腿的觀點又如何？

注：另外還有許多的檢視項目沒有列出，像是對於不同年齡的人、不同社會階層、不同障礙層度、不同裝扮等等，
是不是會有既定的印象或評估？而這些也可能會在治療場域中出現、影響治療過程與效果。

 墮胎的選擇（諮商站在哪邊？）

1 生命權
未出生的小孩無法決定自己的生存權。

2 選擇權
懷孕婦女有權利選擇是否生下孩子。有些可能是因自己無法撫養，或被強暴後
的結果。

5-3 覺察是經過刻意訓練

覺察是需要經過自己的刻意訓練，不是自然天成的。諮商師的自我覺察會越來越迅速，且更容易找出解決或改進之方。有人說諮商師的繼續進修有助於當事人福祉，同樣地，諮商師願意自我覺察，不只在專業上更能勝任，在自我生命與成長上更是獲益良多！

諮商師離開學校、開始執業，法律換照上要求 6 年之內要有 180 個小時的繼續教育，這個要求很容易達成，然而諮商師自己願意在專業上求進步，才更吻合專業倫理、同時提升專業聲望。諮商師本身需要在學術與臨床上繼續進修，學術上的包含閱讀專業理論與期刊、做研究或發表，參加相關的研討會與繼續教育課程，可以知道最新進的研究發展與技術；臨床上則需要有不斷的經驗磨練，不要怕接案，每一個當事人都是諮商師的老師，可以讓諮商師從不同的案例與生命故事中，讓自己對專業更具熱誠與信心，有效協助更多當事人。

專業課程的訓練有其優缺點，加上國內目前至少有 28 個系所培養諮商師，課程或是授課教師目標與方式不同，以及學生的個殊性亦異，培養出來的諮商師即便通過證照考試，功力還是有所差異！因此必須要諮商師或輔導教師本身願意繼續成長與努力，才可以確保當事人的福祉，況且諮商師一進入職場，是由「市場機制」（顧客多寡）來決定專業的有效性，也會戒慎恐懼。

諮商師在專業上的自我覺察可經由自己接案後的省思、錄音（或錄影）重聽（看）、固定與同儕討論（如同儕督導）、找督導討論、找治療師等等，這些途徑都可以協助諮商師自我了解與成長。其中在接案後自己重新聆聽諮商過程、寫下不足之處或是可以說卻沒有說的，以及下一次諮商時的目標或進行方式等，是新手諮商師可以快速成長的途徑之一。有些治療師只想治療別人，卻不願意去承認諮商師也是一般人，也會有一般人的經驗與困境，可以去求助、做治療，倘若自己都不承認專業助人的效果，又怎麼讓當事人或是社會大眾相信、去求助？

固然正在接受訓練的諮商師可能沒有資格進行諮商相關業務，但是不妨參與義工行列，在有督導的情況下，不僅可以讓自己多一些臨床經驗、認識與了解所服務的族群，同時可以讓課堂上所學的理論與實務做第一手的體會與整合。許多準諮商師在擔任義工的同時，更能進一步了解所謂的「助人專業」的真正意涵與意義，對於所學印象更深刻，也會有較實際的反省與思考。

諮商師日常生活的自我省思

諮商師自我覺察項目	舉例
與原生家庭的關係	我與家人的關係如何？ 我的家庭氣氛如何？ 我的家庭有哪些價值觀或是規則？ 我從父母親身上看見甚麼？ 我與手足間的關係如何？ 我的原生家庭可有秘密？ 我父母親的原生家庭又如何？
個人成長史	生命中重要他人是誰？對我的影響為何？ 我的生命經驗中有哪些重要事件？ 我對這些事件的看法如何？ 從性別角度來看自己的成長史，有沒有甚麼特殊事件？ 我對自身成長的文化與族群了解多少？ 我的文化對我的影響為何？
接案之後的省思	我對這個當事人有何看法？ 生命中是否也曾經有過類似經驗的人？ 我覺得這個案子很棘手、還是很容易？ 我喜歡我的當事人嗎？ 這個當事人讓我想到甚麼？
每日的生活省思	我今天過得如何？有沒有看到特別事件或人物？我今天的心情與狀況如何？
對於理論與實務的連結	我是否閱讀或是聽聞最新近的專業論文或相關文章？ 參加了研討會或聚會有一些新的學習？ 我今天對於哪個觀念又有了新的體悟與認識？ 我發現哪個理論的哪一點可能有新的創發？ 我試用了一個新的技術，這個技術是我自己發想的。
閱讀或是影音資料	哪些訊息跟我之前的理解不同？ 哪些故事或資訊勾起我曾有過的經驗或傷痛？ 這些都經過處理了嗎？要不要繼續處理？
聊天或討論	我對於某些人的看法是否改觀？為什麼？ 今天又有哪些重要的提醒與領悟？感謝這些人在我生命中出現。

✚ 知識補充站

「月暈效應」：僅憑個體某方面的特徵而概括其他所有的特徵，就是「以偏概全」之意。像是某人外觀亮眼美麗，就會認為她課業人緣一切都好。

5-4 危機處理與敏感度

危機敏感度與處理是自我覺察的一部分

危機敏感度與處理也是輔導教師自我覺察的一部分。輔導教師或諮商師也都會擔心，萬一出現危機需要處理該怎麼辦？新手輔導教師比較缺乏危機敏感度，有時候也太受制於專業訓練、反而不相信自己的直覺，所以可能錯失了最佳處理時機。

一般的情況下，諮商師的同理程度若足夠，很容易猜測到當事人的情緒與想法，因此倘若當事人有自傷的可能性時，諮商師就會很有技巧地詢問道：「如果我是處於這樣的情況，也許會想不開，甚至想說是不是可以很快結束掉這樣的痛苦？我不知道你/妳想過這些沒有？」或者更直接問：「你/妳有沒有想過要傷害自己（或別人）？」有自殺企圖的當事人，通常會極力隱瞞自我傷害的想法、造成自己很大的壓力，因此諮商師的直接詢問，反而讓他/她減輕了焦慮，可以更理性地與諮商師談論問題可能的解決方式，而不需要以自殺了結。有時候當事人遭遇到生命中的瓶頸、一時想不出方法，甚至對未來感覺灰暗，可能就會有自殺的念頭，只要度過這個危機時刻，其實就沒有問題，因此諮商師的危機感要足夠，才可能協助當事人脫困或解厄。

留意自殺或其他傷害警訊

自殺的想法因為是社會禁忌，因此很難脫口與他人談論，更不可能與自己關係親近的人說，因為怕對方擔心或阻止，所以壓力特別大，倘若諮商師可以及時發現與澄清，可以更有效協助當事人。

倘若發現當事人的衣著骯髒、常常感冒，或身上有不明傷痕，或者是當事人所穿的衣物不符節令（如夏天卻常穿長袖、把身體包得緊緊的），甚至會害怕被人觸碰到、對人極為警戒、或是有攻擊行為，有時候連走路姿勢都很奇怪、或有泌尿道的問題，這也都是合理懷疑的徵兆，也就是當事人可能被忽略、沒有受到應有的照顧，甚至是被暴力相向或是虐待。

諮商師的觀察與直覺，發現這些不合常理、與當事人的同儕相形之下是很特殊的，也都需要進一步去檢視與詢問；有時候是專業的直覺，站在當事人立場、可能發現事情不對勁，就要直接詢問。年幼的兒童不會用適當的語言表達出來，行為的表現是最直接的，在其活動上（對喜歡的活動不感興趣了）、或是課業表現上（不專心或是放空、成績落後）也都可以發現一些蛛絲馬跡，有些當事人會有退縮、自殘的行為，青少年也可能會懷孕。身體或是性虐待比較明顯，可以觀察出外表徵象，但是情緒或是精神的凌虐就較不容易察覺。目前若是發現有高風險家庭都需要做通報，輔導教師這邊也常常要做出迅速決定與處理。

危機處理模式（環型圖）（Roberts, 2005）

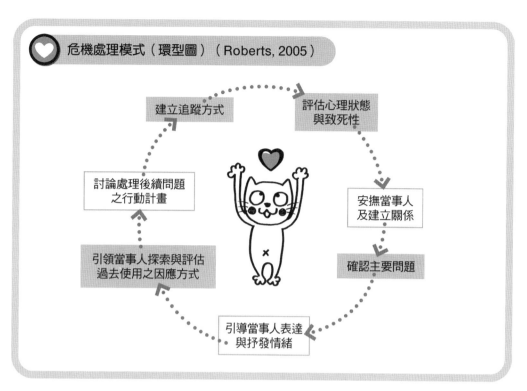

校園危機處理注意事項

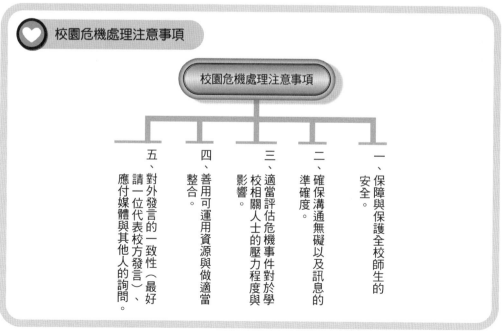

第6章
輔導教師提供的服務

教學目的：

　　輔導教師在學校的工作分為直接與間接服務，其服務項目又因為學校所在地區與需求而有不同。輔導教師配合學校教育目標，設計與執行教育或心理宣導及修補或治療等相關活動，然而也因為人力有限，需要規畫出最適合該校的主要與例行活動。本章特別以班級輔導及團體諮商兩項為重點，做了介紹與闡述。

6-1 **學校輔導工作**

學校輔導依照服務性質可分為：衡鑑（心理測驗或診斷）、資訊（提供當事人所需的資訊，以供做選擇或決定，包括升學或就業）、諮商、諮詢、定向（協助新生、轉學生或中輟生認識與適應學習環境）、安置（如編班、選課輔導）、延續（轉介或追蹤）與研究服務等（劉焜輝主編，2010）。許多輔導室所提供的服務，也都需要與其他處室協調、合作。

一般而言，學校輔導工作可以包括以下幾大項（但不限於此）：

一、衡鑑與評估：目的在於了解學生個性與潛能、有無學習困擾，以及學習上的個別差異，以擬定適當、適性的教育或輔導方式。

二、定向服務：協助新生與轉學生適應新環境，像是新生訓練與輔導或轉學生輔導。

三、安置服務：協助安排學生至適合其能力與需求的班級上課，或是設計適合學生能力與學習方式的學習教材，像是安排資優生或學習障礙學生到特殊班級上課，或是學習力較弱的學生有時候到資源班上課。

四、生涯輔導：評估學生興趣、性向與未來志業，安排適當的課程、資料、或是測驗，讓學生可以更清楚自己未來可能的職涯方向。

五、諮詢服務：是針對第三人的服務，對象可能是教師、行政人員、或家長等，其目的為協助學生，像是擔任家長諮詢、協助孩子上網行為的管理，或是擔任教師同事的諮詢、如何讓班級氣氛更團結。

六、諮商服務：包括個別（一對一）與團體諮商（一對多）；個別諮商是針對個人議題的服務，團體諮商則是依據不同主題作團體、較為長期的諮商服務；

七、追蹤服務：通常在協助學生之後，要了解處理學生問題之後的發展情況，會有追蹤評估的部分，而不是一次或一段晤談之後就結束，雖然追蹤需要耗時耗力，但是可以了解學生在經過介入處理後的進步情況如何，必要時繼續做修正與治療，也可以讓輔導教師知道自己的處遇方式效果與可改善之處。

八、評鑑服務：若要了解學校輔導需求與績效，通常都可以列入評鑑的範疇，以作為未來計畫之參考。現在許多學校都被政府要求要有一些績效的展現，甚至是經費補助的考量，雖然諮商輔導的效果不是立竿見影，然而只要處理過、至少比不處理好。

簡單說來，輔導教師提供「直接」與「間接」服務，右表僅供參考，因為輔導教師會依據學校與社區的環境、資源與不同需求，創發新的服務項目與方式。

輔導教師直接服務項目與內涵

直接服務	說明
個別諮商	以直接面對面方式進行晤談，次數依需要而定。
團體諮商	以不同議題為主軸，可以由不同年級或班級學生參與，設計一系列相關主題的活動與討論，企圖減輕問題或提升學生自信（如社交害羞、暴力行為、自我認識等主題）。
班級輔導	以全校性或各班特殊的關切議題為主，設計適當的班級活動，以為預防或教育之目的（如人際關係、合作、友善語言的使用）。或是在全校宣導活動之後，更進一步擬定相關之深化活動，就可以用「班級輔導」方式進行。
全校宣導	針對學校每學期重點式的教育或輔導重點做宣導（如生命教育、霸凌防治、性別平等），以達預防、教育與發展之目的。
信件或是網路服務	以公開或私人信件方式回應或說明、解釋學生關切的議題，如設立「小白鴿」信箱，接受學生的問題、並做書面回覆，網路信件服務也在其中。
測驗	提供適當標準化測驗與解釋，讓學生可以更了解自己、並協助做重要決定之參考。
諮詢	提供同事或家長諮詢與建議，以協助第三者（通常是學生）。
資訊提供	有關升學或是就業，甚至是教育與親職方面的相關資訊。
教師、家長或學生增能訓練	設計與提供教師同仁有關輔導相關知能研習，或協助同仁設計與執行輔導相關活動，培訓義工家長一些輔導知能，或是培訓學生作為輔導的小義工等。

6-2 **間接服務項目**

所謂的「間接服務」就是協助某人（如家長）去協助第三者（如學生），有不同的形式。

同儕諮商員訓練

培養班上幾位學生有關協助的基本知能，這些受過訓練的學生可以在自己班上敏銳覺察異狀、並通報輔導人員採取適當行動，也可以讓這些同儕諮商員以同學身分，協助、安慰同儕與做必要之預警動作。

仲裁者培訓

也可以在班上培訓一些「紛爭協調者」（或是仲裁者），讓他們在同儕之間若有口角或紛爭時，就可以運用已經學得的知能，協助爭執的協調，就不需要經過班導或是輔導教師來做斡旋或調停的工作，其效果可能更佳，同時也讓學生本身有仲裁、協調衝突的能力，最重要的是，這些受訓過的學員可以將所學運用在自己身上，成為一個有自信、又有能力協助的學生。當然也可以辦理其他不同的義工訓練，讓這些學員可以成為班級第一線的協助者或危機通報者。

家長或同事諮詢

擔任家長或同事諮詢（針對某位學生而共同合作做協助），也屬於間接服務的一種，因為主要的協助對象是「第三者」（通常是學生）、而非面對面的尋求諮詢者。

轉介服務

可疑個案發現與轉介，也是輔導教師的工作項目之一。萬一輔導教師本身能力不足，或是時間有限，或是學生需要更長期的協助，就可以轉介到縣市的學生諮商中心，由那裡的諮商師或心理師接手；如果學生需要進一步診斷與藥物治療，也可以轉介給當地的身心科醫師協助，同時持續為學生做諮商服務。有時候輔導教師需要轉介的對象是同事或家長，一來是因為自己的角色可能有衝突，二來是保密原則（許多家長或同事不願意讓輔導教師知道自己的家務事或私事，但是卻又需要諮商服務），三來也許學校輔導教師的服務對象主要是學生，若學生需要長期協助，時間與心力上的分配不足，無法再承擔過多的業務。

信件或資料提供

有些學校的輔導教師會設置類似「諮商服務信箱」（如『小白鴿信箱』），讓學生可以不必與輔導老師面對面，而是藉由書信或網路方式求助。當然輔導室也可以提供有關學習、升學或生涯等相關資訊給需要的學生。

推廣輔導業務

另外，在推行輔導相關業務時，輔導教師必然要與其他教師與處室緊密合作、擔任協調與組織工作，可以聯合舉辦許多相關活動，以展示或壁報、比賽或演講、生活體驗、參觀等方式進行，這些雖然都是間接服務，但都是達成輔導目標的途徑。

諮商與諮詢的異同

項目	諮商	諮詢
對象	當事人本身	關切的第三者（如家長或老師）
進行目的	協助自我整理或問題解決、重視當事人之內在需求（是直接助人的過程）	協助第三者解決問題（是間接助人的過程）
功能	讓當事人更有能力去面對自己、解決問題	讓求詢者更有能力去了解關心的現象、解決問題
目標	目標依當事人決定，不一定只有一個或很明確的目的	焦點在問題本身、目標明確
關係建立	信任與合作	同儕合作
資料蒐集方式	透過直接觀察與其他相關管道了解當事人	透過觀察與深入了解求詢者之服務對象或機構
方式	面對面直接協助，以了解當事人優先	面對面直接協助，以問題討論為主
次數	可能一次以上	可能一次以上
結束情況	當事人的關切議題可能復發	問題解決就結束

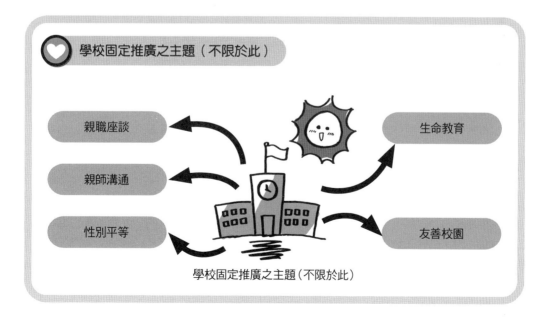 學校固定推廣之主題（不限於此）

親職座談

親師溝通

性別平等

生命教育

友善校園

學校固定推廣之主題（不限於此）

6-3 **輔導教師服務學生方式**

處理先後次序

輔導教師處理學校裡的學生情況,通常是「由上至下」方式,也就是從「全校宣導」開始,然後是「班級輔導」,接著是「個別諮商」,最後才是進行「團體諮商」,依照這樣的程序,較有效率可言。

學生常常被轉介來先做個別諮商,倘若還需要進一步讓學生從團體活動中學習,就可以讓學生去參與相關的諮商團體。學生先有過個別諮商的經驗之後、再來參與團體,除了個別議題已經做了適當處理、可以容忍團體的張力外,也可以更有效利用團體經驗來學習。

「團體諮商」是有主題的、也有特別要針對的對象,而之前若可以藉由「個別諮商」來了解實際情況(甚至篩選可能的團體成員)、與學生建立個別關係,也有助於接下來團體諮商的進行。

個別諮商

個別諮商部分可以有一次或長、短期諮商之別。有些學派建議可以用一次晤談就好,像是「焦點解決治療」。一般所謂的「短期諮商」大概是指五十次晤談以下,然而在學校機構裡執行,還是有其困難度,一般會限制在一人十次以下,依需要做添加或減少,以達到諮商目標為主。當然許多學生的問題還是會捲土重來,但是至少可以讓學生每一次都更有能力去面對問題或做處理。

在學校做個別諮商有許多限制,因為一位輔導老師可能面對幾百名師生,如果每位當事人都需要多次諮商,一來無法達成、二來時間上也不允許,因此短期諮商是很經濟且實用的。短期諮商的精神是利用當事人的優勢、讓他/她成為自己的治療師,因此就某方面來說,諮商也是「培力」(或『賦能』)的工作。

學校輔導老師通常是發現個別的問題,需要私底下做審慎處理時,才會採用「個別諮商」的方式,如果之前利用全校宣導或班級輔導、公告欄、信箱、網路回信就可以達成目標,當然就不需要進一步的個別治療。

個別諮商著重治療關係,而在治療期間,當事人也會想盡辦法測試與諮商師的關係。關係建立不易,卻很容易就破壞。「治療關係」也是與一般師生關係最不同處,加上個別諮商很私密,只要諮商師使用得當,可以贏得當事人信任,當事人就容易有進一步的改善動作。

也有一次「多人」談話的諮商,就是請關切相關議題(如班上同學相處)的幾位學生同時出席,在人力與時間上都較為經濟,來談的學生可藉此了解其他人的想法與感受、協助問題之解決,然而也可能無法兼顧到所有人,或者是只有一次晤談無法處理透徹,而一起談話也可能讓某些人不敢說出真正的想法或感受,因為擔心影響彼此的情誼,之間的利弊得失,要靠輔導教師的明智判斷與拿捏,也要特別注意「保密」的重要性。

個別諮商與團體諮商的差異

諮商形態/特點	個別諮商	團體諮商	注意事項
人數	一人	四人以上至十二人（或以上）（視主題或時間而定）。	資訊分享方面，團諮就有更多人參與，保密就更不容易。
對象與進行方式	一對一、面對面	一對多、直接。	若只專注於若干成員，就容易忽略到其他成員。
動力不同	當事人與諮商師二人	諮商師及參與成員全體，就經濟與人際層面來說效果較佳，也容易獲得支持。	有人較不習慣在他人面前說話或發表不同意見。
諮商室外的掌控	較容易掌握	較難掌控。	因為人員眾多，保密較難，也影響到成員在團體外的表現。
效果	較不易評估	效果較佳。	團體彼此會有歸屬感、獲得支持，也可以在類似外面社會情境的或生活中練習所學。
時間	較固定，一次可以四十分鐘到一小時（必要時可延長）	若以每人二十分鐘來計，可能一次團體就需要一小時以上。	團體中若有人缺席，動力就受到影響。

輔導教師服務方式

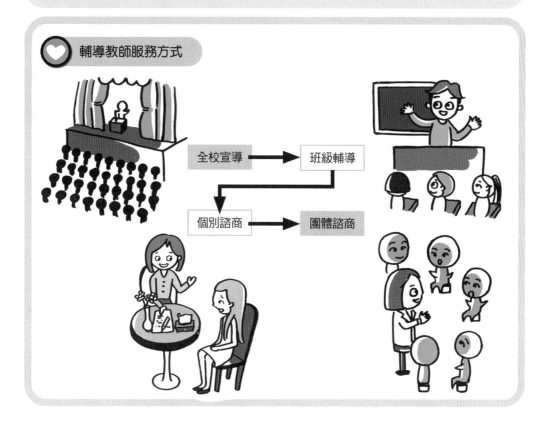

6-4 諮詢

　　「諮詢」指的是諮商師與教師或家長（或社工等）兩方為第三者（如學生）提供協助與服務。例如導師發現班上有一名學生常有偷竊行為，已經找過家長商議，但是因為是隔代教養、效果不彰，於是與輔導教師、各科任老師一起，為矯正學生的偷竊行為而研商改變策略與行動。在這個「諮詢」過程中，求助對象是導師與科任老師（直接服務對象），而共同協助的對象是學生（共同關注的第三者）。另外，倘若是家長（直接服務對象）來請教輔導教師關於孩子學習或是行為問題，然後一起研擬對策、協助該生，也是輔導教師所做的「諮詢」服務；當然若有學生來求助（直接服務對象），希望可以協助班上某位同學（如被霸凌），也是諮詢服務的一種。

　　輔導教師可以善用一些有形無形的資源。有時候可以邀請在某方面已經克服困難或有心得的學生來擔任「顧問」，提供他/她的成功經驗與心得，這也是「敘事治療」會採用的策略之一。像是邀請曾經中輟（或被霸凌）的學生與當事人分享他/她的經歷與因應策略，可以讓當事人看見希望，同時也得到支持。這樣的做法就是請相關學生擔任「諮詢專家」，以「過來人」身分，協助其他需要幫助的學生。

　　諮詢者主要是了解問題與可用資源、協助擬定改進方案與評估，是居於顧問的立場，主要的行動執行者還是受詢者（老師、職員或學校負責人）本身。像學校若是發現有學生流連廟會、學習狀況落後，教務主任為了防止類似案件持續發生，於是來向輔導老師請益，輔導老師便可以就目前學生學習與生活各面向情形、廟會特性與其相關因素，還有學生本身家庭背景與家長監控情況進行了解，參考中輟防止策略的相關資訊，與教務主任商議幾個可以進行的方向及評估效果的方式，然後進行改善動作。這期間教務主任與輔導教師也需要有定期會議，了解計畫進展情況、遭遇困難與可能修正方向做討論。

小博士解說

諮詢的特色（鄔佩麗、黃兆慧，2006）：

一、由求詢者尋求協助；

二、求詢者擁有完全的自主性；

三、諮詢關係是保密的；

四、諮詢關係猶如同儕般的合作關係；

五、諮詢關係能讓求詢者獲取資源；

六、諮詢關係只處理問題本身；

七、以預防為主的考量。

學校諮詢工作注意事項（整理自鄔佩麗、黃兆慧，2006, pp.150-152）

一、諮詢為共享資訊、理念、協商、觀察、提供完整方案、並發展可能行動。

二、有效的諮詢應兼顧問題解決、社會影響、支持與發展等目標。

三、學校諮詢服務已從直接服務延伸至影響學校全體的環境上。

四、為使學生能夠得到最好的照顧，最好將教師、行政人員與學生家長都納入諮詢小組，以小組合作型態來因應目前校園情況。

五、諮詢師可以為教師與行政人員實施在職訓練，使其有能力從事不同之親職諮詢服務。

六、團體式的諮詢服務可藉由互相提供建議，使得諮詢師與求詢者間更能維持平等與合作關係，也可避免諮詢師對學校了解不足而造成限制。

七、進行諮詢工作時，可將學校人力資源納入，並針對學校特殊條件規畫或安排適當處理策略與措施。

八、以彈性原則發揮諮詢功能，使得處理措施更能符合學校需求。

6-5 班級輔導

「班級輔導」就是以班級為單位，進行教育、發展或預防性的教學與宣導。倘若是全校性的教育宣導，可以利用朝會場合進行，接下來為了宣導效果更深入起見，可以逐年級或逐班一一進行班級輔導。若是全校性的議題（如霸凌），或是預防（如校園安全）、發展性（如六年級生要準備升國中、青春期的相關事宜）的主題，也可以利用班級輔導來進行。倘若不同班級有特殊問題需要宣導或預防，也可採用班級輔導的方式進行，像是班上有外籍生、轉學生或特殊需求（如身心障礙）的學生，也都可以多加利用班級輔導。

班級輔導的進行

班級輔導有些是一次性的（如霸凌防治宣導），也可以是一連串系統性的（像是如何辨別與防治霸凌），端視班級需要或是輔導老師的評估而定。班級輔導如同團體諮商，是基於經濟效率的原則，設計相關主題的活動，讓學生可以進一步體驗、更深入了解某些議題，而不是像全校性的朝會宣導那樣淺顯與表面。

進行班級輔導時要注意學生座位的安排（要讓每一位學生都可以清楚看到老師或進行的說明）、設計內容的適當性（是否容易被理解、合乎主題）。班級輔導可以採用多媒體來協助進行，包括電腦、繪本或影片播放（要讓全班都看得到）等等，也可以安插一些小組討論，或是以發表、繪畫、演戲與遊戲等方式進行。此外，班級輔導在進行時，可以做分組計分，有助於同儕之間的良性競爭，但是要注意到秩序與「公平性」。

班級輔導的設計

班級輔導的設計要注意實施對象的發展階段與特色，才能夠設計有效的活動、真正傳達教育目標，也就是同一主題可能會依照不同發展階段而有不同的設計。例如「性別教育」，在低年級可能是「認識自己」（包括自己的性別、生理特徵、長相與特色），中年級可能是「身體認識與保健」（了解不同性別的生、心理特色，但也要注意性別的刻板化），高年級可能主題就是「人際關係」（包含親密關係、同異性關係、性騷擾等）；再則，同一個年級的班級輔導設計，也可能因為班級氣氛與經營情況不同，而會做適度的更改、調適。

可以因應班級的需要而客製化

有些班級若是發現有特殊議題（像是女性情誼、轉學生），也可以請輔導老師協助，讓學生有更深入的了解與體會。除了主題的因「班」制宜之外，還要考慮每一班的導師配合度不同、班級氣氛各異，因此設計好的班級輔導還是要有彈性、做適當因應，務必讓效果達成率更高。

班級輔導設計舉隅：主題為「霸凌與我」（一次進行三十至三十五分鐘）

「什麼是霸凌？」

進行方式

播放一個五分鐘的霸凌繪本PPT「不是我的錯」，並針對內容提出幾個有獎徵答，並將「霸凌」做定義與舉例說明。

注意事項

說明繪本中的是「關係霸凌」，並稍做解釋，請同學延伸其他在學校常見欺負人的行為。

「到底是誰的錯？」

進行方式

以小組討論方式進行，可能被霸凌的原因。

注意事項

教師需要強調「沒有人有資格欺負任何人」，因為人人都需要被尊重。

「我可能是下一個受害者！」

進行方式

教師解釋：如果看見霸凌而不做任何動作、甚至去協助加害者，自己可能成為下一個受害者。以「腦力激盪」方式為受害者提供解決之道。

注意事項

釐清「旁觀者」的重要性，其行動力可以改變一切。

碰到霸凌要說「不」

進行方式

介紹遭遇霸凌可以採用的「肯定訓練」（眼神看著對方、堅定說『不』、然後慢慢走開），並請同學兩人一組演練兩次。

注意事項

介紹霸凌的通報流程（以海報展示並做說明）。強調「我們對待人的方式，就是我們想要被對待的方式」。

＋ 知識補充站

　　輔導教師進入班級做「班級輔導」，可能因為班級秩序或風氣問題，要特別與導師做配合，可以在進行當中以分組/排序方式做計分，但要注意公平性，也要在班輔結束後馬上頒獎，並評估學生在這一堂課學習成果如何？

6-6 **團體諮商**

符合經濟效益與學習效果

以團體方式進行諮商，主要是因為經濟效益之故。所謂的「經濟效益」包含人力、財力與時間的節省（個別諮商是一對一，團體諮商是一對多）、同儕互相學習（團體是一個小社會，大家彼此較容易學習，尤其是對年幼的孩童來說更是如此）、與分享經驗（感覺到自己並不孤單、自己擔心的問題也不是唯一或特別的），也因此帶領團體需要比做個別諮商有更嚴謹的訓練。不少新手諮商師在帶領團體時，容易變成在團體中做「個人諮商」，也就是只專注於一位或兩位成員，這樣其他成員就會覺得無趣、不受重視，很容易分心或離開團體，如此就很難達到成效。

團體領導的養成

要成為一位勝任的團體工作者（包含團體設計與領導），除了有專業的團體訓練與督導外，最好是自己去參加不同形式的團體，有了這些團體經驗之後，會更明白團體動力與其影響力，也可以從不同的領導者身上學習到領導風格與技巧；再者，自己先從團體「觀察員」開始，培養自己對於團體運作的敏感度，然後再擔任「協同領導」（Co-leader，其責任佔一半），可以從一位資深有經驗的領導者身上學習、互相討論，最後自己再獨立擔任領導人。

課程訓練

在課程訓練上，最理想的修課程序是：輔導原理與實務→諮商理論與實務→助人歷程與技巧→個別諮商→團體輔導與諮商→輔導與諮商實習。這樣的訓練程序可以讓準諮商師或輔導教師一步步扎實地奠定基礎，而且也不會慌亂。然而目前有些課程的編排並沒有按照這樣的邏輯進行，甚至將「個別諮商」與「團體輔導與諮商」安排在同一學期，讓還不熟悉諮商專業的學生個諮與團諮兩者都無法做好，的確是有待改進！

團體領導基本技巧

團體領導的技巧除了個別諮商必要具備的積極傾聽、情感反映、同理心、重新陳述、澄清、摘要、提問、解釋、面質、評估、建議、自我揭露、示範與結束之外，還有若干特別技巧要注意：

支持：提供鼓勵與增強，讓成員覺得自己不孤單、做得好。

催化：鼓勵團體內成員彼此直接溝通、分享經驗，以達團體與個人目標。

引發：讓成員清楚團體的方向與目標，需要做許多引導的動作，自我揭露也是技巧之一。

回饋：鼓勵其他團體成員針對某成員的意見給予回應，儘量不予批判。

保護：若成員中有人受到攻擊，領導有保護被攻擊成員之責任。

連結：在成員互動中找出主題，然後將不同的意見做適當的連接。

阻擋：倘若團體中出現負面或攻擊行為時，必須當機立斷予以阻止、避免有人持續受到攻擊或傷害，也維繫團體氛圍。

不同形式的諮商團體（不限於此）

類型	說明	舉例	注意事項
依照不同理論區分	可以按照諮商師的專長理論設計團體	阿德勒自信提升團體、夢的解析團體	治療師需要對該理論、運作與該議題非常熟悉，不能只以技巧取勝。
依照不同議題區分	視需要達成的目的而定	霸凌受害者社交技巧團體、家長離異生活適應團體	最常見的團體，因為較容易計畫也有彈性。
依照不同目的區分	視其以「教育」或是「治療」為目的而設	認識霸凌（教育）、拒絕成為霸凌受害者（治療）	不同目的設計內容與進行方式或有不同。
依照人員加入或退出區分	「開放性」與「封閉性」團體，開放性程度不同	一般團體較屬於「封閉性」，而醫院裡的門診團體治療常常是開放性	固定成員或是可以持續讓成員加入團體。
依照成員組成性質區分	同質性或異質性團體	可以依照年齡、性別、族群等所關注的議題做區分	同質性團體會有較多相似處，但也可能侷限了討論的範疇。
依照時間長短期區分	可分一週一次、共八至十二週的團體，也可以進行一次（如三天兩夜）的馬拉松形態	親密關係團體、悲傷團體	密集式的團體容易在短時間內成員彼此認識、培養出團體凝聚力，但是不適合年幼的成員（容易疲累）。
依照結構性區分	團體進行方式與內容為有目標或無目標、預先設計好或沒有	成長團體	初入門的團體較多結構性者，成員知道團體流程會較為安心。
依照成員專業度區分	可以是促進專業成長或以分享為主	同儕成長或督導團體、自助式團體	自助式團體通常沒有固定的或專業訓練背景的領導人。

注：以上只是粗分團體形式，其實團體基本上是混搭的，像是「異質性」「成長」「短期」「女性」團體。

6-7 團體進行注意事項（一）

進行地點

進行團體的地點很重要，不要有一些容易讓學生分心的物品（如運動器材）或玩具擺放在那裡，會干擾團體的進行，因為會有學生去玩弄玩具或器材，不可能專注在團體活動上；若是無他處可放，也要適當地收納或隱藏起來。團體進行的場地也不宜太寬廣，坐不住的孩童會趁機跑來跑去，這當然也考驗領導者的「班級經營」技巧。

團體設計

團體諮商通常可以設計六至八次（或十二次）的活動，參與的成員不超過八至十人。在國小階段，因為學生發展情況不同，年紀越小的學生團體諮商次數要多（如一週兩次）、持續時間要短（如一次三十分鐘），而且活動要多一些、討論時間儘量聚焦且簡短，避免學生覺得無聊。若是小學高年級學生，則團體諮商可以安排一次四十至五十分鐘，一週一次即可。若有一些書寫的活動或是回饋單要填寫，儘量採用簡單勾選或是簡答方式較受歡迎，因為書寫耗時甚久、學童也不喜歡。

如同班級輔導一樣，團體設計通常不是「一魚多吃」的型態，而是需要依據實施對象（團體成員）的反應做適度的修正。團體的內容與過程都是重點，有些新手領導人急著要把自己設計好的「行程」跑完，反而忽略了成員的感受與想法，這是錯誤的示範，因為團體不是「領導者」的，而是屬於團體「全部成員」的。

進行時間

小學中年級以上，團體時間一次可延長至三十至四十分鐘，因為他們較坐得住，但是也要注意成員的專注力情況（通常注意力一次可專注十到十五分鐘），搭配適當的活動，可以刺激其參與興趣及延長其專注力。青少年至成年人的團體，一次團體可安排二小時至三小時，中間有休息時段。團體時間基本上的計算方式以「人數」×「20分鐘」，這樣的安排可以讓參與成員都有發表的空間，也較能將一主題做徹底充分之討論，然而在高中以下學校幾乎不可能有這麼多時間，就要因地制宜。

團體的表面效度

有些是針對不同議題的族群所做的團體諮商，像是父母離異或單親家庭中適應有問題的學生、孤立沒有朋友的學生，前者可以讓同樣來自單親家庭的學生一起參與，大家分享共同的經驗與感受，後者不宜只是讓這些孤單的學生參與，他們可能缺乏的是社交技巧，團體中需要安插一些人脈廣、熱心助人的學生做為模仿的典範，才可以竟其功，要不然容易變成「汙名」團體（參加的人都被冠上『有問題』標籤），不僅難以得到家長的同意，團體效果也不彰。也因此，要注意團體的「表面效度」，名稱可以讓家長與學生都很放心，像是社交技巧團體就可以命名為「我要成為『人氣夯』」的團體，處理霸凌受害者的團體可以命名為「自信高飛」團體等，加上簡單說明團體的目的就可以。

團體發展階段（並非每個團體都會完成這些階段，有些階段會重疊或倒回去）

階段	重點與特色
團體前階段（團體形成）	準備、宣傳團體、篩選成員、準備給成員成功經驗。
初始階段	探索期：成員彼此認識、試圖了解團體方向、討論「安全」議題。
轉銜期	成員較熟悉彼此，會測試領導，領導要處理衝突、抗拒與拒絕。
工作期	行動：將在團體所學與領悟運用在團體內或團體外，並將心得或疑問帶入團體裡。
結束期（整理期）	將在團體中所學運用到日常生活中。
團體後階段	追蹤與評估。

 團體各階段注意事項

團體階段	注意事項
團體前階段	團體目標要清楚明白，篩選成員要注意其是否適合團體工作的張力、團體性質是開放或封閉等。
初始階段	領導示範如何有效運用團體、建立個人目標、保密原則與團體規範之訂立。
轉銜期	團體內的事務在團體內解決，責任澄清與分攤，誠實與公平分享。
工作期	最有凝聚力與生產力的時期。給予將團體所學在生活中實驗的成員支持、誠實回饋，成員同時可保持其獨特性，團體進入更深層的探索與分享。
結束期	對團體做承諾、檢視團體效能與未竟事務，處理結束議題、給予成員整體與個別之回饋，必要時做復發之預防。
團體後階段	可以評量表、小聚會的方式進行追蹤與評估，有些團體可能自行成立新的自助式團體。

6-8 團體進行注意事項（二）

活動安排

　　年齡越小成員的團體，安排的小活動要多一些，因為他們比較坐不住；年齡較大的團體也要安插適當的相關活動（要與主題有關），讓他們覺得有趣，也可以即時做討論，較容易達成團體目標。

　　每個活動最好可以讓全部成員都參與，此外，若要讓學生做書寫動作，最好減少寫字的機會，改用其他勾選或是表演方式替代，新新一代的電腦族非常厭惡寫字。有時候在同一團體討論，因為人數多，可能只有少數敢於發言的人會發表，效果不彰，偶而可以分成兩人或三人小組做討論，當然有時候若是同一組成員不喜歡彼此，領導者也要注意該如何處理。成員討論時，領導者可以走動巡視，必要時給予催化或協助，也就是一定要關照到所有成員。

　　此外，團體諮商必須要以達到目的為主要，設計的流程沒有跑完不是重點，而是要看主要的設計與進行有無達成此次目標？新手輔導教師有時急著要把設計的行程跑完、卻忘記了主要的目標（讓學生學習到某個主題），就容易讓團體諮商流於形式化、沒有實質效益，必要時，只要進行最主要的活動就可以。

　　新手輔導教師有時候會堅持自己當初設計的活動，沒有顧及到進行的團體成員特質與團體氛圍，而做適度的修改或捨棄，這也要靠經驗累積、慢慢改善。

注意力要做適度的分配

　　之前提過，新手諮商師容易將團體諮商變成「在團體中做個人諮商」、只專注於一位或兩位成員，忽略了其他成員的被注意與認可需求，也沒有催化成員之間的互動與交流，這樣的團體是失敗的。團體領導面對的團體成員若是孩童或青少年，更容易在感受到被忽視或無聊時，對於團體失去興趣，也較不能從團體經驗中學習到設定的目標，因此團體領導的注意力要做適度分配，這也只有靠自我提醒與經驗才可能達成。

　　另外，關於發表人或談話者的時間分配也要注意。一個團體中總是有人願意分享更多、有人卻遲遲不敢冒險，事後卻又抱怨領導不公平。因此，儘量維持公平與適當注意是很重要的。有時候領導若在團體進行中，發現自己對某些成員的注意力不夠，也許可以趁著休息或下課時間與成員聊聊、做一些彌補，成員的感受會不同。

秩序維持與班級管理

　　在兒童的團體中，常常會遭遇到秩序管理的問題。秩序維持雖然重要、但不是最重要，私底下與不同成員有互動、建立關係，就容易取得其合作；有些孩子坐不住，也不要硬逼成員安靜坐著，可以示範舒服的坐姿，或以靠墊之類的輔助。每位成員參與的積極度不同、或是在公眾場合說話頻率不一，因此儘量鼓勵少發表的多說一些。

團體諮商示例

主　題：父母離異家庭子女生活適應團體
參與者：父母最近半年至一年離異者（中年級以上八人，男女各半最佳）
時　間：每週三下午十二點半至一點十分
地　點：團體諮商室
次　數：自104年10月7日至104年11月25日，共八次（若學校有特殊事件，則順延一次）
每週主題與進行活動（如下表）：

第一週 歡喜來逗陣

目的

認識與熟悉彼此。

活動與重點

◎訪問大明星（並做短暫介紹）。
◎找出與我相像的人。

第二週 我的爸媽離婚了

目的

探討失落經驗的感受與想法，特別注意孩子想要承擔非屬於自己的責任。

活動與重點

◎影片播放（父母離異的場景）並討論劇中的孩子感受。
◎知道父母要離婚時的感受。
◎感受是真實的，沒有對或不對。

第三週 我是爸媽的孩子

目的

要成員了解父母親離婚不是孩子的錯，他們永遠是父母的孩子，父母親即使分開了還是一樣愛他們。

活動與重點

◎父母離婚不是我的錯。
◎我擔心或害怕什麼。
◎一個美好記憶分享

第四週 我心該向誰？

目的

教導成員因應若同住之家長詆毀另一方、或試圖拉攏孩子時該怎麼辦？

活動與重點

◎繪本分享（離異時父母親要孩子靠邊站）。
◎分成小組討論會贊成父母哪一方的理由。
◎父母的事不應該牽扯到孩子，要讓家長知道自己的感受（作業：寫一封信給父母親）。

第五週 我要怎麼表示我對他們的愛？

目的

成員回顧自己在雙親家庭時受到的照顧與關愛事件，現在父母親分開，要如何維繫彼此的關係？

活動與重點

◎分享「寫一封信給父母親」的內容。（領導者自己可以用樣本示範）。
◎如何與其中一位不同住的家長或手足聯繫情感。

第六週 回歸生活

目的

手足間可能因為立場不同而有爭議。

活動與重點

◎演劇方式（不同腳本）表現手足不同立場。
◎每一個位置的人都可以體諒彼此感受。
◎情感不會散（儀式）。

第七週 如何照顧自己？

目的

兒童可能因為擔心家庭或父母親的情況無心向學、或有情緒及生活困擾，協助其照顧自己。

活動與重點

◎平常照顧自己的方式分享。
◎可以為家庭提供的能力有哪些？
◎遇到問題時該找誰商量？
◎不會因為父母一方不在身邊而責怪或放棄自己。

第八週 珍重再見

目的

回顧七週來的活動與獲得。

活動與重點

◎回顧前七次活動，分享印象最深的或自己會回去應用的。
◎冥想（清楚自己的情緒與如何安撫或排解）。
◎學習單（勾選自己在團體中的感受與收穫）。

第7章
諮商理論與取向

教學目的：

　本章乃就目前較為重要的諮商理論學派做介紹，包括人本取向、心理動力取向、認知行為取向、後現代取向與家族治療取向等，分別做主要觀點與技術的簡介。

7-1 人本取向（一）

　　輔導與諮商的理論是從心理學而來，也就是將心理學運用在日常生活中的一種專業，因此有必要對於一些基本的諮商理論做了解。不同的諮商理論對於問題的觀點不一，因此也影響其處理的方式。在這裡介紹諮商心理學的幾個重要取向，而每個取向之下又有不同學派。以下介紹的諮商理論是以不同取向來做分類，分別是：人本取向（或關係與體驗取向）、精神分析取向、認知行為取向、後現代取向、與家庭（族）治療。由於學派眾多，本章僅就其中幾個重要學派做介紹。

　　在介紹不同取向時，本章會將「人本取向」置於最前端，因為這是諮商的源頭。

人本取向

　　「人本取向」或稱「關係與體驗取向」，是繼「精神分析」與「行為主義」之後的心理學「第三勢力」。所謂的「關係與體驗取向」就是重視人的創意與行動力，強調個人的主觀經驗，把治療當作是當事人與治療師一起參與的旅程，與「精神分析」及「行為主義」兩個不同取向的區別在於將治療責任轉移到當事人身上。因為重視治療「關係」，許多使用的技巧也著重在當事人的「體驗」上，因此稱為「關係與體驗取向」。

人本中心學派

一、主要觀點

　　主要代表人物是羅吉斯（Carl Rogers）與馬斯洛（Abraham Maslow）。人本中心學派相信人有充分發揮功能的傾向，人有向上向善的潛能，只要提供當事人正向、信任與溫暖的環境，就可以促使其朝自我實現的方向前進，而自我實現是一個終生持續的歷程。

二、以當事人為中心

　　Rogers 所創的「個人中心」（Person-centered）學派，認為要讓當事人引導過程運作的方向，治療師就可以做得更好，而治療關係是讓當事人改變的必要且充分條件。治療師以自己為工具、以當事人為中心，治療關係本身就是治療，諮商師會以同理的態度、進入當事人的主觀世界（內在參照架構），重視其情緒與內心狀態，以人性的關懷及了解，讓當事人對自己有新的理解，重拾自己的能力，去面對生命中的挑戰。

三、高峰經驗

　　馬斯洛認為人有「更高的人性」，也都可以體會到所謂的「高峰經驗」（Peak experience）。馬斯洛提到「B 價值」也就是「存在的價值」（Being values），不是因為「缺乏」而產生的需求，而是有成長動機與成長需求。

四、核心條件

　　成功的治療除了關係品質、治療師的特質之外，羅吉斯認為治療師需要提供三個核心條件，它們是「無條件積極關注」、「同理心」與「真誠一致」。以不批判、溫暖、信任的態度來關切當事人與其福祉，站在當事人立場去體會當事人的感受、想法與行為，治療師同時要前後、裡外一致，展現真誠的透明度。

不同取向的諮商理論與其觀點

取向	學派	代表人物	主要觀點	治療重點	治療技術
動力取向（相信人類基本上是受到本身生理驅力與早期經驗的影響，潛意識動機與衝突影響目前的行為）	精神分析學派（Psychoanalysis）	佛洛伊德	◎人的衝動主要是性慾與攻擊所主宰（生物決定論）。 ◎人格結構分為：本我（快樂原則）、自我（現實原則）與超我（道德原則）。 ◎意識層次：意識、前意識與潛意識。 ◎防衛機制：試圖控制焦慮所採用的方式。 ◎移情與反移情。	◎強調當事人的「頓悟」，「潛意識」與「早期經驗」是治療重點。 ◎協助當事人「修通」過去壓抑的記憶，或是修補、移除不適用的防衛機制。	◎修通抗拒。 ◎自由聯想。 ◎夢的解析。 ◎解釋與分析移情。
不以生理決定一切，加入社會與文化因素。	新佛洛伊德學派（Neu-psychoanalysis）	◎艾力克森（Erik Erikson）的「社會心理發展理論」（psychosocial therapy） ◎楊格（Carl Jung）的「分析心理學派」（Analytical psychology）	◎以「自我」（Ego）為人類發展動力、強調行為背後的不同動機。	配合個人發展階段與任務，同時注意社會因素，協助其自我做最好發展。	◎評估、探索、夢的解析、積極想像、解析原型等。 ◎採用多元方式、不受限於嚴謹的規則或公式。
	心理動力治療（或稱『短期心理動力治療』）（Psychodynamic therapy）	無特定代表人物	◎與當事人面對面互動，不重視移情關係。 ◎關切當事人性心理、社會心理、與客體關係發展對個人的影響。	◎將過往關係在治療關係中重建。 ◎治療是矯正情緒經驗、提升新的學習機會。	◎反思、釐清、解釋、面質不適應的人際模式。 ◎檢視人際脈絡的「頓悟三角」（當事人目前的重要他人、對治療師的移情、童年關係）。
新佛洛伊德學派	自我心理學派（Ego psychology）	◎Helene Deutsch, ◎Karen Horney, ◎Harry Stack Sullivan, ◎Anna Freud	◎反對佛洛伊德的強調父職；聚焦在母子之間的聯繫；強調文化與環境對人格形塑的力量。	◎人際分析。 ◎強調支持、教育的治療取向。 ◎強調角色與文化之間的關係。	◎了解人與環境的關係；防衛機制的分析。
	客體關係學派（Object relations theory）	英國代表人物有： ◎Melanie Klein, ◎R. D. Fairbairn, ◎D. W. Winnicott 美國代表人物有： ◎Margaret Mahler, ◎John Bowlby, ◎Otto Kernberg	◎英國派強調移情與反移情的重要性；美國派強調自我功能與適應。	◎特別強調治療關係。 ◎探討早期心理建構的形成。 ◎從早期童年到目前的關係、甚至連結到當下治療關係的發展。	◎允許當事人做「投射認同」（早期客體關係的殘留，表現在目前人際關係的困擾上）、並提供其不同的投射認同。

取向	學派	代表人物	主要觀點	治療重點	治療技術
新佛洛伊德學派	自體心理學派 (Self psychology)	Heinz Konut	◎心理疾病就是「自我」(Self)的困擾，最嚴重的可以追溯到早期母親與嬰兒的關係。 ◎自我(體)與其他重要他人的客體關係對其人格的建立與健康有莫大關連。 ◎病態自戀是因為缺乏父母親對孩子鏡照(Mirroring)需求的同理反應。	◎探索早期關係是如何形塑自我與自我架構。 ◎透過了解當事人在治療關係中的移情，進行客體關係的修補與矯正。	◎反省與「神入」(讓當事人知道，治療師盡其所能去了解他們看事情的方式)。
人本取向 (或關係與體驗取向)：以人為中心的治療。	人本中心學派	◎馬斯洛 (Abraham Maslow) ◎羅吉斯 (Carl Rogers)	◎將治療重心轉到當事人身上。 ◎以當事人為中心、當事人有成長與發展的潛能。 ◎三個核心條件(同理心、無條件積極關注、真誠一致)。 ◎需求層次論。	◎注重治療關係。 ◎提供一個安全、信任的環境。 ◎治療師以自己為工具。 ◎深入了解當事人的內在參考架構(同理心)。	◎積極傾聽。 ◎同理心。 ◎情感反映與釐清。
	阿德勒個體心理學派 (Individual psychology)	◎阿德勒 (Alfred Adler) ◎Rudolf Dreikurs ◎Don Dinkmeyer	◎行為目的論。 ◎社會興趣。 ◎自卑情結。 ◎出生序排行。 ◎家庭星座與家庭氣氛。 ◎早期記憶。 ◎生命形態。 ◎自然與邏輯結果。	◎注重當事人的生命目標以及其對個人之影響。 ◎個人早期之家庭經驗對其目前之影響。 ◎了解與面對基本錯誤。 ◎個人行為與感受受其認知之影響。	◎早期記憶。 ◎矛盾意向法。 ◎逮到自己。 ◎彷彿好像。 ◎潑冷水。 ◎按鈕技巧。 ◎鼓勵。 ◎逃避陷阱。
	完形學派 (Gestalt therapy)	◎Frederick Perls, ◎Laura Perls	◎覺察。 ◎未竟事務。 ◎形象與背景。 ◎接觸與抗拒接觸。	◎協助當事人自我覺察，可以承擔責任、達到統整。	◎空椅法。 ◎繞圈子。 ◎誇大練習。 ◎夢的技巧。 ◎實驗。
	存在主義諮商 (Existential counseling)	◎Viktor Frankl, ◎Rollo May, ◎Irvin Yalom, ◎Emmy van Deurzen	◎虛無、焦慮與孤獨是存在的現實。 ◎人的選擇、與人關係、自由與責任。 ◎尋找意義。	◎協助當事人去真誠面對自己生存的事實(包括不可避免的焦慮與恐懼的挑戰)，有勇氣去做正確的選擇與行動，創發自己獨特的生命形態。	「蘇格拉底式」對話方式進行，無特定諮商技巧。

取向	學派	代表人物	主要觀點	治療重點	治療技術
行為取向	行為主義治療（Behavioral therapy）	◎B. F. Skinner, ◎A. Bandura	◎人類行為受到社會文化環境所形塑、決定，也受到自身基因與過去歷史的影響。 ◎七十年代之後又加入「認知」的因素。 ◎主要從學習理論發展而來。 ◎古典制約。 ◎操作制約。 ◎社會學習論。	針對「不適應」做修正與改變。	◎肯定訓練與社交技巧。 ◎增強。 ◎示範。 ◎形塑。 ◎認知重建。 ◎系統減敏法。 ◎教導。 ◎行為預演。 ◎角色扮演。 ◎放鬆練習。 ◎家庭作業。 ◎自我監控。
	BASIC I.D.（多元治療模式）	Arnold Lazarus	◎評估BASIC I.D.（行為、情感、知覺、想像、認知、人際關係、藥物與生物因素）。 ◎強調實證基礎而發展的短期、系統而統整的治療策略。	修復當事人所有的明顯問題。	技術來自家庭系統、溝通訓練、完形治療、心理劇與其他。
認知取向	理情行為治療（Rational emotive behavioral therapy）	Albert Ellis	◎人的行為與情緒主要是受到個人「詮釋」事件的影響。 ◎改變認知就改變了行為與情緒。 ◎ABCDE模式	讓當事人成為自己的治療師。	情緒、行為、認知與想像技巧。
	認知治療（cognitive therapy）	Aaron Beck	◎基模。 ◎自動化思考。 ◎核心信念。 ◎憂鬱症的「認知三角」。	協助當事人看見情緒與認知之間的關係，然後檢視其信念與基模的合理與否，最後讓當事人在現實生活中檢視其信念的可信度、發展新的因應方式。	◎放鬆練習。 ◎想像法。 ◎示範。 ◎停止思考法。 ◎認知重建。 ◎冥想。 ◎生理回饋。
	溝通交流分析	◎Eric Berne, ◎Mary Goulding & Robert Goulding（再決定治療）	◎深入探索人際互動兩造間的心理歷程。 ◎自我狀態（PAC）。 ◎生命腳本。 ◎不同溝通模式（互補、交叉或曖昧）。 ◎遊戲。	◎自主——為自己的感受與想法負責。 ◎發展「覺察」、直覺或自發性。 ◎發展親密關係的能力。	◎完形學派技術。 ◎教育。 ◎面質。 ◎測試「腳本信念」。

取向	學派	代表人物	主要觀點	治療重點	治療技術
認知取向	現實治療	◎William Glaser, ◎Robert Wubbolding	◎選擇理論。 ◎基本需求（生理與存活、愛與被愛、有權力自由與玩樂）。 ◎正向與負向耽溺。 ◎優質世界。	◎協助當事人以有效方式滿足其需求。 ◎發展更令人滿意的選擇。	◎涉入與參與。 ◎聚焦在行為與當下。 ◎WDEP 系統。
後現代取向 （以『後建構主義』為基礎）	敘事治療 （Narrative therapy）	◎Michael White, ◎David Epston	◎社會建構主義（強調語言文化互為主體的影響）。 ◎外化問題。 ◎解構「人」與「問題」的連結。 ◎重建敘事。 ◎多元身分。	個人敘事的再開發，自我認同的重新建構。	◎外化問題。 ◎解構與重寫。 ◎治療地圖。 ◎治療文件。 ◎重新入會。
	焦點解決短期諮商 （Solution-focused therapy）	◎Steve de Shazer, ◎Insoo Kim Berg	◎以「問題解決」為導向。 ◎當事人為自己問題的專家。 ◎治療師站在「不知」的立場。 ◎運用當事人資源。 ◎小改變造成大改變。	◎協助當事人過更平衡的生活。 ◎對於未來關切議題有更多資源可使用。	◎解決的談話。 ◎重新描述。 ◎策略性家庭作業。
	女性主義治療 （Feminist therapy）	任何服膺女性主義的治療者。	◎重視女性經驗、弱勢族群。 ◎性別與社會、政治、權力的關係。 ◎強調社會改變。	◎認清個體與社會、政治的關係，不讓個體為受害者。 ◎營造一個互相尊重、合作、兩性共享權力資源與責任的公平社會。	◎性別角色分析。 ◎權力分析。 ◎閱讀治療。 ◎社會行動。

取向	學派	代表人物	主要觀點	治療重點	治療技術
生態脈絡取向（將人置於其所生存、生活的大環境脈絡之中，不只是考量個體的心理狀態、情況而已，還注意到周遭物理與社會環境）	生態諮商（ecological counseling）	無特定代表人物	考量人與環境之間的關係，「人」與「環境」是互相生成與影響的，人類依據自己對於周遭所處環境的了解，會對生活脈絡作反應、也可以創造生活。	◎考慮到「時間」的重要性。 ◎關注「意義」。 ◎尋求「和諧」。 ◎動用所有可用資源與介入、採用經濟節約與合作方式，讓當事人與系統都因此得力。	◎視個人健康是互動有效的功能。 ◎將治療重點放在「人在環境中」，人是如何去調整或改變與環境間的互動而創造一滿意情境。 ◎將治療重點從傳統的「內在」轉移到「人與生態關係」的系統中。
	社區諮商（Community counseling）	無特定代表人物	治療師是促成個人或環境制度改變的積極角色。	「社區一體」的概念，諮商是結合當地可用資源與人力的「團隊服務」。	
	多元文化諮商（Multicultural counseling）	無特定代表人物	當事人都是「在社會脈絡中的人」，而這些脈絡都深深影響著裡面的個體，因此所有的諮商/治療都是多元文化。	採用「生理心理社會模式」，將人類功能的每個重要面向都含括在內（像是生理健康、人際與社交能力、心理與情緒福祉等）。	檢視與了解諮商師自身與當事人的文化，避免價值觀的偏差影響。
	家族治療（Family therapy）	◎Gregory Bateson, ◎Murray Bowen, ◎Nathan Ackerman, ◎Virginia Satir, ◎Carl Whitaker, ◎Salvador Minuchin, ◎Jay Haley	◎系統觀。 ◎回饋圈。 ◎次系統。 ◎自我調節。 ◎界限與位階。	◎重建家庭權力位階、恢復其功能與運作。 ◎暢通家庭溝通系統，讓個人與家庭都得以成長發展。	◎家庭雕塑。 ◎加入與重建。 ◎苦刑治療。

7-2 人本取向（二）

人本中心學派（續）

五、當事人角色

羅吉斯的人本中心顛覆了之前以治療師為重的傳統，強調當事人主動與負責任的角色，因此被視為是諮商專業的始祖。因為治療師所服務的對象不是生病的「病人」，而是一般普羅大眾，所關切的不只是心理疾病或困擾者，也囊括了日常生活中人類會遭遇的問題與挑戰。最完美的人就是「功能完全的人」。

六、治療目標

諮商聚焦在當事人的感受經驗上，而治療關係若可以達到相互信任、接納與自發性（Spontaneity），就會有正向的結果出現。羅吉斯認為人之所以出現問題是因為「理想我」與「現實我」之間的差距過大，導致個人所覺知的自己與真實的自己「不一致」，由此可見羅吉斯將當事人視為「適應不良」的人，而非「病人」。也因為當事人進入諮商室時是處於「不一致」的狀態，治療目標是讓當事人不以他人對自己的評價為依歸，而是以自己的標準來看待自己，在不需要依賴外在的關注下成為一個有自尊與自信的人，也就是讓「不一致」的當事人在經驗與自我概念裡持續順利發展。

七、治療技術

由於人本中心是以「關係」為重，因此不以技術取勝。最重要的就是三個「核心條件」（Corey 甚至將此三者稱為——存在的樣態『States of being』，而唯有諮商師處於這樣的狀態，才可以提供自己作為治療的工具），因為治療師把自己當作最重要的治療工具，具備了這些特質，就可以有效進行諮商。

這個學派幾乎是適用於所有的文化，因為每個人都希望被了解與認同、尊重與愛，當事人在充分體驗當下的情況下，學習接納自己、自我認同與成長，也做改變的決定。

本節先介紹諮商師的「自我揭露」、「立即性」、以及「重新架構」的技巧，其治療技術中最著名的「同理心」，會在本書中的「諮商技術」中呈現。

「自我揭露」（Self-disclosure）：自我揭露就是坦誠說出自己的感受與想法，其主要的功能有：（一）讓當事人了解諮商師是人，也經歷過與他/她相似的人類困境、讓當事人感覺被了解；（二）可以減少治療師的神秘感、減少不切實際的移情現象。

「立即性」（Immediacy）：治療師自我揭露自己在諮商現場所觀察、感受到的，包含對當事人與治療關係的看法與感覺，著重在「此時此刻」，可以用「自我揭露」（諮商師表露個人感受、反應或對當事人與關係的經驗）或是「挑戰」（用來面質當事人在治療關係中的議題），或是以提供資訊（當事人行為模式）的方式來呈現。

「重新架構」（Reframing）：將個體對某個事件或物品的解釋做延伸，創造不同的意義，也可以用「重新命名（或『標籤』）」的方式進行。

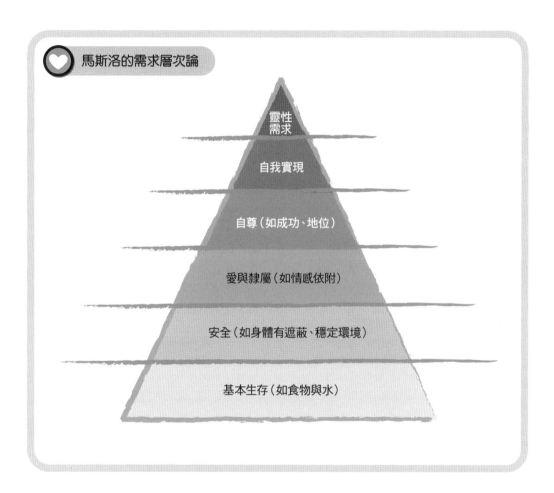

馬斯洛的需求層次論

靈性需求

自我實現

自尊（如成功、地位）

愛與隸屬（如情感依附）

安全（如身體有遮蔽、穩定環境）

基本生存（如食物與水）

＋ 知識補充站

　　「功能完全的人」（The full functioning person）：Rogers所提出的理念，是指理想的、情緒健康的人，不僅對經驗開放，活得有意義、有目的，也相信自己與他人。

7-3 阿德勒（個體）心理學派（一）

一、主要觀點

「全人」觀點：阿德勒是以「全人」的觀點出發。他認為人是「社會性」的生物體，受到社會因素的影響與促動，人是「完整」（Holistic）的整體，也是積極、主動、有創意、做決定的個體，不是命運的犧牲者，因此個人會主動選擇自己想要的生命型態。

社會興趣：阿德勒提出最重要的觀念就是「社會興趣」。「社會興趣」是指個體對他人的正向態度，與自我認同、同理他人有關。人類行為主要是受到社會興趣所驅動，而「社會興趣」也是評估一個人適應情況的指標。

行為目的論：阿德勒認為每個行為背後都有其目的。一個人的行為與人格是受到自己的「目的」所影響，人有自由意志、也有選擇之自由，因此個人的行為是「有意識」下的決定，而不是受天生的性驅力所左右。每個人都有自己的「虛構最終目標」，這些虛構目標就是引導個體朝向未來的動力。

不適應行為：阿德勒認為許多孩子的行為出現問題，是因為沒有受到認可與鼓勵，因此許多的行為其實是「適應」問題，而所有的問題都是「社會性」問題，人類行為主要是受到社會關係所驅動。

生命型態：生命型態指的是終生引導個人生活、組織其現實世界、及給予生命事件意義的核心信念與假設，通常與我們所覺知的自我、他人及世界有關。主要是個人對於自己、他人、世界的信念與假設而來，而根據這些信念與假設，也決定了我們的行為目標，倘若這些假設錯誤，也可能導致錯誤的行為與生命目標。

自卑與超越：阿德勒認為每一個人生來就認為自己不如人（『自卑』），但是也是這個「自卑」驅使他/她要更努力、讓自己掙脫這樣的命運，朝向「超越」之路邁進。

家庭星座：阿德勒學派特別重視「家庭星座」（Family constellation）與「家庭氛圍」（Family atmosphere）對於孩童發展的影響。每個家庭成員的特性、孩子出生序、手足的性別與家庭大小都會影響孩子在家中的地位，而家庭氛圍是屬於拒絕還是支持，也會影響孩子對自己的看法；沒有受到鼓勵的孩子會變成「適應不佳」的孩子，他/她可能有所謂的「錯誤目標」，導致他/她運用引起注意、權力鬥爭或是「我不行」的方式企圖取得在家中的地位與認可。家庭是一個人最主要的社會環境，每個孩子都企圖在家庭裡展現傑出、爭取自己的位置。家庭星座也包含了家庭組成與大小、排行與互動關係，每個人在家中的地位與角色是其在家庭中與人互動的結果，與我們最不同的手足是影響我們最深的。

「虛構目標」

主導	在與人關係中喜歡掌控與主導。
獲取	總是期待自他人處獲得些什麼、依賴他人。
逃避	逃避問題、不想負責或承擔。
想要成就	成功是唯一的選項，不能忍受失敗。
控制	喜歡有秩序、不能忍受無序或髒亂。
受害或是殉難者	兩者都受苦，但是前者較被動、後者則是較主動。
表現好	總是表現出有能力、有用、總是對的。
表現對社會有益	與他人合作、也貢獻自己。

「不適應行為」的背後的動機：（以『感受』來作動機判斷）

引起注意	某人的行為讓你覺得很「煩」，可能其目的就是引起你的注意。
權力抗爭	某人的行為讓你覺得「生氣」，可能是因為他（她）想要證明給你看「誰是老大」。
報復	某人的行為讓你覺得「很痛」，很有可能是以前他（她）也曾經受過傷，因此採用同樣的方式來「報復」你、讓你可以感受到他（她）的痛。
自暴自棄	某人的行為讓你覺得「無望、無力」，也許就因為某人有過太多失敗的經驗，對自己失去信心了，也不期待他人的協助。
刺激興奮	某人的行為讓你覺得「無厘頭、莫名奇妙」，可能就是因為生活太無聊了，所以就做一些動作來排遣。

一般的生命型態

一般的生命型態

- 提昇社會福祉與進步
- 尋求安慰與舒適
- 殉道者或受害者
- 追求成就
- 追求卓越與完美
- 仰賴他人、需要被照顧
- 控制與管理
- 討好或贏得他人讚許
- 迴避人際與他人的挑戰
- 規劃或統治他人

注：對照之前的「虛構目標」，就可以看出兩者的關聯，也就是每個人的「虛構目標」有時候是自己沒有意識到的，卻引領著我們，也因此造就了各種型態的生命樣貌。

7-4 阿德勒（個體）心理學派（二）

一、主要觀點（續）

出生序：阿德勒以「社會心理地位」（Psychosocial position）的角度來研究出生序，有別於實際上的出生次序（Chronological position），其中最重要的決定因素就是當事人本身，父母親是如何「看」自己在家庭中的地位？阿德勒研究了五個出生序，包括獨子、老大、兩位手足中的老二、老么與中間的小孩，各有不同的特性。

「自然結果」（Natural consequence）與「邏輯結果」（Logical consequence）：這個觀念常常被運用在家庭教育或是親職功能、以及教育現場上。所謂的「自然結果」就是不需要人為操弄、自然生成的結果，像是走路走太快容易跌倒，「跌倒」就是「走路太快」的自然結果；「邏輯結果」就是經由人為操弄而產生的後果，像是媽媽說沒把功課寫完就不准看電視，「不准看電視」就是「功課沒寫完」的邏輯結果，我們日常生活中的法律也是邏輯結果。一般人容易從自然結果裡學會教訓，但是這樣的學習太窄也太慢，而藉由適當邏輯結果的安排，也可以讓人學習到負責任。

二、治療目標

個體心理學派治療師認為只是行為的改變是不夠的，需要改變其覺知與社會興趣才是根本。其治療目標為：（一）增進當事人的社會興趣；（二）協助當事人克服沮喪感受、減少自卑；（三）修正當事人的觀點與目標，改變他們的生命腳本；（四）改變錯誤的動機；（五）協助當事人覺得與他人平等；以及（六）協助當事人成為對社會有貢獻的人。

三、治療技術

阿德勒學派的諮商師不拘泥於一些技巧，重視的是治療關係。治療師與當事人在諮商過程中都擔任積極、主動的角色，彼此是合作的關係，而治療師可以發揮創意、適當運用與研發技術來協助當事人。

個體心理學派的治療步驟為：建立治療關係與目標（給予適當鼓勵），評估、分析與了解個人與其問題（包括家庭背景、生命型態、私人邏輯與目標、認出個人破壞行為或錯誤邏輯），再教育、頓悟與重新導向（運用解釋與面質，讓當事人對自己的生命型態有所覺察，看到行為背後隱藏的動機、也看到行為的不良結果），以及增強（增強當事人的正向改變）、評估、結束與追蹤。

出生序與性格：（要考量當事人觀點與家人的對待）

出生序	性格特色
老大	保守傳統也威權、可靠、過度負責、內化雙親的價值觀與期待、完美主義者、成就傑出、占主導優勢、非常勤奮努力、口語能力較佳、較有組織、行為良好也較符合社會期待，常常是領袖的角色，會以衛護家庭為先，與長輩的關係較好。
兩位手足中的老二	若與老大差距三歲以內，可能就會將老大當作假想敵、競爭的對手，他（她）會先從老大擅長的地方下手，若是發現無法超越，就會朝不同的方向發展。老二較照顧人、表達能力亦佳，也常常感受到競爭的壓力。
中間孩子	通常是「被忽視」的孩子，覺得家中沒有他（她）的擅長之處，所以會朝家庭外發展。也因為較少被注意到，所以擁有較多的自由與創意，在外的人際關係與脈絡較佳，認為自己要認真努力才可能獲得認可，懷疑自己能力、反抗性強、有同理心，若家庭中有衝突，中間的孩子常常擔任「和事佬」的角色，然而也對於他人的批判相當敏感。
老么	么子有類似老大與獨子的特性，除了知道後面沒有追趕他的人之外，基本上是被寵愛的，也予取予求、我行我素，喜冒險、自由自在、具同理、社交能力強、也有創意，但是也顯示其獨立性甚高，縱使家人對其無太多期待，但卻常是為了要與其他手足並駕齊驅，而成為成就最高者。
獨生子女	較獨特、自我中心、也孤單，擁有老大與么子的性格，習慣成為注意焦點，與成人關係較佳，較早熟、也很早就學會與成人合作，當自認為表現不佳時，也容易有偏差行為出現。

＋ 知識補充站

阿德勒認為每個人都有自卑情結，但卻不一定發展成優越感，重要的是個人是否以錯誤的態度來面對這個自卑情結。

7-5 阿德勒（個體）心理學派（三）

三、治療技術（續）

悖論（或矛盾意向）技巧：其用意在刻意增加當事人的不良思考與行為，讓當事人在誇大的練習中體會到自己行為的可笑與荒謬，因而改變或停止這些不良行為。像是會胡思亂想的人，就讓他／她每天特別安排五分鐘可以胡思亂想。

逮到自己：主要目的是讓當事人對於自己一直重複的錯誤目標與思考有所警覺、並監控自己的行為，也就是協助當事人認出在錯誤目標或思考出現之前的一些徵兆或警告，讓當事人可以先做準備、避免重蹈覆轍。像是彈手腕上的橡皮筋，提醒自己一旦有負面想法就停止。

彷彿好像：許多當事人會告訴諮商師說：「如果我可以的話……」，治療師就可以在此時要求當事人表現出「彷彿好像」（假裝）自己就是那個「可以」的人，例如當事人說如果自己有一天成功了會如何，就請當事人扮演一下成功後的自己。

在湯裡吐口水或是潑冷水：當治療師解開了當事人自毀行為背後的隱藏動機之後，就可以設定這樣的「趨近——逃避」情境，讓當事人不能夠再度「享受」那種自毀行為的好感受。像是當事人抱怨工作難找，諮商師就可以回道：「你／妳還想繼續享受沒有賺錢壓力的悠閒生活。」

按鈕技巧：這是讓當事人可以更有效管理自己情緒的方法。讓當事人想像自己可以按不同的按鍵，轉變自己的情緒或想法。像是當事人很沮喪時，就想像按一個有快樂回憶的鍵，轉換心情。

鼓勵：鼓勵當事人、讓他們看見自己「能」的部份很重要，而且不是以「應該」來期許當事人，而是以「你可以」的方式，同時敘述具體行為佐證。阿德勒認為許多人出現問題是因為「不適應」或「不被鼓勵」（Discouraged），適當而正確的鼓勵，讓個體可以認同自我、朝向對社會有益的方向行動。

逃避陷阱：協助當事人不要重蹈常踏入的陷阱或是讓自己困住的地方，諮商師使用非預期的方式回應當事人。例如當事人抱怨自己都不能好好休息，就勸當事人把一天當四十八小時來用，行程排得滿滿地，他可能就會領悟到自己的謬誤。

早期記憶：也可以用作為人格評估之用。詢問當事人八歲之前的記憶越詳細越好，包含事件怎麼發生？關係人有哪些？當事人的情緒等。解釋「早期記憶」時需要注意到：當事人將哪部分放入記憶裡？他／她是參與者還是旁觀者？有其他哪些人出現在記憶裡？他們與當事人關係為何？記憶的主題為何？有無特殊模式出現？當事人的感受為？當事人為何憶起這些？他／她要傳達的是什麼？

生命型態訪談內容示例

請將手足姓名、年齡、對他們的看法依照順序一一列出。

記下八歲以前的記憶（越詳細越好）

描述你 / 妳的手足：

誰跟你 / 妳最不像？在哪些方面？

誰跟你 / 妳最像？在哪些方面？

你 / 妳小時候是怎樣的小孩？

請用幾個形容詞描述你 / 妳的手足（請按照出生次序）：

特性描述：將下列形容詞依照最適當的位置勾選

	手足中誰最高	我自己	手足中誰最低
聰慧			
努力			
成績好			
順從			
叛逆			
討好他人			
批判他人			
體貼			
自私			
自行其是			
敏感－易受傷			
容易發脾氣			
有幽默感			
理想主義			
物質主義			
對「成就、行為、道德」有高標準			
像運動家一樣			
最強壯			
最高			
最漂亮			
最具男性氣概			

誰最受寵、被誰寵、怎麼寵法、為了何事
誰是受到最多處罰的、被誰處罰、怎麼處罰、為了何事
誰朋友最多？什麼樣的關係（領袖、被排擠、合群的）？

手足關係		
誰照顧誰 哪些人玩在一起 誰跟誰最好 哪兩個最常吵架 誰是父親最喜歡的 誰是母親最喜歡的	描述雙親：包括年紀、個性描述、從事工作、子女中誰最像雙親（哪些方面像）；雙親關係如何（誰掌控、做決定、對子女教養態度如何、會公開爭吵嗎、吵什麼，你對這些爭吵的感受為何、會站在誰那邊）；誰最有野心？在哪方面？ 其他人住在一起嗎？誰是你童年最重要的人物？（描述你們之間的關係）	早期記憶 （八、九歲之前的記憶，也包含夢境）

7-6 完形學派（一）

一、主要觀點

從統整角度出發：「完形」（Gestalt）的德文原文就是「整個」或「完成」的意思。完形學派的代表人物為 Frederick（Fritz）Perls，他認為一切事物必須要從「統整」的角度來看才具有意義。完形學派因為注重「整體」，除了將當事人思考、感受、行為、身體、記憶與夢境都囊括進來，同時兼顧周遭環境的重要性；個體對於周遭環境脈絡的覺察可以決定其知覺的正確性與否，而要了解一個事件或人，也都只能以整體方式或將其置於脈絡中才能夠真正了解。因此 Perls 也強調性格的完整，將「自我」看作是個人的當下經驗，這也是完形與精神分析不同之處，後者重視當事人的「過去」，而前者則是關注當事人的「現在」。

「形象」與「背景」：個人與環境的關係非常重要，每一件事物彼此之間都是有關聯、互相影響的，也一直在進行中。Perls 引用 Lewin 的場地論觀點，強調「需求」與「場地」（環境）之間的交互作用。所謂的「形象」（Figure）指的是個人在任何時刻經驗中最明顯的部分（需求），而「背景」（Ground）是指個人經常沒有覺察的部份。我們當下的「需求」就是突顯的「形象」，其他不重要的需求就退而為「背景」，直到此需求獲得滿足之後，就會退為「背景」。像是一個人在飢餓狀態下，「食物」就是「形象」，一旦吃飽之後，對食物的需求就退到後面、不重要了，轉而去追求其他的目標（需求），像是打球。

未竟事務：每個人內在都有一種與生俱來要去完成某情境、企圖尋找內在平衡的衝動。在健康的情況下，一個需求或「形象」出現，能量就開始啟動，造成「接觸」（Contact），而後「完形」（Gestalt）就完成，倘若「完形」未完成（成為『未竟事務』，Unfinishedbusiness），這個未完成的事務就會持續且間歇性地引起我們的注意，當然也可能干擾我們的生活。諮商所處理的就是人們生活中的「未竟事務」，就像我們若看一部電影，總希望可以看到結尾，倘若無法看完，心理上就會懸著一件事：「到底結果如何了？」治療師的工作就是協助當事人體驗這種被卡住、挫敗的感受，也接納這樣的現實，讓當事人可以接納（與接觸）生命中所有可能發生的情況（Corey, 2009）。

「接觸」與「退回」：完形學派最重要的理念就是「接觸」。「接觸」是改變與成長的必要條件，除了五官感受的接觸之外，還有行動。「有效的接觸」是指可以與自然及他人互動，但是也不失其個體與獨立性。「接觸」之後有「退回」的動作，就是為了整合已經學習到的資訊。健康的功能需要「接觸」與「退回」兩者一直不斷地循環。

精神官能症的五個層面（是自我的建構，也是治療要突破的過程）

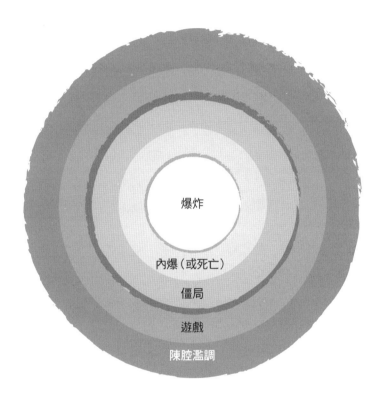

爆炸

內爆（或死亡）

僵局

遊戲

陳腔濫調

注：
「陳腔濫調」：最膚淺的互動與意義，表現出社會文化所接受的行為。
「遊戲」：表現出符合自己角色的行為。
「僵局」：感受到被卡住、失落、空虛或焦慮。
「內爆」（或『死亡』）：擔心自己一旦爆發就會死亡或不被喜愛，因此身體與精神持續緊繃、真正面對焦慮情境。
「爆炸」：體驗與表達自己的真實感受，也因此個體開始修通過往的未竟事務，與真實的自我接觸，活得真誠而
　　　　　自在。

7-7 完形學派（二）

一、主要觀點（續）

覺察：「覺察」（Awareness）包括了解環境與自我，接受自我、也能夠去接觸，而覺察就是改變之鑰，也是持續在進行的。諮商師協助當事人注意到自己的覺察過程，當事人就可以負起責任，也可以做出明智的選擇與決定。由於完形學派最重要的治療目標就是增加當事人的覺察，因此其所採用的技術也多半與增加覺察有關。

自我調節：完形學派主張心理健康的人是「自我調節」（Self-regulation）的人，能夠在與他人互相依賴的情況下有自我支持。人有生理與情緒的需求，也因此自然會調整自己來滿足這些需求，這就是「自我調節」，人之所以生病是因為有機體的自我調整過程產生問題。近來的完形治療師已經將「自我調節」延伸為「自我——他人調節」（Self-other regulation），主要是因為人類的需求與慾望通常與他人或環境都有關聯。

著重在當下

完形學派學者認為聚焦在過去與未來，可能會阻礙當事人不願意面對當下的情境，現象學的探詢也是關切當下所發生的，尤其會詢問當事人「現在正在做什麼」，因此治療師會問「什麼」與「如何」的問題，少用「為何」（只是讓當事人為自己的行為找藉口或理由而已），也鼓勵當事人以「現在式」（Present tense）的方式對話（聚焦過去只會讓當事人逃避現在的責任），不鼓勵當事人「談論」（Talk about）感受，而是直接感受（Corey, 2009），也因此此學派的治療中使用了許多的實驗與體驗技巧。

改變理論

完形學派有一套改變的理論，也就是所謂的「改變矛盾原則」。他們認為真正改變的發生不在於「變成什麼」，而是「變成真正的自己」，也就是說：如果要改變，就不必試著去做任何改變；協助當事人去接受他們的經驗（不是企圖改變或去除），改變就會發生。我們往往在生活中會想要「成為」什麼，眼光只專注在未來，卻沒有好好踏實地活在當下，因而常常有焦慮產生。

二、治療目標

完形學派不將心理困擾視為心理或是有機體的問題，而認為是「成長的阻礙」，因此其治療目的就是讓個體有機會做更好的完整發展與成長，所以以提升當事人的覺察與健康功能，藉由有意識且負責任的選擇，鼓勵並發展當事人自我與環境的支持系統為目標。完形治療的目標在於：

（一）協助當事人承擔自己的責任，讓他／她從「環境支持」到「自我支持」；

（二）達到統整（情緒行為一致，也更能適當滿足自身需求）；

（三）為了達到自我統整與協調，就需要有「自我覺察」。

換句話說，治療的主要目的是讓當事人對自己有更進一步的認識與了解，也讓當事人可以真實地與自己更靠近。

小博士解說

完形學派沒有否認「移情」與「反移情」的事實，然而因為其重視「你——我」關係與對話，因此也減少了不適當「移情」出現的機會，甚至將「移情」視為「完形固著」、或「未竟事務」的現象，但是完形學派諮商師會注意治療師對當事人的反應（反移情）。

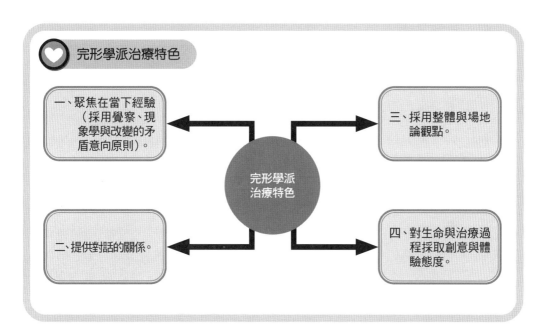

完形學派治療特色

一、聚焦在當下經驗（採用覺察、現象學與改變的矛盾意向原則）。

三、採用整體與場地論觀點。

完形學派治療特色

二、提供對話的關係。

四、對生命與治療過程採取創意與體驗態度。

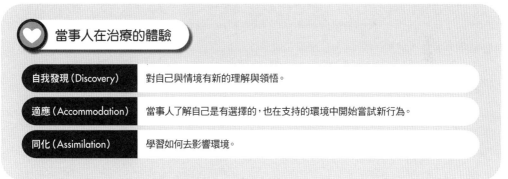

當事人在治療的體驗

自我發現（Discovery）	對自己與情境有新的理解與領悟。
適應（Accommodation）	當事人了解自己是有選擇的，也在支持的環境中開始嘗試新行為。
同化（Assimilation）	學習如何去影響環境。

＋ 知識補充站

完形學派的諮商師將當事人的徵狀與抗拒視為「創意適應」（Expressions of creative adjustment）的表現，特別是在沒有足夠支持資源時會採用的方式。

7-8 完形學派（三）

三、治療技術

空椅法：將當事人的「內在對話」或是真實的情況帶到現場中來，讓當事人可以在「當下」將那些對話做演練、表達出來，就可以更清楚地檢視這些想法與感受。像是請老闆坐在現場（以空椅代表）與當事人作對話，或是將自己內心衝突的兩個聲音帶到現場，由當事人自己扮演兩個角色、互相做對話。「空椅法」是以想像方式為之，但是又有具體效果，可以讓當事人有更多思考角度、或更清楚自己的想法與感受。

繞圈子：在團體中用「繞圈子」技術，讓某個當事人直接與團體內不同的人一一對話，直接說出自己的想法與感受，不管是自我揭露或是做實驗，都可以讓當事人做適度的冒險，看見事情的不同觀點，增加頓悟與成長的機會。

誇大練習：為了讓當事人可以覺察到較細微的線索所研發的，讓當事人誇大自己的肢體動作、姿勢或是移動情況，「看見」自己的這些行為背後所蘊含的意義。

停留在那個感覺上：要當事人可以達到「完全覺察」，這個「完全覺察」包含所有的經驗與感受，少了一部分就無法達成目的。諮商師會鼓勵當事人「停留」在那個感覺上，深入去體會與了解自己害怕（或『不喜歡』）情緒的感受，這樣做的目的是需要勇氣的，然而同時也可以讓當事人的忍受力增加、願意做更進一步的成長。

夢的技巧：做夢的詮釋或解析，會將夢境搬到治療現場，讓夢境重現，也讓當事人扮演夢境中的特別角色、甚至讓當事人完成夢境中未完成的對話，而夢中的每一個角色都被視為是自我的投射。完形學派認為夢境或想像都是未竟事務浮現在意識狀態的管道，夢的技巧主要是用來探索接觸的可能性（如覺察、擁有感、自我同化）、引發當事人與他人互動的潛能、以及清楚當事人生命中的一些存在意義。

實驗：「實驗」的功能主要是讓當事人可以藉由自己去發現、而了解重要的事實。實驗的主題是從晤談中發展出來的，也是一個共同合作的歷程，可以引出當事人新的情緒經驗與頓悟，但是實驗也要夠安全、讓當事人願意去嘗試。所謂「光說不練」，無法真正體會當下的感受，因此讓當事人可以親身去嘗試，自然可以學習到許多、也破除一些迷思。

語言的使用：要當事人改變其陳述，像是不用「他／她」或「你／妳」為主詞，而用「我」開頭的陳述，不是以「問問題」（如『你這麼認為嗎？』）方式呈現、而用肯定的「陳述句」（如『我是這麼想的。』）。治療師鼓勵當事人不用「我不能」而是「我不想」，也注意到當事人使用的隱喻、以及可能隱藏的故事。

💟 空椅法圖示

治療師

當事人

治療師與當事人之外，旁邊再擺一張椅子，讓當事人與椅子面對面。

💟 繞圈子圖示

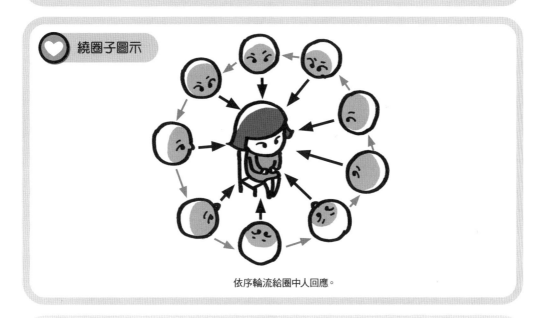

依序輪流給圈中人回應。

＋ 知識補充站

完形學派學者認為一般人的問題不外乎六個層面：缺乏覺察、缺乏自我責任（只試圖要控制環境、而非自己）、不與環境接觸、無法完成「未竟事務」、忽略自己的需求、以及將自我兩極化（非善即惡），而這些都是與自我有衝突的情況，衝突主要起因於個體無法將個人需求與環境要求做適當處理。

7-9 存在主義學派（一）

存在主義學派

存在主義在歐陸萌芽，因為當時的時代動盪不安，也因此帶有許多悲劇、負面的色彩，而 Rollo May 將其引進治療中、並且介紹到美國境內，就已經經過了一番轉化，Irvin Yalom 則是將存在主義諮商發揚光大的代表人物。

存在主義治療是一般人理解最少的一個學派，因為它是以哲學做基礎，不是從心理學衍生而來；再則，存在主義治療師較擅於理論信條的解釋而少實務，也缺乏系統化的組織或指導原則，也因此它的發展就受限。然而，存在主義所關切的議題卻又是非常重要，人的生存與困境正是一般人類會面臨的挑戰，而諮商師所面對的當事人自然也是如此！

一、主要觀點

人有覺察與反思能力

存在主義的理念來自於 Martin Heidegger（海德格）與 Jean-Paul Sartre（沙特）的「存在先於本質」（Existence comes before essence）觀點，「我們是」比「我們是什麼」還要重要，人類有自我覺察與反思的能力，有別於其他生物，但也因此必須負起個人責任。人生存的現實是有死亡、自由、孤單與無意義，因此了解自己是誰、在生命中的實況、該如何創造自己的生命意義是最重要的。

人類生存的現實

人類生存的世界由內而外包含四個層次，它們是：靈性與未知、個人、社會、物理世界。生命與創造意義有關，因此存在主義治療主要是「靈性」的範疇。存在主義強調焦慮與痛苦是人類存在的事實，人若否認存在的現實，就可能會刻意去逃避感受，不僅不能真實過生活，反而造成更嚴重的心理疾病。

Yalom（1980）列出人類生存的條件為「邁向死亡」（我們從出生開始就邁向死亡）、「自由」（即便選擇有限，但是我們還是有選擇的自由）與「責任」（有選擇就必須為自己的選擇負起責任）、「孤獨」（人是單獨面對死亡的）與「無意義」（人會思考為何要活著、有何意義），而人必得在這些限制下，創造出自己生存的意義與目的。

死亡的積極意義

人類的焦慮本質來自於「死亡」的虛無，而「孤獨」的最終點就是每個人都必須要獨自面對死亡，也因此會讓人去思考生命的意義到底在哪裡？我們若是無端被拋擲在這個世界裡，同時有這麼多的限制（包括死亡、環境與選擇），人的自由就來自於自己創造自己的生命意義、做自己想要的選擇，並依此成就自己的生命樣態。所以 Yalom（1980, p.30）說：「肉體的死亡毀滅我們，但死亡的觀念拯救了我們。」指的是：儘管人皆有死，但也因為死亡的提醒，讓我們知道該如何善用還在存活的時間，為自己的生命寫下光鮮、有意義的章節！

人類生存的世界

靈性與未知	對自己與情境有新的理解與領悟。
個人	當事人了解自己是有選擇的,也在支持的環境中開始嘗試新行為。
社會	學習如何去影響環境。
物理世界	學習如何去影響環境。

 存在主義諮商的關鍵主張(Corey & Corey, 2011)

存在主義諮商的關鍵主張

一、我們有自我覺察的能力。

二、基本上我們是自由的個體,因而也必須要接受跟隨自由而來的責任。

三、我們有保留自我獨特性與自我認定的傾向,也經由與他人的互動來了解自己。

四、我們存在的獨特性與意義不是固著或不變的,而是終其一生一直重新創造的。

五、焦慮是人類生存的本質。

六、死亡也是人類生存的本質,覺察死亡讓生命有意義。

7-10 存在主義學派（二）

二、意義治療法

Viktor Frankl 所創的「意義治療法」（Logotherapy）也是存在主義治療的一環，是結合了他二次大戰時在納粹集中營的經驗而研發的。logos 的希臘文意思就是「意義」，人類生存的中心動機就是「意義的意志」（The will to meaning）（Corey, 2009），而人類的存在是有目的性的，因此意義治療法的目的就是協助當事人去發現生命目標，克服無意義與絕望感，而人類最基本的需求就是找尋生命的意義。

三、治療目標

存在主義治療師認為人與人間的真誠「交會」就有療癒效能，因此治療師的真誠對待與傾聽，對當事人來說就發揮了療癒功能。此外，存在主義強調的「透明」，指的就是存在的靈性面向，也可以將生命的每個部分連結起來、其重要性是一樣的，不僅對內在經驗開放、也對生命所遭遇的一切開放，可以沉著地接受我們不能改變的、也有勇氣去改變我們可以改變的。治療師就是協助當事人去探索與面對生命中不可避免的恐懼與焦慮的挑戰，有勇氣去做正確的選擇與行動，創發出自己獨特的生命型態！

治療師的工作就是協助當事人：（一）發現自己的獨特性；（二）找到個人的生命意義；（三）以正向方式運用焦慮；（四）覺察自己的選擇、並負起責任；以及（五）將死亡視為最終的現實，給予生命特殊意義。諮商師鼓勵當事人去反思自己的生活，了解生活中的其他選項，然後做決定，也因此挑戰當事人的逃避責任或自我欺騙，願意承擔負責任才是改變的基礎。

諮商師的角色是「存在當下」、面對當事人所關切的議題，而不是一個情緒宣洩垃圾桶或是問題解決者，要當事人了解自己當時的存在樣態，去接受自己是自己生命的作者、要當事人為自己的選擇與自由承擔起責任，治療過程是：（一）協助當事人認出與釐清自己對世界的假設、定義與質疑他們觀察與定義生活的方式；（二）鼓勵當事人檢視自己價值系統的來源與權威性；然後（三）將在治療中所學化為行動（Corey, 2009）。

四、治療技術

因為植基於「哲學」，所以存在主義學派對於「技術」取向的實務是有存疑的，因此其治療重點在於合理地處理當事人生活的方式，而不是去除徵狀或問題，讓當事人可以更有勇氣去面對生活中的困境、而不是逃避。存在主義諮商沒有特定的諮商技巧，而治療師與當事人在治療場域也是以對話方式進行，這樣「蘇格拉底」式的對話，可以克服對立的觀點、更接近事實真相，也可以從對立衝突或兩極的呈現中去學習忍受曖昧與不可預料的情況，最後達成統整。

存在主義的不同派別

 英 國

代表人物

R. D. Laing與Emmy van Deurzen

主要觀點

兩人認為當事人的困擾不是功能失常,而是「活著的問題」(Problems in living)。Laing認為人類的生存基本上是「關係導向」的,也建議治療師應該進入當事人的現象世界裡,就可以更了解當事人為何會生病?Emmy Van Deurzen的治療目標是協助當事人「如何讓自己活得更好」。她認為生命是無止息的掙扎,因此她要喚醒當事人不要再自欺、勇敢面對生活的挑戰,也去發現自己的才能與諸多可能性。

美 國

代表人物

Rollo May與Irvin Yalom

主要觀點

又稱為「存在──人本主義」取向。
May(1961)提到人類的特色有:
一、人的中心是自我,而精神病只是人用來保護自己生存所使用的方式之一;
二、人有自我肯定的特質,因此需要意志;
三、人類可以從「自我中心」轉為「參與」,只是需要冒險的勇氣;
四、「覺察」就在自我心裡;
五、人類的自我覺察稱為「意識」;
六、人都有焦慮,而焦慮就是對抗自己的「不存在」而產生。
「存在──人本主義」取向裡有濃厚的精神分析的意味(最具代表人物就是Yalom),其將精神分析的主題(驅力→焦慮→防衛機制)取代為存在現實→存在焦慮→防衛機制。

＋ 知識補充站

　　Yalom的取向是「人本──分析」,他將佛洛伊德理論中「驅力→引發焦慮→使用防衛機制」的關係改為「覺察終極關懷(死亡)→引發焦慮→使用防衛機制」。

7-11 **心理動力取向（一）**

心理動力（Psychodynamic）取向認為人類基本上是受到本身生理驅力與早期經驗的影響，潛意識的動機與衝突影響目前的行為。動力取向的治療理論是許多諮商理論的先驅，也就是許多理論是從這裡開始衍生出來的，其強調當事人的「頓悟」，因此潛意識與早期經驗就是治療重點。傳統的心理（精神）動力理論，主要以佛洛伊德（Sigmund Freud）為代表，強調人的衝動主要是性慾與攻擊所主宰，但是後起的「新精神動力學派」（或『新佛洛伊德學派』），則加入了社會與個人化（成為『全人』Whole person 的過程）因素，也就是不以「生理（物）決定論」為指標，然而兩者還是強調早期經驗的重要性。

精神分析學派

一、主要觀點

心理動力說

精神分析學派（Psychoanalysis）的創始者是佛洛伊德（Sigmund Freud），其理論奠定了諮商與心理治療的基礎。佛洛伊德認為人的行為都是由內在力量（心理動力）所引發、決定的，主要是受到性與攻擊驅力的驅動，而這些驅力基本上不是在我們意識之內可以察覺的。

人們行為的動機稱為「慾力」（Libidinal energy）。「慾力」有「求生」與「求死」兩個方向，「性」是屬於「求生本能」、「攻擊」則是屬於「求死本能」，一般人會希望在壓抑的性慾與攻擊衝動中求得平衡，過一個較為健康的生活。

人格結構

Freud 的人格發展理論又稱之為「性心理發展」論，主要是因為在個體發展過程中，身體有些區域（如嘴、肛門、生殖器官）對性慾刺激格外敏感之故，在性心理發展階段，每一個階段都必須要獲得滿足，然後就會進入到下一個階段，倘若需求未能獲得滿足、也就是遭受到挫折，就可能會產生一些停滯或問題。Erikson 的「社會心理發展」（Psychosocial theory）理論，則是加入了社會文化的因素，且含括人生全程，著重在生理成熟與環境因素。

心靈層次

佛洛伊德將「心靈」（Psyche）分為三個層次、彼此共通：「意識」（Conscious，在當下我們所覺知的）、「前意識」（Preconscious，當下無法覺知，但很容易經由努力就提升到意識層面）與「潛意識」（Unconscious，占了心靈的九成，我們大部分的行為是由自己無法知覺的力量所引發，特別是那些有威脅性或傷痛的素材，很容易讓我們將其排除在意識之外，或是經由『偽裝』方式進入意識層，這也是精神分析被稱為『深度心理學』的原因）。治療目標是將「潛意識」變成「意識」，因此就是將「潛意識」變成「前意識」（當事人也許知道，但是沒有說出來的）。

Freud 的人格結構與內涵

人格結構	「本我」(Id)	「自我」(Ego)	「超我」(Superego)
運作層面	在潛意識裡運作。	在意識層面運作。	是父母與社會價值的內在代表，有「良心」與「自我理想」兩個面向。
何時產生	出生時就存在。	在嬰兒出生後六個月大時出現。	在兒童三四歲時成形。
主要功能	是生理動力與直覺的來源，主要是性與攻擊。維持有機體在一種「無緊張」的舒適狀態。	基本上是人格執行者，因為它可以管理與控制本我與超我，同時維持與外界的互動。	阻止本我追求快樂的衝動、勸導自我遵循道德原則。
依據執行原則	依據的是「快樂原則」，主要是要滿足人類生存最基本的生理需求。	依據的是「現實原則」，主要功能是協調「本我」與「超我」之間的平衡，以有限的資源來因應人類的社交世界。	依據的是「道德原則」，企圖想要達到完美、道德目標的努力。

 Freud 的人格功能與知覺層次

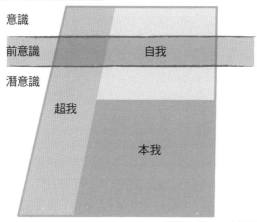

（引自 Liebert el al., 張鳳燕譯，1988/2002, P.107）

✛ 知識補充站

人格結構中的任何一個目標與其他二者不同時，就會產生衝突。「衝突」會產生「焦慮」，又分為三種不同型態的焦慮：

一、神經質焦慮（Neurotic anxiety）——本我與自我衝突的結果，如被當眾指責而發怒；

二、道德焦慮（Moral anxiety）——本我與超我的衝突結果，如偷竊受到良心指責而感到羞愧；

三、客觀焦慮（Objective anxiety）——出現在現實生活中的真實威脅，如遭遇車禍或火災。

7-12 心理動力取向（二）

一、主要觀點（續）

防衛機制（轉）

因為人格的三個面向（本我、自我、超我）在日常生活中的運作不免讓我們產生焦慮，而我們會如何因應這些焦慮呢？主要就是運用「防衛機制」（Defense mechanism）。「防衛機制」是個人（自我）為了不讓衝突檯面化、影響生活所採用的心理因應技巧，使人免於被社會所不允許的衝動淹沒，在短時間之內，可以讓個人覺得有掌控感、暫時解決了那種焦慮，有其特定功能；但是防衛機制基本上是扭曲或錯置事實的，如果只是僵固地使用其中一兩種防衛機制、甚至過度使用，也會產生問題。

移情與反移情

佛洛伊德理論中很著名的是「移情」（Transference）這個觀念，後來延伸還有「反移情」（Counter-transference），談的是治療關係與治療重點。「移情」是在許多關係中都會發生，在諮商現場指的是當事人對於過去（或是期望）重要關係的重複幻想，而將其情緒反應投射在治療師身上。在治療現場的「反移情」是指治療師對於當事人的「移情」表現，也就是治療師潛意識的情緒反應，有可能會曲解了當事人的行為，因此當治療師將這些情緒反應投射到當事人身上，不只妨礙諮商師的客觀判斷、甚至阻礙治療關係或治療效果。

抗拒

「抗拒」（Resistance）是「無意識地扭曲事實，藉由自動化與習慣性的反應，以減少情緒上的痛苦與衝突」。一般在治療上將「抗拒」視為無助於治療效果的行為、有不同的表現方式（有的觀察得到、有些不能），但是抗拒有其目的、是可以用來逃避改變必須付出的痛苦代價。「抗拒」包含四個共同要素，那就是「無意識的動機」、「扭曲或否認事實」、「減少情緒上的痛苦」、以及「是自動化與慣性的反應」。治療師必須要先處理當事人的「抗拒」，因為抗拒是阻止當事人進入潛意識的障礙，也就是個體不願意將以往壓抑或否認、具有威脅性的素材浮凸到意識層面，因此必須要先加以處置。

二、治療目標

此派認為人的許多問題都出自於壓抑自己的性與攻擊衝動，這些又是本我、自我與超我間心靈的衝突，個體將這些衝動壓抑在潛意識裡、自己也不曾察覺，等到察覺的時候可能就是發病的時候。精神分析的治療目標就在於「將潛意識『意識化』」（或把潛意識裡所否認或壓抑的素材轉為意識的）；而在當事人明瞭自己行為背後的潛意識慾望或動機後，就可以在未來做更妥當的選擇。所以，此學派強調當事人的「頓悟」，而潛意識與早期經驗就是其治療重點。治療師同時協助當事人「修通」（Work through）過去壓抑的記憶，或是修補、移除不適用的防衛機制。

佛洛伊德的「防衛機制」

名稱	目的
壓抑（Repression）	主動地將具威脅性的想法、記憶或感受驅出意識之外，壓在潛意識裡。如性侵害事件中受害者對於事發當時的記憶是一片空白
否認（Denial）	不承認令人痛苦的經驗或記憶，可以讓人暫時遠離現實獲得紓解。
轉移（Displacement）	將無法接受的威脅或衝動以社會可接受的方式表達出來，就是不敢將對某人（物）的情緒直接表達出來，而對較安全的人（物）表達真正情緒。像是不敢對老闆發脾氣，就把氣出在自己配偶身上。
解除（Undoing）	對某一個已經發生的、不能接受的衝動或行為，在事後以象徵性方式來因應，似乎安慰自己這樣就「解除」了那個行為可能帶來的後果。
「反向行為」（Reaction formation）	自我為了規避有威脅的衝動，但是卻表現出與該威脅相反的行為，像是很害怕某人、卻對某人表現出友善與順從。
退化（Regression）	退回到之前發展階段的行為，即使已經成年，卻表現出不適齡（如孩童）的一些行為。像目睹暴力的孩子吸吮手指、展現退縮的姿勢。
「固著」（Fixation）	當個體的情緒未能從一發展階段進行到下一個而產生的情況，一般人都了解要成長也需要冒一點危險，但是有少數人怯步不前，甚至因為害怕失敗而縮回到之前的發展階段。
防衛性投射（Defensive projection）	將自己無法接受的衝動或願望歸咎於他人（物）。像是自己想要追求某人不能如願，就說對方條件太差。
昇華（Sublimation）	將不被接受、有威脅的衝動轉變為可以接受的、甚至令人稱羨的，如繪畫等藝術表現。
合理化（Rationalization）	當表現出不被接受的行為或具有威脅性的想法時，為自己找「合理」的解釋。像是偷竊被抓，就說自己三天沒飯吃。
防衛認同（Defensive identification）	或稱之「內射」（Introjection），與「投射」（Projection）相反，是將他人的特性納入，藉以減輕自己的焦慮或負面情緒，因此也會「吸收」一些他人的特質。
投射認同（Projective identification）	拒絕對自我有威脅性的特性，然後將之投射給他人，也就是個體先去除自己「不好」的部分，且將這個不好的部分投射在他人身上。如罵別人自私的通常自己也是自我中心的。

7-13 **心理動力取向（三）**

三、治療技術

場面構成

治療師讓當事人可以有「安全感」，所以當事人經常是每週固定與治療師碰面（例如一週五次）、準時開始與結束，通常也是在同一個治療室。治療師擔任一個「白板」（Blank board）的角色，讓當事人可以自由投射其想像或情緒，而治療師也仔細蒐集資料，以為後來分析、解釋之用。

修通抗拒

「抗拒」會妨礙治療的進展、不允許潛意識裡那些不見容於社會的東西出現。治療師也協助當事人處理與經營在當事人移情或生活裡「重複出現」（重複性）抗拒的意義，把這些障礙移除，當事人就會很清楚自己行為背後的原因、也可以做更好的選擇。

自由聯想

「自由聯想」（Free association）可以通往潛意識希望、幻想、衝突與動機之門。讓當事人自己決定要說什麼、怎麼說，藉由這樣的方式，治療師可以蒐集到許多有價值的資料。基本上，治療師把自己當成一塊「白板」（Blank board），讓當事人盡情投射（Project）他 / 她對治療師的任何想像感受，可以讓當事人輕鬆自在地談論任何浮現在他 / 她腦中的素材，治療師就是運用這種方式儘可能蒐集相關資料，以為之後解釋與分析之用。

夢的解析

佛洛伊德認為夢是通往潛意識的最佳途徑，可以用來了解潛意識的願望、防衛機制的檢視、以及與清醒時的事件做連結。夢有「顯性」（Manifest）與「隱性」（Latent）內容，前者是指當事人記得自己夢境的內容，後者是由潛意識思想、希望、幻想與衝突所組成，而以顯性內容做偽裝。協助當事人將「隱夢」轉換成較不具威脅性的「顯夢」，治療師可以請當事人就夢中的議題或是元素做聯想，就可以探索其潛藏的意義。

解釋與分析移情

「移情」是將潛意識內容以意識行為表現的主要過程，當事人會將生命中與重要人物的關係投射在治療師身上，而治療師也藉此進一步了解當事人。「移情」在精神分析學派裡是一個相當重要的觀念，它讓當事人有機會去體驗平日不容易觸碰到（壓抑在潛意識層裡）的感受，也讓當事人有機會看到自己在不同關係中運作的情況。

「解釋」主要是將當事人所說的與其隱藏意涵以清楚的言語說出，讓當事人了解其內容、動力，以及與其他經驗的關連。「解釋」必須要在蒐集足夠的資料之後，治療師才有可能做的動作，解釋可以讓當事人了解到自己目前的行為與過去衝突、或是潛意識之間的關連，產生「頓悟」之後，而有改變行動。

小博士解說

Freud的人格結構與內涵包括：口腔期（0〜1歲）、肛門期（1〜3歲）、性器期（3〜5歲）、潛伏期（5歲至青春期)、兩性期（青春期至死亡）。

解釋的四個階段（Arlow, 1979, cited in Gilliland, et al., 1989, p.20-22）

階段	說明
一、開始階段	治療師搜集有關意識與潛意識的所有資料。
二、移情發展階段	了解當事人的過往如何影響目前，而治療師可能的「反移情」也要做有效處置。
三、修通階段	協助當事人憶起過去重要事件，進而獲得頓悟，在此階段當事人常出現抗拒。
四、移情解決階段	解決當事人神經質地依賴治療師。

處理抗拒（Corey, 2001, p.56-57）

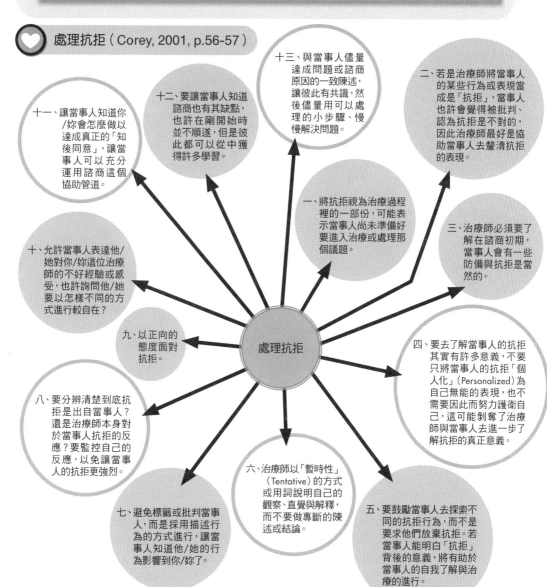

十三、與當事人儘量達成問題或諮商原因的一致陳述，讓彼此有共識，然後儘量用可以處理的小步驟、慢慢解決問題。

二、若是治療師將當事人的某些行為或表現當成是「抗拒」，當事人也許會覺得被批判、認為抗拒是不對的，因此治療師最好是協助當事人去釐清抗拒的表現。

十二、要讓當事人知道諮商也有其缺點，也許在剛開始時並不順遂，但是彼此都可以從中獲得許多學習。

十一、讓當事人知道你/妳會怎麼做以達成真正的「知後同意」，讓當事人可以充分運用諮商這個協助管道。

一、將抗拒視為治療過程裡的一部份，可能表示當事人尚未準備好要進入治療或處理那個議題。

三、治療師必須要了解在諮商初期，當事人會有一些防備與抗拒是當然的。

十、允許當事人表達他/她對你/妳這位治療師的不好經驗或感受，也許詢問他/她要以怎樣不同的方式進行較自在？

九、以正向的態度面對抗拒。

處理抗拒

四、要去了解當事人的抗拒其實有許多意義，不要只將當事人的抗拒「個人化」（Personalized）為自己無能的表現，也不需要因此而努力護衛自己，這可能剝奪了治療師與當事人去進一步了解抗拒的真正意義。

八、要分辨清楚到底抗拒是出自當事人？還是治療師本身對於當事人抗拒的反應？要監控自己的反應，以免讓當事人的抗拒更強烈。

六、治療師以「暫時性」（Tentative）的方式或用詞說明自己的觀察、直覺與解釋，而不要做專斷的陳述或結論。

七、避免標籤或批判當事人，而是採用描述行為的方式進行，讓當事人知道他/她的行為影響到你/妳了。

五、要鼓勵當事人去探索不同的抗拒行為，而不是要求他們放棄抗拒。若當事人能明白「抗拒」背後的意義，將有助於當事人的自我了解與治療的進行。

7-14 **客體關係學派**

　　客體關係理論特別強調治療關係，想要提供個體內在與人際關係理論（與治療）之間的橋樑。客體關係是指人際關係，強調人內在與他人的關係，而過去關係的殘留（Residues）對於個人目前的人際關係有重要影響。

　　所謂的「客體」，依據佛洛伊德的說法是指滿足個體需求的他人、目標或是事物，而客體關係理論裡的「客體」範圍更廣，指的是重要他人或物品是某人情感或驅力的客體或目標（主要是指『人』）。

　　客體關係學派有英國（如 Melanie Klein、W. R. D. Fairbairn 與 D. W. Winnicott）與美國（如 Margaret Mahler、John Bowlby 與 Otto Kernberg）兩派，前者強調「移情」與「反移情」的重要性，後者強調自我功能與適應；兩者都認為治療最重要的元素就是「投射認同（Projective identification）過程」的探索與分析。「投射認同」與「移情」不同在於「投射認同」只是當事人投射一部分的「內在客體」（Internal object）或「自我」（Self）在治療師身上，而內在客體關係（Internal object relationship）可以在治療關係中重建、也將內化的客體做修正。

主要觀點

　　我們與人互動時，不只是與那個真實的人在做互動，同時也與我們「內在的他人」（Internal other，我們內在心理的表徵，這個表徵與我們過去與主要照顧人的關係有關）在互動。客體關係理論認為人會努力與他人保持聯繫，人有與人互動的需求，也在與人互動中形塑自己，因此強調人際關係與自我概念。客體關係理論強調人內在與他人的關係，其比重較之 TA 更多。

治療目標

　　客體關係主要是探索內在潛意識的認同（Internal unconscious identifications）與外在客體的內化（Internalizations of external objects）（Corey, 2009），強調早期關係與環境對人格的影響。客體關係治療是以治療關係為踏腳石，治療師以「情感聯繫」的方式，傳達其對當事人的同理了解（『神入』），使當事人可以邁向更健康的客體關係、同時促進當事人自我的正向改變。

治療技術

　　治療師成為一個「夠好」的母親（A good-enough mother）、提供涵容（Holding）的環境給當事人，與當事人的情感交流，可以將內在客體關係帶到當下，容許當事人重新去體驗那些關係，提升當事人的頓悟與改變的可能性，因此，建立正向的治療關係、催化「移情」與「投射認同」的產生、以及詮釋等都是重要的治療技術。

小博士解說

　　投射認同（Projective identification）──是早期客體關係的殘留，表現在目前人際關係的困擾上，而採取「投射認同」的人基本上是渴望重建關係、讓它有好的結果。

客體關係理論幾個代表人物與其理念

代表人物	理念
Melanie Klein	釐清佛洛伊德的童年經驗與成人性格之間的關係,她發現兒童其實投注了較多的精力在人際世界裡、而非控制自己的慾力衝動。因此她結論為:孩子的內心世界就是人際關係,而母子(女)關係就是個人未來人際關係的原始藍圖。
W. R. D. Fairbairn	他不認為「慾力」是追求快樂,而是追求客體。從關係中「依賴」(Dependency)的觀點來看人類關係的發展,認為人是由「早期嬰孩似的依賴」、經過「轉換期」、最後是「成熟的依賴」(也就是互相依賴)。
Margaret Mahler	她認為成熟的順序是從母親的「共生依附」,經過「自閉」、「共生」與「分離/個體化」到「平穩自主的認同」。
Otto Kernberg	認為嚴重心理疾病都源自於有缺陷或扭曲的客體關係,而這些都是當事人內在世界的一部分,我們可以從母子(女)的關係來了解其心理成長的方向。

 客體關係與精神分析之異同

相 同

★一樣注重早年經驗。

★同樣注重治療關係中的移情及反移情。

★滿足個體需要之目標。

相 異

★客體關係將「客體」範圍擴大(聚焦在『人』身上)。

★對人類行為的基本動機認定不同,客體關係不相信極端的驅力理論,而認為人的基本動機是與他人互動、有接觸。

★客體關係關注生命早期的母子(女)關係品質,而佛洛伊德則是強調父親角色,發展關鍵是戀母情結的三到五歲之間。

★在客體關係治療裡,治療師與當事人是「面對面」,不像傳統精神分析那樣隱身在當事人後方、不讓當事人看見。

✛ 知識補充站

　　客體關係治療是延續精神分析的治療方式,藉由探討早期童年到目前的關係,甚至連結到當下治療關係的發展,強調早期關係與環境對人格的影響。

7-15 **認知行為取向（一）**

一、行為學派

行為主義治療主要是對佛洛伊德精神分析學派的一種反制，認為其理論與效果缺乏實證支持，也懷疑所謂的「潛意識過程」。

二、主要觀點

行為取向諮商顧名思義就是較忽視心理層次的「黑箱作業」，而將注意焦點放在眼睛可以觀察、工具可以評量的「可見」行為上。行為主義是從不同的「學習理論」（包括古典制約、操作制約與社會學習論）而來，認為人類行為受社會文化環境所制約而形塑、決定，也受到自身天生的基因影響，因此個人過去的歷史也非常重要。行為主義主要是受到六〇年代自我控制與自我調整過程影響，而將焦點從「環境決定論」轉移到人與環境的「互惠決定論」，健康的人是可以與他人、環境互動，且獲得正向增強者，因此「精熟度」與「控制」是其特色。自 1970 年代之後，又加入了「認知」因素在其過程中。

行為主義治療的基本觀點為：（一）行為治療是聚焦在外顯、可觀察到的行為過程與認知；（二）行為治療著重在當下、此時此刻；（三）不適應行為主要是學習的結果；（四）運用具體定義與目標；（五）行為治療是依據科學方法進行。主要代表人物有 B. F. Skinner 與 Arnold Lazarus。

三、治療目標

行為主義治療師是協助當事人：（一）改變不適應行為；（二）學習做更有效率決定的過程；（三）藉由加強可欲行為（Desirable behaviors）來預防（未來）問題；以及（四）將改變的行為遷移到日常生活中。

四、治療技術

教育（Education）

教導當事人一些行為或技巧，以及必要了解的步驟。

模仿或示範（Modeling）、或「社會示範」（Social modeling）

尤其是新技巧或是當事人不熟悉的情況下，讓當事人可以觀察、效仿某個特定人物的行為，治療師也可以做適當的示範，或請人當場演練、也可以運用多媒體素材（如影片）來協助進行。

系統減敏法（Systematic desensitization）

系統減敏法是一種「反制約」（Counterconditioning）的過程。治療師會教導當事人深度放鬆技巧，發展出一個階層圖，讓當事人在進入深度放鬆的同時，以想像的方式進行階層的漸進工作，進行實景練習，並加以追蹤與評估。

系統減敏法示例

1. 教導當事人放鬆技巧，除在場練習之外，還需要當事人在家練習、一直到熟悉為止。

2. 訂出焦慮階層表
   （從最焦慮到最不焦慮的情境為何，從高到低依照順序作排列，如從最高到最低為：當眾演說→與權威人物說話→在不熟悉人面前說話→在剛認識的人面前做自我介紹→與熟悉的人聊天）。

3. 請當事放鬆練習之後，想像最不焦慮的情況，慢慢往上想像。只要當事人覺得有焦慮、受不了了，就舉手指示意，治療師就停止，這樣連續重複幾次，直到當事人可以忍受那一層的焦慮為止。

4. 每一層的進度都需要慢慢進展、不可急躁，要不然當事人很容易退回到原來的焦慮狀態。當事人要在充分放鬆之後，才可進行焦慮情境的想像。治療師也要隨時評估當事人的情況，若某一情況的焦慮當事人無法承受，就可以退回到上一層。

5. 倘若放鬆／想像的方式已經可以讓當事人忍受焦慮的程度增加了，也試過所有列出來的焦慮階層，就可以徵得當事人的同意進行實景練習（進入焦慮的真實情境），事先的放鬆練習還是很重要。治療師的陪伴與支持也很重要。

6. 評估當事人進度，並做復發的預防。

 放鬆練習示例

1. 找一個不受干擾的舒適環境坐下來。

2. 將雙眼閉起來，想像一下自己在一個沒有壓力的自在空間，身心靈都可以安頓的情況下，開始進行放鬆練習。

3. 現在從頭開始，先慢慢感受到你頭部的重壓，緩緩移動到頸部與雙肩，然後是身體軀幹、手臂、臀部、大腿、小腿到雙腳，每個部位都沉甸甸地。

4. 請跟著我的聲音，從頭部慢慢放鬆，好像有一雙溫柔鬆暖的手，在那裡輕壓、按摩，那種舒服讓頭部的重壓消失了，那雙手也慢慢地從頭部往下移動，經過僵硬緊繃的頸部，頸部不再感受到僵硬、而是放鬆後的輕柔彈性，頸肩部分也因此得到舒緩，雙肩沉墜下來、有意想不到的輕鬆。雙臂也是如此，可以很舒服地放下，不會有痠痛或緊張，來到肘部與手腕、手掌，到每一根指頭，都可以輕鬆舒展與移動。

5. 整個身體你感受到沉甸甸地放鬆，舒服自在從臀部慢慢延伸到大腿、膝蓋、小腿與腳掌，好像有一股暖意在爬升。

6. 想像一幅讓你喜歡的景象或圖畫，不管是風景還是人物，甚至只是一面牆、一種顏色，停留在那裡，盡情享受。

7. 等到你認為可以了，就慢慢回到現場。

7-16 **認知行為取向（二）**

四、治療技術（續）

肯定訓練與社交技巧（Assertiveness/Assertion training and social skills）

「肯定訓練」主要是協助在特定的人際場合裡未能肯定自己的當事人，其目的是要讓當事人在不傷害他人的情況下，有能力去執行自己預定的計畫，也讓當事人可以擺脫被動、無助的立場去處理自己面對的生活情境。肯定訓練是以冷靜、自信的語調來做反應，同時保持適當的眼神接觸，表達自己需求的同時、也尊重對方的需求與權利，此技巧通常需要在治療師的協助下逐步練習。

圖表紀錄（Charting）

使用圖表紀錄（不管是折線圖、柱狀圖或是一般的日誌方式），都可以讓進度一目了然，也是讓當事人可以清楚知道自己（進步）的情況。

契約（Contract）

治療開始就與當事人訂立「行為契約」，希望藉由當事人「自我管理」的方式達成諮商目標。

嫌惡治療（Aversion therapy）

主要是依據「古典制約」的原則，將某個需要改變的行為（如吸吮拇指）搭配一個不被喜愛的刺激（如拇指上塗上辣椒），讓個人在做「喜歡做的事」（此例為『吸吮拇指』）時，同時對其後果（此例為『辣椒刺激』）產生厭惡，而減少了吸吮拇指的習慣，這是「減少」某個「不可欲行為」的方式。

饜足感（或『洪水法』）（Satiation）

饜足法是較為緩和的「嫌惡治療」，採用「過多」的正增強讓原來的增強物失去效力，或是讓當事人對於原增強物減低喜愛程度。像某人喜歡吃燒烤物，就在短時間內讓其進食大量的燒烤物，直到其覺得噁心才停止。

實景曝露（Vivo exposure）

將當事人帶入引起其焦慮或是害怕的實際場景中，或是讓其與害怕的事物直接面對面接觸，這些都需要先經過仔細設計，當事人的準備度是最重要的，必須在其可以控制的情況下做實景曝露的實驗。「系統減敏法」也是實景曝露的技巧之一。

「代幣制度」（Token economy）

先規畫一個有系統的酬賞與處罰方式，讓某種行為可以建立起來，這也是一般學校（尤其是小學）或特殊教育教學上最被廣泛使用的行為策略。通常是在當事人展現可欲（或正確）行為之後，就給予獎賞，然後慢慢將獎賞次數減少。

自我監控（Self-monitoring）

或稱「自我管理」（Self-management）、「自我增強」（Self-reinforcement）。目的是希望讓當事人積極參與諮商過程，並為自己的行為與改變負責任。

代幣制度示例

小華常常說髒話，影響到其他男同學也學習，甚至對授課老師做人身攻擊，級任老師常常制止或勸誡，但是效果有限，因為一轉過身、沒注意時，小華就故態復萌，於是來請教輔導老師該怎麼做？輔導老師與級任老師於是研擬了一套「增強計畫」、想改變小華說髒話的習慣。以下是進行方式：

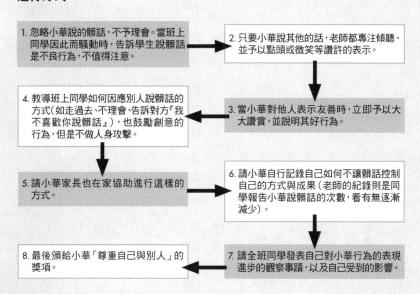

1. 忽略小華說的髒話，不予理會。當班上同學因此而騷動時，告訴學生說髒話是不良行為，不值得注意。

2. 只要小華說其他的話，老師都專注傾聽、並予以點頭或微笑等讚許的表示。

3. 當小華對他人表示友善時，立即予以大大讚賞，並說明其好行為。

4. 教導班上同學如何因應別人說髒話的方式（如走過去、不理會、告訴對方『我不喜歡你說髒話』），也鼓勵創意的行為，但是不做人身攻擊。

5. 請小華家長也在家協助進行這樣的方式。

6. 請小華自行記錄自己如何不讓髒話控制自己的方式與成果（老師的紀錄則是同學報告小華說髒話的次數，看有無逐漸減少）。

7. 請全班同學發表自己對小華行為的表現進步的觀察事蹟，以及自己受到的影響。

8. 最後頒給小華「尊重自己與別人」的獎項。

＋ 知識補充站

　增強：就是給予當事人喜歡的酬賞，讓他/她更願意表現出所酬賞的行為。

　增強物：可以是當事人喜愛的食物或物品，或是喜愛的活動，也可以是「社會性」增強物（如微笑、擁抱、讚美）。

　增強方式：立即性、延宕一段時間或累積到某一個次數、不定期等。

　自我增強：讓當事人可以自發性地因為做了某行為，自己就覺得有能力、很得意或快樂，而不需要他人的讚許或獎勵才去做。

7-17 **多元治療模式**

一、多元治療模式（Multimodal theory, BASIC I.D.）

Arnold Lazarus 所發展出來的「多元治療模式」，簡稱為 BASIC I.D.，是屬於一個統整取向（Integral approach）的治療。此取向假設大部分的心理問題是多面向、多元決定與多重的，因此完整治療需要謹慎的評估。這些評估的面向（BASIC I.D.）、同時也是人格的面向，且彼此互相影響，包括了（Corey, 2009; Lazarus, 2008）：

（一）「行為」（Behavior）：指的是外顯的行為表現，包含習慣與反應。

（二）「感情」（Affect）：人的感覺或感受。

（三）「知覺」（Sensation）：是指五官感受。

（四）「想像」（Imagery）：包括自我意象、記憶、夢境與幻想。

（五）「認知」（Cognition）：構成個人價值觀、態度與信念的一切，包括領悟、哲學、思考、意見、判斷、自我對話等。

（六）「人際關係」（Interpersonal relationships）：與人的關係和相處情況。

（七）「藥物與生物因素」（Drug or medication）：除了使用的藥品或毒品外，也包括營養與運動。

二、治療目標

多元模式治療的主要目標就是去修復當事人所有的明顯問題（BASIC I.D. 所評估的），然後依據其優先次序做治療。

三、治療技術

由於此取向是以社會學習論與認知治療的理念為基礎，因此運用了許多行為技巧在不同問題的解決上。多元模式治療很重視評估的部分，治療師也須要在治療過程中持續做檢視與評估，看當事人目前的進度與困難在何處？並適時做修正與改善。

此外，多元模式治療所運用的理論與方式來自於家庭系統、溝通訓練、完形治療、心理劇以及其他的取向，主要是依照當時情境所需而設，其技術之使用也比較特殊的是以下三項評估工具：

「**樣式側面圖**」（**Modality Profiles**）：列出當事人問題與最佳治療的 BASIC I.D. 七個向度的圖表。

「**生命歷史問卷**」（**Life History Questionnaire**）：了解當事人早期發展、家庭互動、教育背景，有關性、職業與婚姻經驗，評估 BASIC I.D. 最明顯的向度。

「**建構側面圖**」（**Structural Profiles**）問卷：讓當事人可以自行評估自己進步的情況。

治療師通常是先了解當事人主訴的問題，建立當事人的「樣式側面圖」、也讓當事人填寫一份「生命歷史問卷」，然後藉由「造橋」（Bridging）的連結技巧，將當事人的問題連結到 BASIC I.D. 的評估，接著依據當事人所提供的資料來設定處理的優先次序。像是當事人提到不舒服的生理知覺（S，頭痛）、討厭的事件影像（I，被霸凌的場景）、因此有不好的想法（C，認為自己沒有價值）、引起不適應的行為（B，有自我傷害的企圖），這個 S-I-C-B 次序就是處理的優先順序（Fire order）。

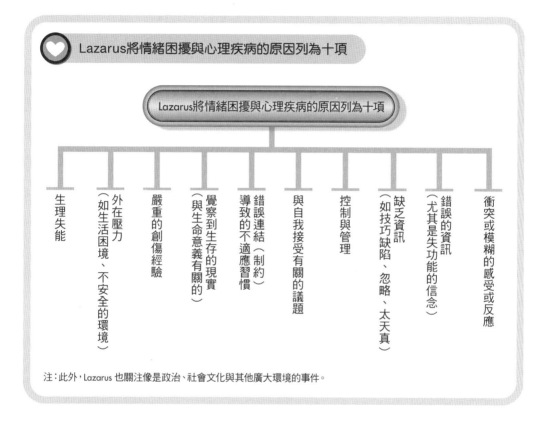

 Lazarus將情緒困擾與心理疾病的原因列為十項

Lazarus將情緒困擾與心理疾病的原因列為十項

- 生理失能
- 外在壓力（如生活困境、不安全的環境）
- 嚴重的創傷經驗
- 覺察到生存的現實（與生命意義有關的）
- 錯誤連結（制約）導致的不適應習慣
- 與自我接受有關的議題
- 控制與管理
- 缺乏資訊（如技巧缺陷、忽略、太天真）
- 錯誤的資訊（尤其是失功能的信念）
- 衝突或模糊的感受或反應

注：此外，Lazarus 也關注像是政治、社會文化與其他廣大環境的事件。

多元文化模式與認知治療、理情行為治療的共通處
（Lazarus, 1995, p.135）

一、大部分的問題都起源於社會學習的缺失或錯誤。

二、治療師與當事人的關係比較像是訓練員與受訓者，而非醫師與病人。

三、將治療所學的遷移到日常生活上是需要刻意地練習，特別是藉由家庭作業。

四、診斷的分類或標籤是奠基於外在行為的操作定義。

7-18 認知治療（一）

「認知治療」基本的立論是認為：思考上的謬誤通常是心理疾病的肇因，因為思考上的錯誤，而引起情緒上的騷動或是行為上的失常，也就是聚焦在個人如何「解讀」事件上。

認知取向的心理治療主要是結合了認知與行為理論，雖然在名稱上似乎忽略了情感的成分，但是此取向的治療師表示，在治療過程中並沒有刻意忽略情感面，而是較聚焦在「認知」層面上。

認知治療代表人物有 Albert Ellis（理情行為治療）、Aaron Beck（認知治療）。

理情行為治療（Rational Emotive Behavior therapy, or REBT）

一、主要觀點

人受非理性思考所困擾

Albert Ellis 的思考主要是受到希臘哲學家 Epictetus 所寫的「人們不是受到所發生事件所困擾，而是他們對於事件的看法所影響」這段話啟發，他認為人基本上是屬於享樂主義（會趨樂避苦的），但同時有理性思考與非理性思考的潛能，理性就是增進個體幸福與存活機會（因此是彈性、不極端、合邏輯與現實），而非理性則是妨礙幸福與存活機會的（因此是僵固、極端、不邏輯、與現實不符）。

主要的心理困擾有「自我困擾」（Ego disturbance）與「不舒服的困擾」（Discomfort disturbance）兩種，前者常以「自貶」（Self-depreciation）的方式呈現（自我要求達不到時、或嚴苛要求他人），後者主要就是非理性信念造成（如要求舒適、不能忍受事情不如己意）。只有無條件接受自我，做出有理性、合現實的反應，而且有適當的困擾容忍度（Disturbance tolerance）才是健康。

理性思考的準則

理性的思考有四個標準：（一）是有彈性、非極端的；（二）是很實際的；（三）合邏輯的；（四）以事實為依據。反之則為非理性思考，非理性思考會影響我們的情緒與干擾生活功能。

非理性思考的源頭

「信念」有「理性」與「非理性」兩種，後者常常是以「必須」、「應該」、「一定」等絕對性字眼的方式呈現，讓人覺得沒有選擇、無所遁逃，因而感受到極大壓力，所以導致「非理性結論」；「非理性結論」中又以「災難化」、「低挫折忍受度」與「貶抑」最多。我們的心理困擾是受到僵固與極端非理性想法所擾，而這些負面思考或是完美態度可能是從周遭的一些重要他人、同儕或是媒體而來，其次是我們會「灌輸」自己這些非理性的想法、內化這些自我挫敗的思維。

三個必須

Ellis 認為一般人內化的一些非理性信念有「三個必須（或『一定』）」（Corey, 2009, p.277），它們是：

（一）我必須要做好，才可以得到其他人的認可；

（二）別人一定要善待我、對我體貼、公平，否則他們就要受到責難或懲罰；

（三）我一定要得到我想要的，如果得不到我要的就很可怕，我不能忍受。

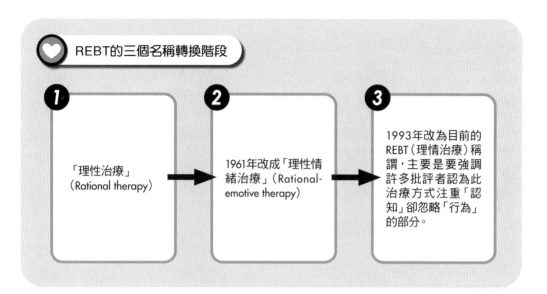

REBT的三個名稱轉換階段

1
「理性治療」
（Rational therapy）

2
1961年改成「理性情緒治療」（Rational-emotive therapy）

3
1993年改為目前的REBT（理情治療）稱謂，主要是要強調許多批評者認為此治療方式注重「認知」卻忽略「行為」的部分。

ABC 架構：（理情行為的治療步驟）

架構	說明	舉例
A（Activating event）	表示「引發事件」	塞車
B（Belief）	表示「信念」或想法	我真衰
C（Consequences of emotion and behavior）	表示發生的情緒與行為結果	氣死我了
D（Debate or dispute）	表示「辯論」方式	提出不同角度的思考，辯駁可能的非理性信念
E（Effect）	表示治療「有效結果」	只是不方便而已，沒什麼了不起，正好休息一下。
F（New feelings）	表示治療有效後的新感受	我覺得好多了

7-19 **認知治療（二）**

二、治療目標

REBT 是問題導向的治療，協助當事人去克服情緒上的困擾，但不是直接針對當事人所面臨的實際困擾作解決；其最終目標是希望當事人可以在顧及社會興趣的同時，追求自己長期的快樂，也就是基本「生活哲學」的改變。

三、治療技術

此學派較切近「折衷派」，因為諮商師所使用的技巧並不偏限於某些取向，而是以「有效」為考量。REBT 結合了情緒、信念與行為三者，因此它的諮商技術也至少包含這三類，尤其重視「家庭作業」。

此派治療師認為要造成改變需要幾個條件（Dryden, 1999, p.16; Gilliland & James, 1998）：

（一）知道自己有困擾；

（二）認出並克服困擾行為背後的困擾（Meta-disturbance）；

（三）確認原始問題底下的非理性信念；

（四）了解非理性信念是不合邏輯、與現實不符且造成生活的不良結果；

（五）了解理性信念的理性選項適合邏輯、與現實相符且有較好生活結果的；

（六）挑戰其非理性信念（包括『應該』與『必須』），也開始增強他們對理性信念的信任（區分『喜愛』與『必須』間的分野）；

（七）運用不同的作業來加強對理性信念的信任、同時減少其非理性信念。

治療要成功需要當事人（Dryden, 2007, p.363）：

（一）放棄對自己、他人與世界的索求，而選擇不專制的「喜愛」（Non-dogmatic preferences）；

（二）拒絕評價自己，才能無條件悅納自己；

（三）拒絕給予他人或自己的生活條件負面評價；

（四）在努力達成自己基本目標的同時，增加自己的挫折忍受度。

Ellis 本身非常有創意，因此也研發了許多不同的介入技術，他同時也鼓勵治療師使用不同的有效策略來協助當事人。以下列出一些常使用的技術：

情緒技巧：主要目的是讓當事人在治療師協助下的改變過程中，可以體驗自己的情緒反應，同時認清、質疑、與改變自己的非理性信念，強調「喜歡」與「必須」之間的差異。如幽默誇張法、理性幽默歌曲、治療師自我揭露、故事、箴言、寓言與格言、強而有力地質疑理性與非理性信念、理性角色轉換、以及羞愧攻擊練習。

認知技巧：主要是用來增進當事人的信念改變，處理的是當事人生活中的「應該」與「必須」。如錄音答問、理性因應的自我陳述、教導他人 REBT、語意精確使用、辯駁非理性信念、教育心理技巧、參照比較、認知行為表、認知重建等。

行為技巧：除非當事人付諸行動，否則很難看見當事人內化的理性思維結果，諮商師也鼓勵當事人在日常生活中做一些行動作業，甚至鼓勵當事人直接面質自己所害怕、擔心的事物，就可以克服當事人的「低挫折忍受度」。

想像技巧：目的也是用來增進信念的改變。如想像技巧、因應想像、以及時間投射。

理情行為治療（REBT）與認知治療（CT）的同異

相 同

★同樣強調「信念」與「詮釋」在病態心理發展與維繫的力量。

★治療過程中有許多教育心理的訓練。

★都指出人一般人有不必要的自我困擾。

★REBT假設所有的困擾都有相似的非理性信念，CT認為每一種困擾都有其典型的認知內容。

★治療目標都是希望當事人最後可以成為自己的治療師。

★治療是主動、直接、短期、注重當下與問題導向。

★治療是合作關係、有建構與實證、運用家庭作業、需要明確指出問題與發生之情境。

相 異

★Ellis的治療取向基本上是「哲學性」的，而Beck的治療取向是以個人科學為依據。

★治療過程中Ellis會直接挑戰有問題的信念，Beck則會協助當事人探索思考的全面向，與當事人一起試驗、採證、蒐集對信念支持或反對的證據。

★Ellis相信所有的心理病學底下都以「要求」為核心原則，其展現形式為「應該」與「必須」，強調共通的原則，治療師因此較為強勢。CT的治療師認為失功能的信念妨礙正常認知就會有問題，但不會直指哪些信念失功能，與當事人的對話是「產婆式」的引導。

★REBT從「演繹」出發，直接指出非理性信念。CT從「歸納」出發，協助當事人將解讀與信念轉為「假設」，然後測試其真實性。

★REBT認為問題是「哲學性」的，CT認為問題都有其功能性。

★REBT注重解決問題所引起的情緒，CT側重於實際問題之解決。

★CT較重治療關係，因此其治療師也較不強勢。

✚ 知識補充站

曾有人質疑REBT較為忽略文化/脈絡面向，但Ellis在1995年的諮商師年會上表明，已將文化/脈絡納入治療元素裡。

7-20 認知治療（三）

認知治療（Cognitive therapy, CT）

Aaron Beck 所發展的 CT 與 Ellis 的 REBT 同領風騷，在 70 年代開始了所謂的「認知革命」。Beck 針對憂鬱症患者使用新的療法，效果不遜於抗鬱劑，後來將此療法使用在其他情緒失調患者身上，效果亦顯著。

一、主要觀點

認知治療學者相信人們的情緒反應與行為是深受認知理念的影響，是我們對自己或是情境的思考、信念與解釋，也就是我們賦予的意義為何？

基模：人格是由「基模」（Schema）所形塑而成。「基模」是認知結構，包含個人的基本信念與假設，是個體早期從個人經驗與認同重要他人的過程中發展出來的，基模可以是適應、或失功能（Dysfunctional）的。「基模」是認知行為的核心觀點，影響我們建構現實、對自我的假設、解釋過往經驗、組織學習經驗、做決定與對未來的期待。

自動化思考：自動化思考是個人化的念頭，受到特定的刺激所引發的情緒反應。人的情緒困擾主要是「邏輯謬誤」的結果，也就是當個人遭遇到不愉快或挫敗的情境時較容易出現，而「不適應」是由於扭曲的認知使然，因此有些念頭會自動出現來「解釋」目前的況狀，這就是「自動化思考」。

核心信念：指的是每個人心理的「底線」，也就是我們最終的價值觀與世界觀（或『生命哲學』，對自我、世界與他人的假設），而這些核心信念大部分是可以在意識層面提取的，以「一般通則」或是「絕對式」的陳述出現。

「認知三角」（Cognition triad）：以憂鬱症患者來說，其「認知三角」的思考就是對於自己、周遭世界與未來持負面、悲觀看法。

二、治療目標

認知治療目標：（一）解除症狀、解決問題；（二）協助當事人獲得新的因應策略；（三）協助當事人修正認知架構以防止復發。治療目標從減輕當事人目前的症狀開始，接著釐清並協助當事人檢視其「自動化思考」、並做必要之修正，最後是消除當事人思考的系統性偏誤，讓當事人成為自己的治療師。

三、治療技術

蘇格拉底式對話：治療過程採用「蘇格拉底式」（或產婆式）對話。先定義當事人所使用的關鍵語句，讓彼此更清楚其具體意義，然後了解當事人是依據怎樣的規則？有無證據可以支持？將當事人對問題的陳述視為可以測試的假設，主要目的是要當事人自己去思考。

認知技巧：「去災難化」、「去歸因」、「重新定義」、與「去中心化」、「認知重建」、「問題概念化」、「認出負面自動思考」、「測試負面自動思考」、「現實測試」、「找出其他變通之道」、「重新歸因」、列出優勢與劣勢等認知技巧。

行為技巧：「測試假設」、「曝露治療」、「行為預演」或「角色扮演」、安排活動、「評估精熟度與快樂程度」、「漸進式作業」、及行為實驗與家庭作業等。

檢視「自動化思考」步驟

對照現實情況 ➡ 找出思考中的謬誤 ➡ 協助當事人檢視自己的推論是否正確 ➡ 當事人意識到自己是如何達成結論

 常見心理疾病的「認知側面圖」（Cognitive profile）

疾病名稱	資訊處理的系統性偏誤
憂鬱症（Depression）	對自我、經驗與未來持負面看法
輕躁症（Hypomania）	對自我與未來的誇大想法
焦慮症（Anxiety disorder）	對生理與心理危險的感受
恐慌症（Panic disorder）	對身體與心理經驗的災難式解讀
恐懼症（Phobia）	在特定、不可避免的情境感到危險
偏執狀態（Paranoid state）	歸因於他人的偏見
歇斯底里症（Hysteria）	對動作或感受的不正常觀念
強迫思考症（Obsession）	對安全的重複警告或懷疑
強迫症（Compulsion）	運用特殊儀式來抵擋覺察到的威脅
自殺行為（Suicidal behavior）	對解決問題的無望感與無能
厭食症（Anorexia nervosa）	害怕變胖
慮病症（Hypochondriasis）	歸因於嚴重的醫療疾病

 常見心理疾病的「認知側面圖」（Cognitive profile）

思考錯誤	說明	舉例
武斷推論	沒有相關證據支持就下結論	「我簡直一無是處！」
斷章取義	以單一細節或事件來評斷一種情況或下結論	「我說話的時候，都沒有人聽。」
過度類化	以一些特殊條件來形成規則，從一件事延伸到全部	「我連這點小事都做不好，以後怎麼會有成就？」
誇張或小覷	將事情看得比實際情況嚴重或不重要	「完了！我答錯了一題！我完了！」
個人化	將一些外在事件與自己連結在一起、變成自己的責任	「都是我沒告訴他，他才會出事。」
兩極思考	將事情區分為兩極，全有或全無、非黑即白	「連這點忙都不肯幫，真沒有良心！」
標籤或錯誤標籤	將某人的缺陷或不足突顯出來	「窮人才會偷東西。」

7-21 溝通交流分析理論（一）

溝通交流分析理論（Transactional analysis, or TA）曾經在國內風行一時，創始人是 Eric Berne。Berne 的主要興趣在溝通理論，此派所重視的不只是表面上的人際互動，還深入探索互動兩人間的心理歷程。從 TA 衍生的另外一派叫做「再決定治療」（Re-decision therapy），是由 Mary Goulding 與 Robert Goulding 夫婦所創發，基本上當事人在治療過程中要了解他們在童年時期所學習到的規則是如何影響他們目前生活的？而現在他們有機會將一些不適用的規則做一些改變，也就是協助當事人擺脫早期決定的限制，重新做有效的決定。

一、主要觀點

「自我狀態模式」（Ego-state model，或稱『PAC 模式』）：

是個人外顯、可觀察的心理狀態。「自我狀態」基本上是借用佛洛伊德的三種人格結構做延伸，但是不同於佛氏的「本我」、「自我」與「超我」是存於「潛意識」層面，TA 所指的三種自我狀態是在真實的行為中展現的、是可以觀察到的具體行為，而「自我狀態」與個人的特殊認同有關。

「自我狀態」主要是描述人格在內在（Intrapsychic）、人際關係中的過程。Berne 認為每個人在與人互動時，內在都有三種自我狀態（兒童、成人與父母），而這三種狀態會影響彼此間的互動情況與效果，也是建構一個人人格裡的思考、感受與行為的一致系統。

兒童自我（Child ego state）是藉由感受與直覺的反應來尋求個體的滿足，兒童狀態還依功能分為「自然兒童」（Nature or free child）與「適應兒童」（Adapted child）兩種；「父母」則提供界限與限制來保護個體，可以是從上一代或是文化裡所傳承下來的圭臬或準則，包括許多的價值觀、禁令、與應該，而父母的部分又可依其功能區分為「挑剔父母」（Critical parent）與「慈愛父母」（Nurturing parent）兩類；「成人自我」（Adult ego state）是指邏輯、理性的自我，是不涉及情感的部分，其功能聚焦在資料分析、可能性評估與做決定，主要是維持或調整情緒「兒童」與僵固「家長」之間的平衡。

自我狀態出現問題

自我狀態出現問題有幾種情況：

（一）「污染」（Contamination）——也就是個人自我狀態間的界限被破壞了，其成人狀態受到兒童或／及父母狀態所污染，造成誤將父母或孩童狀態中的訊息當作客觀正確的資料。

（二）「排除」（Exclusion）——也就是三種自我狀態中有一或兩種狀態常常控制一個人的行為，例如一個人表現出威權（『父母』狀態主控）、表現得像無情緒的電腦（『成人』狀態主控）以及不負責任的人（『兒童』狀態主控）。

（三）「三種自我狀態互相干擾」——最常見於精神分裂症（思覺失調）患者（例如聽見父親的聲音、但是醫生告訴他父親已死），也就是其自我狀態沒有作用。

自我狀態圖示：不同情況下的自我狀態

成人　孩童　父母

（例：『這個作業要先完成，
我才會出去玩。』）

成人　孩童　父母

（例：『別管他了，我們走吧！』）

成人　孩童　父母

（例：『你不覺得丟臉嗎？
這麼大了還這樣！』）

不同溝通模式圖

平行（互補）溝通

別鬧了，好好吃東西。

好啦！好啦！

男　女

P　P
A　A
C　C

交錯（交叉）溝通

快吃飯，別玩了！

每次都這樣！

父　子

P　P
A　A
C　C

曖昧（隱藏）溝通

好好玩，再來一次！
（再玩一次，好玩嘛！）

好啊！
（還像孩子不成熟。）

女　男

P　P
A　A
C　C

 表「社會」層面， 表「心理」層面

7-22 **溝通交流分析理論（二）**

二、溝通模式

一般的溝通都存在著「社會」（Social, 或『明顯』）與「心理」（Psychological, 或『隱藏』）兩層面的訊息，前者是與說話者所處的社交圈有關，心理的訊息則是真正溝通的意義。TA 學者認為：我們的溝通交流（Transactions）就是內心世界的直接反映。TA 將溝通模式分為：

（一）**平行或互補溝通**：在我們與人溝通過程中，常常會先入為主帶有一些「期待」出現，若對方反應是自己所期待的，就是「平行溝通」（Parallel transactions，對話雙方是同樣的自我狀態）或是「互補溝通」（Complementary transactions，對話雙方是互補的自我狀態），這樣的溝通可以一直持續下去。

（二）**交錯或交叉溝通（Crossed transactions）**：若所期待的反應沒有出現，就可能會有問題、溝通也不能持續，這是「交錯（叉）溝通」（對話雙方以不同期待的自我狀態來應對），溝通很容易陷入瓶頸或斷裂，溝通過程中其中一方或兩者會覺得受傷、生氣或被誤解。

（三）**曖昧或隱藏溝通（Ulterior transactions）**：「曖昧溝通」含有社會與心理兩個層面的溝通，而且常涉及兩個以上的自我狀態，溝通時一個訊息是在社會層面發出（通常是『成人——成人』），而另一個隱藏的訊息卻是在心理層面發出（像是『兒童——父母』）。

生命腳本與生命位置

「生命腳本」（Life script）是在童年早期就形成的潛意識生命計畫。大部分的生命腳本是在七歲之前就已經形成，是對於外在壓力與內在脆弱而做的反應，是以非語言、情緒反應的方式儲存的，其功能是為了存活之用，因此可能有一些謬思或錯誤，需要做適當的更正。

所謂的「生命位置」（與生命腳本有關）有幾種：1. 我好你好（I'm OK ── You're OK）──兒童剛踏進這個世界的感受，這是「贏家」（Winner's）的腳本；2. 我好你不好（I'm OK ── You're not OK）──兒童不被善待，這是「偏執狂」（Paranoid）的腳本；3. 我不好你好（I'm not OK ── You're OK）──兒童的需求沒有被滿足，這是「沮喪」（Depressive）的腳本；4. 我不好你也不好（I'm not OK ── You're not OK）──缺乏安撫或獲得極度負面的安撫，這是「無望」（Hopeless）的腳本，這也是治療時「自我狀態的功能分析」（Functional analysis of ego-states）裡的內容。

安撫、雜渣與遊戲

Berne 強調「渴求刺激」（刺激的需求及與人接觸）是發展的必要因素，因此個體會尋求正向或負向的「安撫」（Strokes）（包括身體與情緒的），用不同的方式來滿足所需要的「安撫」。不同的生命腳本會讓個人玩弄不同的「遊戲」（Games），「遊戲」也是一種「交流模式」（Transaction pattern），其目的是獲得每個人想要的「安撫」。

如果未能得到自己想要的「安撫」，就可能造成負面情緒的結果，稱之為「雜渣」（Rackets，或『扭曲的感覺』），這些「雜渣」通常是幼年時自父母親身上所習得的、用來確定自己「生命位置」的不良或負面感受。

請思考出以下對話的溝通模式

丈夫與妻子

父親與兒子

女兒與母親

7-23 **溝通交流分析理論（三）**

三、治療目標

每個人都擁有「孩童」（C）、「父母」（P）與「成人」（A）三種自我狀態，只是分配情況可能不同（例如有人有較強的『父母』狀態、較少之『孩童』）、或是自我狀態太僵化，都可能造成問題，因此協助當事人在不同情境或是面對不同的對象時，其自我狀態可以有彈性、發揮功能，是 TA 的治療目標之一。

TA 的治療目標可以說是：

（一）培養「自主」（Autonomy）的能力：就是為自己的感覺與想法負責；

（二）發展「覺察」（自我）（Awareness）的能力：成人狀態的自我覺察，以破除成人——孩童的迷思。

（三）發展直覺或「自發性」（表達）（Spontaneity）的能力：整合成人自我狀態的自然感受、認知與行動。

（四）發展「親密」（關係）（Intimacy）的能力：以「如是之我」對所關心的人開放與親密的能力。

換句話說，TA 的主要治療目的就是讓當事人了解自己的生命腳本、所玩的遊戲、累積的「雜渣」，以及不同形式的「交流」，然後進一步才願意做一些改變、採用新的與人互動的方式。

四、治療技術

TA 治療重視過程，因為承自完形與精神分析，因此其諸多技術也沿用完形學派的治療，包括「空椅法」（讓當事人不同的自我狀態做直接對話，用來宣洩情緒或是增強『成人』之功能），此外，也著重「當下」的體驗，注意情緒與身體的感受，運用積極想像，同時鼓勵許多的創意，提升當事人成人狀態的覺察（免於成人——孩童的汙染），讓當事人去接觸自己「內在的小孩」（早期經驗的殘留）可以更清楚當事人的腳本與早期決定為何。

再決定治療

從 TA 衍生的另外一派叫做「再決定治療」（Re-decision therapy），是由 Mary Goulding 與 Robert Goulding 夫婦所創發，基本上當事人在治療過程中要了解他們在童年時期所學習到的規則是如何影響他們目前生活的？而現在他們有機會將一些不適用的規則做一些改變，也就是協助當事人擺脫早期決定的限制，重新做有效的決定。

每個人在幼年時期都會將父母親所教育我們的一些生活規則（該做與不該做，像是『不要做女生』、『不要犯錯』、『不要這麼孩子氣』、『不要靠近我』），內攝（射）（Injunction）到自己內心裡，然後從此以後就遵循著這些規則過生活，以獲取他人的認可或接納，但是這些規則若一直沿用下來、沒有經過檢視或修正，後來甚至會影響到個體日常生活的運作與功能，因此治療師就會引導當事人重新去經歷（Re-experience）早期發生事件的場景，然後重新做更適當的決定（Corey, 2001），也就是著重在「當下」（Goulding & Goulding, 1979/2008）。

一般人的生活方式（Eric Berne, cited in Goulding & Goulding, 1979/2008, p.31）

生活方式	說明
退縮	如做白日夢或睡覺
儀式	如參加典禮或日常生活習慣
消磨時間	如聊天、逛街、打電動
活動	如工作、運動
玩心理遊戲	交換安撫或累積雜渣
親密	與人真誠的互動

「再決定治療」與TA不同之處（Goulding & Goulding, 1979/2008）

一、孩童並不完全是被動接受父母的訊息，而是經過自己的「選擇」。

二、同時運用情緒與認知技巧，不像TA較鍾情於認知層面。

三、認為自我狀態的發展是終其一生都在進行的，是從過去到目前經驗的總和，而不是只限於幼年期的發展而已。

四、治療第一步不是分析自我狀態，而是先處理問題、再用自我狀態的觀念來解釋。

五、一般TA治療師認為人們受制於自己的人生腳本，因此治療師需要以「再撫育」（Reparenter，很強的『父母自我狀態』）的角色協助當事人重寫腳本，但是Goulding夫婦不以為然，他們認為既然我們能在幼年時寫下腳本，就能靠自己的父母自我狀態來重寫腳本。

＋ 知識補充站

交流（Transactions）：是指人們彼此所言所行。

腳本（Script）：從兒童早期衍生的行為回饋、持續影響目前的行為。

遊戲與不良結果（Games and cons）：與他人不良的交流、也導致個人要付出的不良後果。

建構（Structures）：是指每個人不同的自我狀態。

7-24 現實治療（一）

是由葛拉瑟（William Glasser, 1925-- ）所創發，「選擇理論」（Choice theory）就是現實治療的骨架。「選擇理論」是一種內在控制的心理學（Internal control psychology），解釋了我們為何與如何為自己的生命做決定，我們所選擇的行為也都源自於我們的腦袋。

一、主要觀念

基本需求

每個人都有一些基本需求（生理與存活、愛與被愛、有權力、自由與玩樂）需要滿足，只是每一項需求的強度不同、滿足需求的能力也不同，而「愛與隸屬」（才會感受到自身與他人的價值）是最重要的需求，我們所表現出來的行為就是滿足這些需求的工具。葛拉瑟認為，每個人都有選擇權，而選擇讓自己需求獲得滿足的能力，就是決定一個人身心健康的關鍵因素。

優質世界

「選擇理論」也說明我們的需求不是「直接」被滿足的，而是我們自出生開始就注意到做哪些事會讓我們「感覺良好」，然後將這些資訊都儲存在大腦裡，於是大腦裡就建立了一個我們的「想要」（Wants）檔案（稱之為『優質世界』，Quality world）。優質世界裡包括了我們對於特殊人物的意象、活動、事件、信念、擁有的東西與情境，構成了我們生活的核心、行為最直接的動機，而「人物」就是我們優質世界裡最重要的元素，在我們的優質世界裡最重要的一幅圖畫是我們看自己的樣子。

行為與語言

我們隨時都在「行為」（Behaving），語言當然也是一種行為。現實治療所謂的「全部行為」（All behavior）就是我們努力去滿足自己需求的最佳企圖，是由不可分割的四部分（行為、思考、感受與生理）所構成，這四部份是同時發生的，因此行為都是有目的的。人類的全部行為就像是汽車的四個輪子，前輪是「行動」與「思考」，後輪是「感覺」與「生理狀態」，而前輪的運作可以帶動後輪的傳動。行為主要是「內在控制」（選擇就是一種『內控』）而產生，不是迫於外在因素。

Robert Wubbolding 特別提到語言是一種行為，也就是將我們的訊息經由行動表現出來。而 Glasser 也強調語言的「主動性」，他在使用語言時很少用「被動式」（如『I am depressed.』），也教導當事人使用「主動性」（如『I am depressing』）的語言，這同時提醒當事人要為自己的行為「主動」負起責任，因為這些行為都是當事人自己選擇的，當事人不是「受害者」。

正向耽溺與負向耽溺

「正向耽溺」（Positive-addicting）行為是一般人認為對自己很重要的事，如果不做就覺得生活空虛或乏味。「正向耽溺」行為在當事人面臨生命的挑戰或困境時相當有幫助，可以讓當事人更有挫折忍受力、不輕易被打倒或灰心喪志。反之，若此人不願意改變、也不採取行動，最後就變成一種「負向的耽溺」（Negative-addicting）行為，對自己越不滿意，久而久之形成一種「失敗認同」（Failure identity）。

WDEP 系統

W（Wants）想要	探索當事人想要、需要與覺知的為何？
D（Direction）方向	探索目前所做的是不是自己想要往的方向？要如何達到？
E（Evaluation）評估	評估自己目前所做的是否協助當事人更往目標邁進？
P（Planning）計畫	發展具體現實的計畫來達成目標。

 成功與失敗認同的過程（Glasser & Wubbolding, 1995, pp.300-301）

成功的認同	失敗的認同
★「想要改變與成長」	★「放棄」
★「選擇正向徵狀」	★「選擇負面徵狀」
★都發展正向耽溺（如冥想與非競爭性的運動）	★發展「負面耽溺」（讓人有扭曲與暫時的聲望、權力、刺激或脫離痛苦）

＋ 知識補充站

「選擇理論的語言」基本上是相信每個人可以控制的就是自己本身而已！

任何關係問題，都是其中一方或兩方使用了「外在控制」的方式（像是『應該』、『必須』或是威脅、處罰或利誘的字眼），這些語言用在人際關係裡會是重大傷害，因此Glasser建議採用思考過後所「選擇」的語言，會讓彼此關係加溫、也減少損害。

7-25 現實治療（二）

一、主要觀念（續）

WDEP 系統

WDEP 是由 Robert Wubbolding 所創，是現實治療很好的步驟說明。Wubbolding（2000, cited in Corey, 2009, p.328）提到有效的計畫需要具有幾個條件：

（一）計劃個人化——依據個人目標來訂立；

（二）計畫要具體——可以轉換為「目標行為」（Target behavior）；

（三）是一個清楚的、簡單且容易了解的「行動」計畫；

（四）可以儘早開始行動；

（五）計畫需要考慮當事人能力與動機、資源與限制；

（六）計畫內容以正向的陳述來描寫（如『增加嘗試的次數』）；

（七）可以由當事人自行行動，而不需要藉由他人的逼迫；

（八）計畫應該可以重複並每日進行；

（九）以過程（而非結果）為主的活動（Process-centered activities）（如練習放鬆動作、找工作）；

（十）計畫可以隨時修改，以因應需要。

二、治療目標

Glasser（1975）定義「現實」包括我們生存世界的限制，對當事人來說現實固然痛苦殘酷，但是會慢慢改變，「責任」則是有能力去滿足基本需求的表現（但是同時不能剝奪他人的權利，這就是『道德』），也因為「討論」不負責任的行為無濟於事，因此需要積極「行動」，改變才可能產生。

Glasser（1998, pp.116-117）認為：（一）治療不需要去長期探索問題，因為問題通常都是不滿意目前的關係；（二）既然問題是存在當下，就不需要花太多時間去調查當事人的過去；（三）傳統治療會花很多時間在探問與傾聽當事人對徵狀的抱怨，這也是當事人選擇在目前所做的，但是「選擇理論」要 當事人了解我們唯一可以控制的就是自己。

現實學派治療師的工作就是協助當事人清楚自己的需求為何，然後才可以做新的、更有效的選擇與行動，也就是協助當事人用更有效率的方式滿足自己的需求、或是發展更令人滿意的選擇，這也是現實治療的目標。Glasser 認為我們每個人都選擇了自己所做的，因此要有效地滿足需求，就需要改變行為以產生讓我們更滿意的結果。改變會發生通常是：選擇我們想要的、改變我們現在所做的，或是兩者都做改變。

三、治療技術

現實治療學派較少提及「技術」層面的運用，從現實治療的相關書籍裡可以發現，治療師除了使用一般的諮商技術如同理、專注、傾聽（主題與隱喻）、適當使用幽默感、自我揭露、摘要與聚焦之外，其他的則是以「原則」居多，像是：治療師態度要堅決、公平與友善，不批判、不預設立場，建立界限、遵守專業倫理等，還有一些「必不做」（不要爭辯、不用老闆式管理、不批判或強迫、不貶低自己、不灌輸害怕、不找藉口與不輕言放棄）；治療師主要是讓當事人有「希望感」、這是改變很大的動力。

現實治療的基本觀點（Glasser, 1998; Glasser, 2000, pp.22-23）

一、人們選擇某種行為而進入治療，是因為他們努力去解決目前的、不滿意的關係。

二、治療師的工作是協助當事人選擇新的、促進關係的行為，去真正滿足其基本需求。

三、為了滿足每一種需求，我們需要與他人有良好的關係。

四、現實治療是著重在「當下」(此時此刻)的。

五、雖然每個人都曾經受創，但是卻不一定要成為受害者，除非我們自己選擇成為受害者。

六、當事人選擇的痛苦或徵狀並不重要，因為那些徵狀會讓當事人逃避真正的問題。

七、現實治療目標是去創造一個治療師與當事人之間一種「選擇理論」的關係，藉由這種滿意的治療關係，讓當事人可以學習如何改善不良關係。

 現實治療過程（Glasser, 1972, cited in George & Cristiani, 1995, pp.95-96）

過程	說明
涉入(或參與)	建立溫暖與了解的關係。
聚焦在行為而非感受上	強調當事人知道自己在做什麼。
聚焦在當下	除非過去與現在行為有關，否則不必提及過去歷史。ss
做價值判斷	當事人要檢視自己所做的、並檢驗是否為負責的行為？
擬定計劃	訂出具體執行計畫、將不負責的行為改成負責任的行為。
做出承諾	計畫只有在當事人願意做出執行承諾時才有價值。
不接受藉口	不是所有計畫都會成功，但是一旦計畫失敗、就要發展新的計畫，而不是檢討為何會失敗？
去除懲罰	計畫失敗無須懲罰，只要繼續執行未來計畫便可。

7-26 後現代取向

「後現代取向」（Post-modernism）治療理論是以「後建構主義」（Post-structuralism）為基礎，主要理念有「主體性」、「意義」、以及「語言」的重要性。

焦點解決治療

焦點解決短期諮商（Solution-focused Brief Therapy, or SFBT）是 1980 年間由 Steve de Shazer、Insoo Kim Berg 及同僚在 Milwaukee 的 Brief Family Therapy Center 所發展出來的。

一、主要觀點

個體的個殊性

SFBT 相信每一位當事人都是特殊的，採用的治療方式也應該是依照當事人而「量身打造」的。

聚焦在「未來」與「解決之道」

治療師不需要去挖掘問題的淵源，把焦點放在「解決之道」上，同時聚焦當事人看到沒有問題困擾的「未來」。

強調小改變

一點點的小改變，都可以引起漣漪效應、造成更大的改變。

當事人是專家

運用當事人帶來的任何可用資源，強調當事人就是問題解決專家，也肯定當事人為問題所做的努力與嘗試。

無效的方式就不要繼續使用

當事人也想過解決之道，但有些方法即便無效、當事人還是繼續使用，就應該要另覓其他方式、達成有效結果。

二、治療目標

諮商目標是協助當事人過更平衡的生活，對於未來所關切的議題有更多的資源可以運用。目標可以有三種形式——改變對於問題的作為，改變對問題的看法，以及找出資源、解決之道與優勢。

三、治療技術

焦點解決運用的技巧許多是承襲「敘事治療」而來，像是「評量問句」、「例外問題」、「奇蹟式問題」等。

解決的談話（Solution talk）

治療師的目標是要尋求問題解決之道，因此不太花時間讓當事人去敘述問題。會先從當事人曾有過的解決方式開始，也尋求「例外」，讓當事人重溫自己的成功經驗（與能力），以「奇蹟式問句」協助當事人訂立目標、也看見改變後的希望，以「評量問句」讓當事人可以看見自己的進步與進一步目標，也使用「因應問句」協助當事人重振精神、願意繼續努力。

「重新描述」（Re-description）

提供對事件或問題的不同解讀與看法，或問題的正向動機。

策略性家庭作業

如對「訪客」給予讚賞，對「抱怨者」給一些觀察作業，給「顧客」行動作業。

後現代取向的主要理念

「主體性」	「意義」	「語言」
每個人都是主體、都有其價值與觀點。	意義是從人的互動中產生、也是人與人所共創出來。	語言有其特殊意義，使用當事人的語言就表示尊重。

當事人的立場

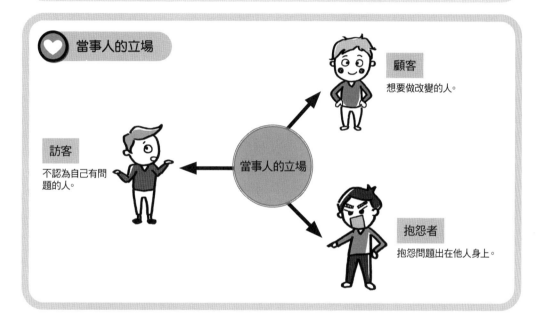

顧客
想要做改變的人。

訪客
不認為自己有問題的人。

當事人的立場

抱怨者
抱怨問題出在他人身上。

＋ 知識補充站

後現代治療的共通點（Tarragona, 2008, pp.172-175）

一、受到不同領域（含括了哲學、人類學、歷史、語言及文學理論）的啟示；

二、採用社會或人際對知識與認同的觀點；

三、注意脈絡；

四、語言是中心概念；

五、治療就是夥伴關係；

六、重視多元觀點與聲音；

七、重視地方性知識（或是個人的知識）；

八、當事人是主角；

九、強調治療師的公開或透明；

十、注重「有效的」方式；

十一、注重個人動能（Personal agency，能夠自己做決定並採取行動）。

7-27 **敘事治療（一）**

敘事治療（Narrative therapy）從 1980 年早期紐西蘭與澳洲開始發跡，主要代表人物為 Michael White（1948-2008）與 David Epston（1944 ～）。White 不以病態觀點來看當事人，也摒棄所謂的「專家」立場，強調一個人的多元身分與故事，而人的身分、價值觀與信念都因為文化與語言而有不同。

一、主要觀點

建構與社會建構理論

Michael White 的治療哲學是從「社會建構理論」（Social constructivism）而來，個體受到文化與環境的影響甚鉅，而所謂的「事實」也是個人經驗之後所發現的真相，我們是藉由創造自己對環境的建構而顯現對世界的理解與意義。

從社會建構理論而來的觀點，也就是說語言的使用與文化因素，形塑也創造了個人在文化中的意義。White 與 Epston 特別注重語言的使用，甚至強調治療師本身要對語言相當地敏銳、也能夠正確地使用。

敘說與解釋形塑生命意義

從敘事的觀點來說，「個人」是由故事所建構而成，治療師邀請當事人決定自己喜愛的故事版本，協助他們留意適合這個版本的生命經驗。每一個人也是藉由「敘說」來定義自己生活的意義，因此每個人所說的故事也決定了他們是怎樣的人、會有什麼樣的行動出現。

我們所敘述的故事，在許多情況下是受到文化或社會價值（『脈絡』）所影響的「主流」故事（Dominant stories），欠缺個人的主體性，也因此加重了「問題」的嚴重性。敘事治療學者認為我們的故事是多面向的（Multistoried）、不限於一個「主流故事」，即便一個事件也可以有不同故事產生。

觀點與多元身分

敘事治療所謂的「觀點」（Perspective）代表的是看事情的方式、給予生命意義的方式，也是一種生活方式。文化、社會與政治因素會影響在其中生活的人，特別是與權力有關的一切，滲透到個人及更廣的範圍，因此敘事治療師看見主流社會的觀點對一個人生命與觀點的影響。每一個人有不同的身分（如同時是父親、兒子、兄長、老師、師丈、鄰居等），治療師將當事人視為自己生活的專家，認為人有技巧、能力、信念、價值觀與承諾等，協助其減少問題對自己的影響。

解構「人」與「問題」的連結

敘事治療最著名的就是使用「外化問題」。「外化問題」就是不將「人」與「問題」聯結在一起，可以讓當事人有空間去創思解決之道、不自困於問題當中，甚至是抽離出問題情境，讓當事人脫離「負面身分」，甚至創造出個人更多元的身分。

二、治療目標

敘事治療目標通常由當事人決定，治療師陪同當事人重寫他們的生命故事，換句話說，就是協助當事人打破「膚淺描述（繪）」（Thin description），與當事人「共同著作」（Re-authoring）新的、當事人較喜愛的生命（與關係）故事。對 White 來說，治療就是個人敘事的再開發，以及自我認同的重新建構。

敘事治療與焦點解決使用的問句舉隅

評量式問句

功能

用來自評或評估進步情況,也可以做為目標設定之用(如從5到6會有甚麼不同?)。

舉例

如果「1」是最不滿意、「10」是最滿意,你目前的情況是多少?

外化問題

功能

將「人」與「問題」分開,問題就較容易解決。

舉例

什麼時候你的焦慮最不會讓你感到困擾?

「奇蹟式問句」

功能

讓當事人看到沒有問題的未來。

舉例

如果有一天你擔心的事不見了,你會看到什麼?

「因應問句」

功能

注意到當事人的努力。

舉例

事情沒有變得更糟,你是怎麼辦到的?

「巡迴問句」

功能

有沒有人注意到當事人的改變,或當事人的改變對他人的影響如何?

舉例

「如果你不再焦慮了,誰會最先發現這一點?怎麼發現的?」

「尋找例外」

功能

發掘當事人有過的成功經驗。

舉例

「你曾經感到最有成就感的是哪一件事?」

+ 知識補充站

外化問題的效果為:

一、減少人與人之間無建設性的衝突(如夫妻之間的互相責難);

二、減少失敗的感受(因為問題並不代表人本身);

三、可以為彼此的合作鋪路、共同對抗問題;

四、打開新的可能性,個人可以採取行動恢復自己的生活;

五、讓個人可以擺脫壓力與重擔,採取更有效的方式去處理問題;

六、對問題而言,可以打開「對話」的可能性,而不是個人的獨白。

7-28 **敘事治療（二）**

三、治療技術

問題技巧

「問題」是為了要引發經驗而非蒐集資訊。基本上有（Freedman & Combs, 1996）：

（一）「解構問題」（Deconstruction questions）——協助當事人從不同角度看自己的故事；（二）「開放空間問題」（Open space questions）——一旦問題角度拓寬了，就有許多空間可以容納「特殊結局」；（三）「較喜愛問題」（Preference questions）——在與當事人一起共構新的故事時，要一直反覆確定故事的方向與意義是不是當事人較喜愛的？（四）「故事發展問題」（Story development questions）——一旦空間足夠容納一個特殊結局、或當事人喜愛的發展時，就可以開始詢問讓故事更深描的問題；（五）「意義問題」（Meaning questions）——邀請當事人從不同的角度反思自己的故事、自己、以及與他人的關係，可以讓他們重新去思考與體驗特殊結局、較喜愛方向與新建立故事的影響等。

外化問題

治療師會詢及「問題」對當事人的「影響」、也會問當事人對「問題」的影響為何？也就是將「人」與「問題」分開，協助當事人從不同角度思考問題。

解構與重寫

已經經歷過的故事可以賦予經驗意義，而當事人所選用的故事也決定了他 / 她是怎樣看自己的。大部份當事人可能受限於主流論述的影響，將自己定位為受害者或是無力的弱勢，敘事治療師要協助當事人看見主流故事之外的「非主流」故事，因此採用「解構」的方式，讓當事人不再受到主流文化與論述的影響，擺脫了受文化限制與壓迫的主流故事，讓當事人有機會去探索某個情境或事件的其他不同面向，重新建構（重寫）一個屬於自己的、可能的其他故事（或身分）。

治療地圖

治療「地圖」（Map）就是有可以遵循的方向。當事人先仔細描述問題、也為問題「命名」後，治療師指出故事中的線索（看到更多的可能性），然後依據這些可能的線索問一些問題、形成了所謂的「子計劃」（Sub-plots），可以修正原先的故事、開啟改變的可能性。

治療文件（紀錄）與重新加入會員

敘事治療師善用其他任何可以支持新故事或線索的證據與資料，也不時提供當事人這些可以保存或重新拿出來見證的素材，用來強化、鞏固與鋪陳當事人新的故事與身份。

治療師會將治療過程中的所有一切都記錄下來或蒐集起來，也鼓勵當事人這麼做，主要是因為這些紀錄或是資料都是有關於當事人的想法、發現與成就。Epston 認為書寫的文件或紀錄，不會像對話一樣很快就消失，而且還可以在往後重複閱讀，而其影響也可以持續下去，也提醒當事人曾有過的經驗與領悟。

治療師也會邀請與當事人相關的重要他人加入治療（也就是邀請他們『重新加入會員』，Re-membering），這些都是重要的「目擊證人」，讓當事人新的認同與身份，因為有人目睹作證而更為扎實、可靠。

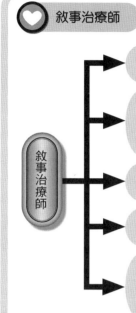

叙事治療師

叙事治療師

一、治療師保持「未知」(Not-knowing)、好奇的立場,尊重當事人是自己問題的專家,以尊重、開放、合作的態度與當事人對談。

二、治療師需要有良善意圖,擅於語言的運用,有系統地去留意當事人敘述故事方式底下所隱含的假設,因此用心傾聽當事人問題故事的「其他可能性」外,也在找尋所隱藏的意義、空間或間隙、以及不一致的故事證據。

三、協助當事人重新檢視自己看事情的方式、也讓當事人可以從不同的角度來探看事物。

四、治療師採用「去中心」(De-centering)的立場,也就是將治療視為「雙向」的過程、維持「透明可靠」。

五、治療師積極參與治療過程,也問一些必要的問題,與當事人的「敘事對話」是一種互動與合作,敘事方向有許多的可能性,而治療師則是扮演決定方向的重要角色。

+ 知識補充站

「深度描繪」(Thick description)指的是根據當事人的生命故事線索做仔細、詳盡的描述,而不是輕淺地聽當事人說完就好,甚至要舉出可以佐證的故事與經驗,讓故事變得扎實、可信賴。

7-29 家庭（族）治療（一）

家庭（族）治療學者不認為一個人的問題就是個體本身的問題，因為人處在社會之中，與其他人有關連，而許多的「問題」必須要納入當事人的整個環境與文化脈絡來看、特別是家庭。許多「問題行為」的產生主要是因應與生存之用。每個家庭在不同的發展期，都可能有不同的任務與危機，也因為家人之間的關係緊密而複雜，就有可能產生不同的挑戰。在考慮一般家庭的可能發展階段外，現在的家庭組成有許多可能性（頂客族、單親、繼親、同性、隔代等），也許中間還有變動或是成員死亡，甚至還有孩子是「啃老族」寄住在父母親家中，這些種種都可能影響家庭的發展與內涵，因為家庭不能自外於周遭大環境，在參照家庭發展階段時，也要注意社會文化的變動，不能劃一看待。

做家庭（族）治療只要家中若干人參加即可，當然若是全家都能參與效果更佳，只是每個家庭的狀況不同、每個人對於治療的想法也各異，因此要全家參與有其困難度，但並非不可能。

一、主要觀點

系統觀

家族治療師之所以喜歡「系統觀」，主要是常常見到當事人無力去控制家庭中發生的狀況，常常淪為受害者。家庭（族）治療強調「系統觀」，也就是「牽一髮而動全身」（與『焦點解決』的『小改變促成大改變』同）的「漣漪效應」，因此只要家中有人發生問題，不一定是個人的因素，而是需要將整個家庭系統納入考量；同樣的，若家中有一位成員發生問題，只要有其他家人參與治療，就有機會將所學或是有效的方法帶回家執行、促成改變，而這樣的改變也會牽動其他人的改變。

次系統

家庭是一個系統，底下自然有不同的「次系統」（Subsystems，如夫妻、親子、手足）。「次系統」是整個系統的一部分，可以在系統內執行特殊功能與過程，以維持系統的整體性。次系統間也會彼此影響，而每一個家庭成員都分屬於不同的次系統（如夫妻、親子），這些次系統可能是依其在家庭內不同世代、性別、興趣、角色或功能而組成。次系統之間要有適當的界限，可以用來維持次系統間的聯繫與保持次系統本身的獨立。

平衡

家庭是一個系統，有自我調節（Self-regulation）的功能。在一個家庭裡，除了組成成員外，還包括個人的經驗、彼此之間的關係，即使是個人的心理問題，也是在與人互動中呈現出來，因此只要系統中任何一個環節出問題，都會影響整個系統的運作。系統會發揮「平衡」（Homeostasis）的功能，讓系統回復到之前的狀態，就像家人間的互動、會依循一些慣例或規範，其目的就是要維持可以預測的穩定狀態。若家庭有「平衡」的傾向與功能，同時也意味著家庭會抗拒改變。

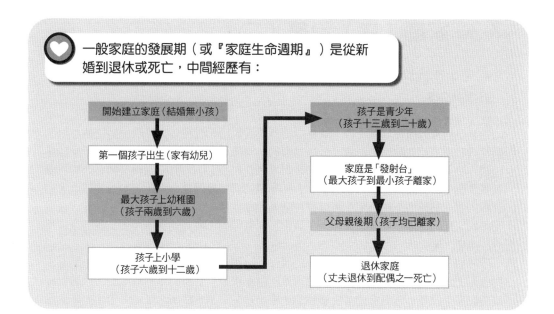

一般家庭的發展期（或『家庭生命週期』）是從新婚到退休或死亡，中間經歷有：

開始建立家庭（結婚無小孩）

第一個孩子出生（家有幼兒）

最大孩子上幼稚園（孩子兩歲到六歲）

孩子上小學（孩子六歲到十二歲）

孩子是青少年（孩子十三歲到二十歲）

家庭是「發射台」（最大孩子到最小孩子離家）

父母親後期（孩子均已離家）

退休家庭（丈夫退休到配偶之一死亡）

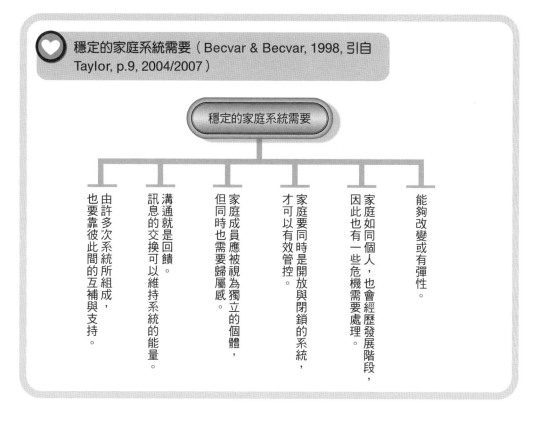

穩定的家庭系統需要（Becvar & Becvar, 1998, 引自 Taylor, p.9, 2004/2007）

穩定的家庭系統需要

由許多次系統所組成，也要靠彼此間的互補與支持。

訊息的交換可以維持系統的能量。溝通就是回饋。

家庭成員應被視為獨立的個體，但同時也需要歸屬感。

家庭要同時是開放與閉鎖的系統，才可以有效管控。

家庭如同個人，也會經歷發展階段，因此也有一些危機需要處理。

能夠改變或有彈性。

7-30 家庭（族）治療（二）

一、主要觀點（續）

界限與結構

每一種關係之間都有一條隱形或是心理的界限，就像是個人的房間只允許哪些人進入、或是狗狗尿尿佔地盤一樣。關係之間即使再親密，也都有其界限，而這個界限的彈性則是由彼此的關係來決定，是很主觀的。中國家庭一般情況下是母親與子女關係較親、也就是說界限較為彈性（或謂『可滲透性較高』），而子女與父親之間的界限就較為僵化（或謂『可滲透性較低』）。界限的兩個極端是「僵化」與「糾結」，前者指人與人間界限清楚分明，可以維持個人的獨立性，但是彼此之間關係疏離，後者指人與人間的界限模糊，雖然保持了親密、卻犧牲掉了個人的獨立性，一般的家庭都介於兩者之間。

「界限」也可以指家庭與外面世界的關係。每個家庭對於外來的資訊都有一個處理與應對的機制，因為每個成員都可能自外面世界帶來一些新的訊息或觀點，倘若對於新的訊息都接收，容易造成常常變動的動盪不安，不是家庭所希望的，這也表示家庭與外在世界的界限是很開放的、較少阻撓的，或是不篩選的；反之，若某個家庭對於外來資訊都採取拒絕或抵制的方式處理，那麼這個家庭可能就會停滯不前、故步自封，很容易就消失毀滅。因此，一般的家庭都是介於以上兩個極端之間。開放系統（Open system）是持續與外在環境互動的，會因刺激而反應、也會主動創造改變，說明家庭系統是持續不斷變化與做調整，健康的家庭系統不僅維持平衡、也尋求改變的必要性。倘若家庭是一個閉鎖系統（Closed system），拒絕任何新資訊的流入或做適當改變，最後淪為滅絕，但若是全然開放，也會一團混亂。

結構是看不見的一套功能，是家庭經過長時間的發展而成，其目的是要求與組織家庭成員互動的方式，或是家人一致、重複、有組織、可預測的行為模式。「家庭結構」指的是家庭次系統的組成方式、以及受到界限規範的次系統間的互動如何。

三角關係

一旦家中有兩人衝突、卻又無法解決時，就很自然會將第三者拉進來、以減少壓力，形成所謂的「三角關係」（Triangle）、以穩定家庭關係或權力。「三角關係」不一定是壞的，有問題的是將「三角關係」變成一種習慣，因此毀損了彼此原來的關係，問題也沒有獲得解決。

家族圖的使用

家族圖（Genogram）可以用來協助諮商師與當事人了解其原生家庭與目前立即家庭之間的關係與異同。由於目前台灣還是男權至上的社會，父親的原生家庭影響力較大（當然也有例外的），因此在繪製家族圖時，通常回溯至父親這邊的祖父母。一般的家族圖是看三代間的關係。

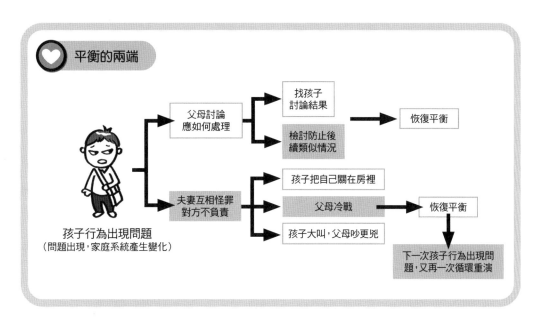

平衡的兩端

孩子行為出現問題
(問題出現，家庭系統產生變化)

父母討論
應如何處理
→ 找孩子
討論結果
→ 檢討防止後
續類似情況
→ 恢復平衡

夫妻互相怪罪
對方不負責
→ 孩子把自己關在房裡
→ 父母冷戰
→ 孩子大叫，父母吵更兇
→ 恢復平衡
→ 下一次孩子行為出現問
題，又再一次循環重演

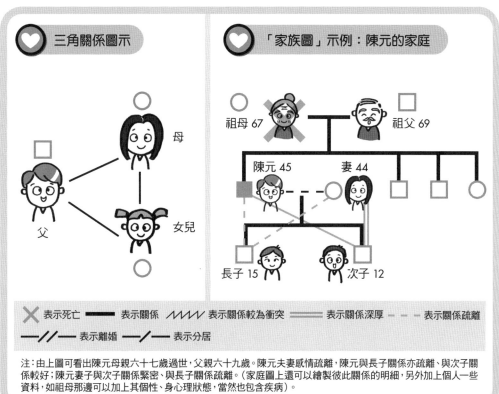

三角關係圖示

父 母 女兒

「家族圖」示例：陳元的家庭

祖母 67 祖父 69

陳元 45 妻 44

長子 15 次子 12

✕ 表示死亡 ── 表示關係 〜〜〜 表示關係較為衝突 ═══ 表示關係深厚 ---- 表示關係疏離 ──//── 表示離婚 ──/── 表示分居

注：由上圖可看出陳元母親六十七歲過世，父親六十九歲。陳元夫妻感情疏離，陳元與長子關係亦疏離、與次子關係較好；陳元妻子與次子關係緊密、與長子關係疏離。（家庭圖上還可以繪製彼此關係的明細，另外加上個人一些資料，如祖母那邊可以加上其個性、身心理狀態，當然也包含疾病）。

7-31 家庭（族）治療（三）

二、體驗性家庭（族）治療過程與目標

體驗家庭治療奠基於人本取向的立論，相信人有選擇的自由、是自我決定的，治療師聚焦於當下（此時此刻），留意家中個別成員的主觀需求與情感經驗，同時也催化家庭過程，也就是聚焦在家庭中個體的個別性、同時讓家人可以更有效溝通。

Virginia Satir 所創立的「人本過程確認模式」（Human process validity model）與 Carl Whitaker 所創的「象徵體驗模式」（Symbolic-experiential model or experiential family therapy）都是體驗家族治療的代表，他們不重視理論，而關注於治療過程。

Satir 在治療過程中會留意該家庭的溝通型態，協助去除間接、扭曲或不適當的互動方式（這些都有礙個人成長），代之以促進成長與更能滿足彼此需求的溝通模式。Whitaker 則是協助家庭成員說出自己潛藏的衝動，他自己同時也去搜尋自我幻想中類似的衝動與象徵（這些象徵都代表家人內在的世界、也決定了如何解讀外界的現實），其治療目的是讓家族成員都可以參與，讓成員有歸屬感的同時、也能有自主獨立的能力。

此學派認為家庭問題的產生是因為壓抑的情緒，許多父母親錯將情緒的「工具性」與「表達性」功能混為一談，甚至用控制情緒的方式來控制孩子的行動，因此治療目標是解除阻礙人們成長與自我實現的壓抑感受與衝動。不一致的溝通讓家人未能真正表達自己的想法與感受，當然也妨礙了彼此的親密度，唯有真誠一致的溝通，才能促進個體與家庭的成長。治療師在引出家庭優勢之前，必須先要讓每位成員都可以接觸到自己真實的感受（不管是期待、渴望、害怕或焦慮），然後才可能營造出真誠的家庭連結。

三、結構家族治療過程與目標

結構家族治療（Structural family therapy）是最具影響力、也是研究最多的一個取向，代表人物為 Salvador Minuchin。「結構」是看不見的一套功能，也就是家庭成員互動的方式，或是家人一致、重複、有組織、可預測的行為模式。

結構家族治療模式是很主動、以優勢為基礎，而且是結果導向的治療。治療師積極參與家庭，阻止舊有、病態的互動模式，改變的產生是從新的問題解決經驗裡開始具體化。家庭是一個活生生的系統，因此也有「權力位階」的存在，治療師需要讓夫妻擔任家庭領導的地位，同時容許孩子可以有發展與成熟的自由。

治療師在治療過程中是擔任「領導」的角色、直接參與家庭系統並營造改變，其治療過程為：（一）治療師加入家庭、確定其領導地位；（二）治療師確定家庭的結構狀態；與（三）治療師轉換家庭結構。

結構家族治療目標在於藉由拓展家庭互動的方式來促進家庭的成長，也就是讓家庭成員投入治療過程的同時，企圖協助家庭重組，強化父母次系統、設立適當的位階界限。

家庭（族）治療學派：（讀者可以參考家庭諮商之相關書籍做進一步了解）

名稱	代表人物	重要觀念或特色
Bowen式家庭（族）系統治療	Murray Bowen	自我分化、三角關係、家庭投射歷程、多代傳遞、手足位置、情感截斷。
體驗性家庭（族）治療	Virginia Satir Carl Whitaker	強調家庭溝通與自我成長，重經驗分享、自我覺察、情感表達與親密體驗。 運用「家庭雕塑」與「編舞」技巧協助家庭成員的自覺。
心理分析家庭（族）治療	Nathan Ackerman Ivan Boszormenyi-Nagy	融合傳統的「驅力心理學」、自我心理學與客體關係理論及Boszormenyi-Nagy的「脈絡治療」。
結構性家庭（族）治療	Salvador Minuchin	重建、結構、次系統、界限。
認知行為家庭（族）治療	Gerald Patterson Robert Liberman Richard Stuart	強調問題解決與消弭衝突的技巧，運用古典與操作制約理論，並加入溝通技巧與認知技巧。
策略家庭（族）治療	Jay Haley	著重在問題解決。注意家庭結構與重整、權力位階與世代間的界限問題。
焦點解決家庭（族）治療	Steve de Shazer Insoo Berg Bill O' Hanlon Michele Weiner-Davis	不強調歷史，專注於症狀及短期治療，著重在問題解決。 將家庭成員視為自己問題的專家、有其資源與貢獻，並相信小改變可以促成大改變。
敘事家庭（族）治療	Michael White David Epston	將問題與當事人本身分開，關心問題對家庭的影響（注意社會脈絡）。 陪伴當事人重新詮釋過去經驗，解構與重建對當事人有意義的敘事（或故事）。
整合模式		
內部家庭系統治療	Richard Schwartz	內部家庭系統模式、次人格（或「內在的聲音」）、自我、自我領導。
後設架構模式	Douglas Breunlin Richard Schwartz Betty MacKune-Karrer	人類經驗的六個核心領域（組織、序列、發展、文化、性別與內在歷程），家庭歷程五階段（傳統、性別覺醒、兩極化、過度期與達成平等），重視性別與多元文化。
整合式問題中心治療	William Pinsof	不是將不同模式結合，而是保留各模式之原貌，同時讓幾位治療師參與治療。在採用複雜昂貴的方法之前，先採取最簡單、代價最低廉的方式介入。
敘事式解答療法	Joseph Eron Thomas Lund	相信人們的「偏好看法」，使用重新架構與重新敘述。
整合式伴侶治療	Joseph Eron Thomas Lund	強調配偶之間的支持與同理心，提高對彼此的接納度，將差異視為不可避免的事。 以提升伴侶間彼此體諒與合作為目標，以及相互接納差異的策略。

7-32 家庭（族）治療（四）

四、策略家庭（族）治療過程與目標

策略家族治療（Strategic family therapy）顧名思義就是運用不同的策略或方法以達問題解決的目的，代表人物有 Jay Haley（1923-2007）與其前妻 Cloe Madanes 及 Paul Watzlawick。Haley 特別強調「徵狀」的功能，在治療過程中，他不是針對個人做處理，而是針對整個家族與其相關脈絡做整體思考，因為他相信每個年齡層的孩子在家庭面臨危機時，都會做一些動作來讓家庭系統平衡，而個人病徵的出現是為了協助另一位家人、或是表達了家庭規則的衝突樣貌。Haley 認為家庭規則是圍繞著「位階結構」（Hierarchical structure）而來，他也發現許多問題背後其實潛藏著父母親不適當的位階，因此有效位階的安排是要讓父母親主導，同時家庭也必須要因應家人生活的改變而做結構上的調整，因而其治療最終目標就是家庭結構的再重組，特別是重整家庭位階與世代間的界限。

策略家族治療師是運用一步步有計畫的方式去消除症狀，所使用的策略有兩類：首先就是「加入」家庭，Haley 認為只要有第三者的出現，就可以協助配偶解決問題；再則就是使用「重新架構」的技巧（重新定義家人所說的，聚焦在正向的意義上），加強鬆散的界限與舒緩僵固的界限，用來破壞家庭的失功能結構。

Haley 將治療分成幾個階段：（一）社交階段（The social stage）——與每位參與的成員打招呼、讓他們很自在，主要是企圖贏得大家的合作；（二）問題階段（The problem stage）——詢問出現的問題為何？每個人對於問題的看法如何？（三）互動階段（The interaction stage）——要求家庭成員彼此互動並談論（『重建』），也讓治療師可以去確定有問題的階層為何？（四）目標設定階段（The goal-setting stage）——詢問家庭成員、具體說明他們想在治療中看到的改變為何？（五）工作設定階段（The task-setting stage）——規定家庭成員一個簡單的家庭作業。

五、家族治療技巧

家族治療基本上是從團體治療開始，因此其採用的技術從不同的學派來、也很多元。像是體驗家族治療使用的技巧採納了心理劇的家庭雕塑（Family sculpting）、玩偶訪問（Family puppet interviews）、藝術治療、共同家庭繪畫（Cojoint family drawings），以及完形的技術；結構家族治療運用「重建」、「家庭地圖」（Family map）、加入家庭、重新架構等方式來重整家庭結構，還運用「撫慰與刺激」（Stroke and kick）的技巧去操控家庭、產生不平衡、造成結構與位階的改變；策略家族治療師則是使用加入、指導性技巧（像是給建議、教導訓練、以及規定家庭作業）、矛盾意向法（Paradoxical interventions）、重新架構或「假裝」技巧。

Satir 的不一致（或『低自尊』）溝通

和事佬
（Placating）

責怪者
（Blaming）

超理智者
（Superreasonable）

不相干者
（Irrelevant）

✛ 知識補充站

　　諮商理論不是修過一次就可以融會貫通，而是需要不斷地複習與拓展。複習是為了讓自己熟悉基本的學派與其立論；拓展是能夠閱讀不同作者的解讀，才可能一窺其堂奧，因為不同的作者可能依據自己的經驗與理解來解讀某一學派的理論，多閱讀可以讓我們更清楚理論之真意與精髓、也可以拼湊出較完整的樣貌。

　　輔導技術不是在課堂上練習過就好，因為你/妳很快就會發現根本不知何時該用、怎麼用？教師指導學生在課堂上練習是遠遠不足的，學生要自己私下互相練習、或是運用在日常生活中，讓技巧成為自己的一部分，這樣就能夠順手捻來、毫不費力。此外，理論或技巧不是精確的食譜，諮商師從不斷的經驗中會累積一些心得出來，有時候甚至可以自己做些修改與創發，讓技術運用起來更得心應手。

第8章
諮商技巧入門

教學目的：

　　本章會介紹諮商入門的一些技巧，包括：「個案概念化」、「諮商室的布置與物理環境」、「傾聽」、與「怎麼問問題」。

　　諮商技巧是輔佐諮商工作有效的主力，但最重要的還是諮商師的真誠與用心。技巧需要經過練習反思，才會變成自己的能力之一，本章所介紹的技巧都可以在日常生活中去運用，確認有效之後、用在當事人身上會更有信心。如何看一個當事人的關切議題？採取哪些策略或步驟協助？這些都與「個案概念化」有關；諮商室的硬體設備與布置也都會影響諮商進行與效果；「傾聽」是入門功課、卻需要不斷地練習，而問「對的問題」才能讓當事人願意繼續探索。

8-1 **個案概念化**

　　個別諮商的進行需要先做行為觀察與資料蒐集的動作，然後依據所蒐集到的資料做初步診斷，擬定諮商策略，進行諮商與進度評估，諮商結束後也要進行評估與追蹤。輔導教師要擬定輔導策略之前，很重要的工作就是「個案概念化」，其重點就是將所蒐集的資料做統整與歸納，然後諮商師依據自己的理論取向與手中獲取的資料，做適當的判斷與評估，擬定最適合當事人的策略、然後執行，諮商師所深信的理論，影響諮商師如何看問題。

　　「個案概念化」主要是看所蒐羅的資料、如何解讀、決定問題所在、可以處理的選項有哪些？通常「解讀」資料與「決定問題所在」是與輔導教師的理論取向關連最大，當然也就影響到後續的處理。同樣的一個個案，認知行為取向的諮商師會專注在當事人的思考是否不合理或扭曲了？家庭治療取向的諮商師可能就會分析家庭情況與家人互動結構，精神分析取向的治療師則會注意到當事人內在的動力情況。

　　通常諮商師在擬定當事人所關切的問題時，先會徵詢當事人的意見、看哪一項需要先做處理？當然，諮商師若發現有緊急情況需要立即處理（如自傷或傷人）、也不容怠慢！倘若以當事人認為最優先的事務先做處理，也較容易獲得當事人合作的意願、有益於治療關係。因此，所擬定的目標與處置策略可能就不只一個。

小博士解說

　　諮商是助人專業，雖然有理論與技能層面的要求與先備知能，但是諮商不是以「技術」取勝（不是所謂的『匠師』），而是那股想要協助他人的熱誠與真心才是關鍵。心態準備好了，技術就不會被誤用。個人的諮商技巧也會隨著經驗的累積更加熟成，自己也會開始修正或創發新的諮商技巧。

個案概念化步驟（Berman, 1997）

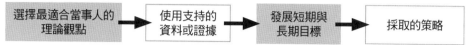

| 選擇最適合當事人的理論觀點 | ➜ | 使用支持的資料或證據 | ➜ | 發展短期與長期目標 | ➜ | 採取的策略 |

案例舉隅一

六年級的小玉在班上幾乎沒有朋友，唯一對她釋出善意的小雯卻不堪小玉的騷擾，因為小玉幾乎是隨時都跟著她，她也不能去跟其他朋友或同學玩。小玉從小學三年級轉過來之後，在學習與人際關係上都出現問題，老師與家長聯繫，家長都不出面，側面的了解知道小玉是獨生女，母親在未婚的情況下生下她之後，交給娘家的媽媽撫養，後來母親自己又另外結婚，也有了自己其他的孩子，沒有把小玉接過去。小玉雖然很想念母親，但是母親幾乎都不連絡，只是偶而會寄錢過來，外婆年歲已大、又是寡居，自己還要掙錢維持生計，也沒有太多心力花在小玉身上。

| 以下是從蒐集到的資訊所做的初步個案概念化： |

可能處理的議題——
一、小玉的人際關係（過度依賴）。
二、受到照顧不夠，尤其是心理方面的需求（愛與隸屬）。
三、自信心缺乏、無足夠學習動機。
四、被拋棄的失落與悲傷。

案例舉隅二

十二歲念小五的阿強被轉介來輔導室，老師說他最近心情不佳、連該做的功課都常常沒有完成。阿強出席時，肢體動作較無精神，諮商師說明老師的關切、所以轉介他過來，阿強的表情有點高興，可見已經引起老師的注意。諮商師接著詢問他最近飲食與睡眠的情況，也都正常，然後很好奇地詢問他：「最近是不是發生了什麼事，讓你很擔心？因為老師說依照你平時的能力與表現，把作業完成是輕而易舉的事。」阿強有點不好意思，提到最近一位認識的學姊似乎不太理睬他了，他覺得難過。

| 個案概念化過程與處理說明： |

一、背景資料：平日表現良好，最近的情緒與表現較不如理想。
二、個案陳述：認識的學姊最近不太搭理他。
三、可能的猜測：青春期的戀愛初萌、原本不錯的關係生變。
四、採用的取向：阿德勒的個體心理學派。從當事人的身心發展去看目前的發展任務與需求，出現的只是短暫「不適應」的行為，了解其背後動機即可，接下來就可以討論其「典型的一天」如何，看能否得到一些資訊、進行處理？
五、處理方式：阿強的典型一天是放學後先吃點心、邊看電視，然後就做媽媽要求的「評量作業」，吃過飯、洗好澡之後，已經近十點，所以功課就無法全部完成。
　　　　請教阿強是不是喜歡老師嘮叨？所以才故意留功課、不寫完？阿強極力否認，於是重新強調老師對阿強能力的信任，接著問阿強願不願意試一試一個新方法？他同意，於是就請阿強在回家之後，先做一點回家作業，然後再進行「點心時間」，也請他試一兩天看情況如何，下週再詢問其結果。
六、結果：阿強交作業已經沒有問題，因為都會提前寫完，他說沒想到可以把吃點心的時間挪後，也不會妨礙寫作業時間。他說喜歡來輔導室，有人聽他說話很好；與學姐的關係願意採取主動去了解、而不是在背後猜測。阿強也能夠體會諮商師提到的，學姊可能即將要畢業、踏入新的學習階段，她自己也在做準備與整理。

8-2 **諮商室的布置與物理環境**

　　諮商室的地點需要有隱密性,不要讓一般人自由出入、或是可以看到當事人,也要注意隔音設備。其次其布置要簡潔、單純,不要太單調或蒼白,最好有窗戶,光線適當、有窗簾,讓當事人覺得溫馨、溫暖,座椅要舒適、可以長坐。可以安排一些小盆栽,或是有一些玩具書籍收納在書櫃裡。

諮商時的位置

　　諮商時先要注意姿勢。通常諮商師與當事人的座位不要面對面,特別是第一次諮商時。諮商室裡的座椅通常會放三個,也就是可以讓當事人選擇,當事人選擇之後、諮商師就可以選擇在當事人旁邊的座位(而不是面對面的那一個座位)坐下來,甚至可以問一下當事人:「我坐這裡可以嗎?」倘若治療關係已經穩定,諮商師的位置就不是那麼重要。

　　面對面坐著比較具有威脅性,如果中間又沒有桌子或是擺飾隔離,當事人的感覺就像是赤裸裸地呈現在諮商師面前,如同演講者在面對聽眾時,也是有講台隔著,讓演講者感覺較為安全。

　　因為諮商師是成人、可能也是第一次見面的陌生人,不免會讓當事人有疑慮,所以當事人與諮商師的座位呈大約九十度的角度是較好的,雖然不是面對面這麼直接,但是還是可以看見彼此。座位中間可以擺放一個小桌子用來書寫或是遮蔽身體的部分(就像演講台用來遮演講者發抖的雙腿是一樣的),桌上也可以擺個紙巾盒,當事人與諮商師之間隔著一個物品,可以減少焦慮,也可以讓當事人抱著抱枕或是玩偶,意義相同。

　　如果是面對兒童,諮商室裡可以放一大塊乾淨的地板或地毯,讓當事人可以隨意躺著或是玩玩具。不要要求年紀小的兒童正襟危坐,畢竟他們還是活蹦亂跳的年紀,只要坐著舒適、可以與諮商師進行治療就可以。

　　如果當事人的肢體表現很緊張,諮商師也可以告訴當事人自己也很緊張,因為不知道可不可以幫上忙?有些諮商師會提供水或零食,這也可以協助當事人減緩緊張感,或者讓當事人先做一些放鬆的動作也不錯。

　　當治療關係慢慢有進展後,諮商師與當事人就不會介意彼此坐在哪裡,甚至當事人會選擇與治療師面對面的位置、也覺得自在。

小博士解說

　　諮商室裡最好不要有電話干擾,也可以在門口擺上「諮商進行中,請勿打擾」字樣的牌子。諮商室裡的裝潢簡單、溫暖就好,顏色以淡淺色澤最佳,若有其他雜物(如玩具),除非是需要使用,最好收納在櫃子裡。

諮商時的位置

諮詢師

當事人

諮商師與當事人座位呈大略九十度,中間隔著一個小桌子(桌面上可以有衛生紙、紙與筆、一小瓶花『高度不要超過胸線』)

 個案概念化模式與流程:

蒐集當事人相關背景與問題資訊

當事人性別、出生序、原生家庭家庭圖、家人關係、種族、職業、重要生命事件、問題描述、過去諮商或醫療史、支持系統、生活功能檢視等。

形成主訴問題概念

依據諮商師自己相信的取向或理論,擷取重要問題線索,將當事人所敘述與諮商師所觀察的資料做統整,列出可能問題的優先次序。

依照優先次序列出治療目標

徵詢當事人意見與協調,列出需要處理問題的優先次序,有時候一個大問題下面有不同的子問題,或是不同問題糾結在一起、需要分別列出。

依照優先次序,以腦力激盪方式,分別條列可以介入或處置方式與考量

儘量仔細、具體,若需要團隊支援,也應列出支援事項。

可行的處置方式

就列出的可能處置方式與方向做篩選,擬定計畫在諮商中進行,並隨時依據出現的新資訊與當事人狀況做調整或修正。

進行治療(過程中固定做評估)

8-3 傾聽（一）

　　傾聽是諮商師第一門要學習的課程。傾聽是一種能力，需要經過訓練養成。傾聽的時候要將腦袋放空，不要有任何的想法或想問的問題、也不要急著想要回答，而是把整個舞台讓給當事人去發展。

　　「傾聽」與我們平常時候的「聽見」不一樣，常常諮商師五十分鐘的諮商結束，就會覺得心力疲憊，因為真正的「聽」是要耗費許多精神與體力的，況且諮商與一般的聊天又不同。諮商師站在專業協助的立場，總希望可以幫助當事人、讓他/她走出諮商室時比進來時更好。

　　「傾聽」要常常練習，把許多心理上的雜事拋開（將自己的心與耳打開），專注在當事人身上。不要去想下一步該如何？為什麼當事人會這麼說？或者是該問什麼問題？最好是從自己身邊的重要他人開始練習，因為我們常常沒有注意傾聽與我們關係親密的人，總覺得他們似乎常常在覆述說過的話，因此沒有認真聽，殊不知也正是因為我們的態度如此，對方才會認為我們沒有聽進去、因此一直重複。在日常生活中學會傾聽之後，才可以順理成章將其運用在諮商現場。

傾聽的姿勢

　　傾聽展現在外面明顯可見的就是姿勢與臉部表情，這是要讓當事人「看見」諮商師的用心與專注，當然也要「言行合一」，而不是在假裝。傾聽時身體微微向前傾，手腳不要交叉、手臂環抱或是翹二郎腿或張太開，而是呈現自然的姿勢。

　　眼神與當事人偶而要有接觸，基本上眼光是在當事人上半身游移，不要緊盯著當事人或是眼睛固定在當事人身體某個部位上。

　　傾聽時臉部不是沒有表情，而是會隨著當事人所敘述的內容，自然呈現出該有的情緒，當然不要誇張！使用的語調自然就好，有時候有手勢協助是可以的。

　　諮商師若要與當事人有肢體的接觸時，最好徵得當事人的同意，因為這也牽涉到界限的問題。有些當事人曾經受過暴力或是性騷擾侵害，對於身體的碰觸就是禁忌。

傾聽時的反應

　　一、事實陳述：當事人會敘述自己的經歷或是故事。

　　二、情感反映：想像自己是站在當事人的立場、遭遇相似的情況，會有什麼感受？當事人可能會透露一些自己的情緒，像是會緊握雙拳（表示生氣或緊張）、臉部表情痛苦或掙獰、甚至會說出自己的感受。但是有些感受很細微、或是當事人沒有表現出來的（如『羞辱』、『悔恨』、『為難』、或『矛盾』等），諮商師要能夠去體會出這些細微的情緒。

同理心步驟

1 事實陳述（A）

當事人說：「我那天莫名其妙被老師處罰，其實也不是我的錯，我只是經過而已，老師就以為是我把同學的作業弄到地上。」

+

2 情感反映（B）

當事人說話很大聲、還比手畫腳，表情有點難過與生氣。

↓

3 同理心（A+B=C）

諮商師說：「你說自己被老師誤會，莫名其妙受到懲罰，你很生氣，覺得無辜，但是對方是老師，又不能對他怎樣（無奈）。」

注：要將「事實」與「情感反應」分開是不可能的，只是在練習時是如此。

 專注傾聽的 SOLER（Egan, 1998, 引自王文秀、田秀蘭、廖鳳池，2011）

S（Squarel）	諮商師以九十度角面對當事人。
O（Open）	肢體呈現放鬆、不防禦的姿態。
L（Lean）	諮商師上半身略向前傾。
E（Eye contact）	眼神自然地接觸。
R（Relax）	以自然舒適的方式，呈現在當事人面前。

✛ 知識補充站

有人將「同理心」分成「初層次」與「高層次」。前者是指將「聽到」當事人所說的、或是將「看見」當事人的表現表達出來，後者則是能結合觀察、並深入當事人的內心世界、站在對方立場去體驗其感受、思考與行為，並用自己的話說出來。

8-4 傾聽（二）

傾聽時的反應（續）

三、同理心：諮商師把當事人所敘述的事實，與以上所觀察到（可見）的、以及感受到（看不見）的情緒，都用「自己」口語的方式表達出來、讓當事人聽見。

同理心的表現需要有仔細觀察、站在對方立場描測可能有的感受或想法，然後用自己的說法說出來。

用專注的態度傾聽，是對當事人的尊重與重視，而同理心的表現是打開當事人心防的最重要關鍵。通常當事人在聽到諮商師的同理表現之後，會有激動、感謝的情緒產生，表示當事人覺得自己被聽見、被了解，所以願意信賴眼前的諮商師。

同理心是需要訓練的能力。站在對方的立場去思考與感受，這是「感同身受」，可能會因為對方的遭遇而「同情」當事人，然而「同理」是另一個層面，不僅是設身處地、感受到當事人的感受，同時也將這些感受或想法說出來讓當事人聽見。之所以做這樣的動作，一則是要讓當事人知道「諮商師聽見了」，二來是傳達給當事人「諮商師了解了」，再則是趁此釐清「諮商師有無誤解當事人的意思」。我們有時候看新聞或是電影，會跟著裡面的主角哭或笑，就是因為它喚起我們曾經有過的經驗、或者是可以充分體會到當事人的心境，這是「感同身受」，接下來要表達（說）出來，才是同理心的展現。

四、輔導老師或諮商師不是面無表情的。往往來找諮商師的當事人是經歷了生命中的難堪與痛苦，當他 / 她重新敘述這些經驗時，聽到的人也都會有感覺、甚至為之動容，諮商師也是人、當然也一樣，只是諮商師在感受之餘，會記得自己的角色與功能，將專業訓練的態度與知能運用出來，因為我們的存在是為了協助當事人，不能跟他/她一起淹沒在情緒的洪流裡。

傾聽注意事項

由於「傾聽」是非常重要的能力，因此諮商首要的訓練就在於「會聽」，此外很重要的是：

一、不要問太多問題，讓當事人做主角。

二、專注傾聽時，要先去除環境中可能有的障礙（包括電話或是噪音的干擾）。

三、專注傾聽時，不要去想待會兒要問什麼？當事人為什麼會講這些？而是順著當事人所說的、進入狀況。

四、傾聽是因為想要真心去了解當事人，這樣的態度很重要。

五、傾聽時不是光注重口語的訊息而已，還要注意觀察「非語言訊息」（如肢體、姿勢、表情、眼神等），會讓諮商師的資訊蒐集更周全。

六、如果諮商師專注傾聽，就會在適當的時間提出適當的問題。

七、當事人只有在認為諮商師理解之後，才會聽進去諮商師所說的話。

八、不要怕沉默，沉默在諮商中有不同的意義。有些諮商師很怕尷尬或沉默，結果就說了太多話，會讓當事人很疲憊。

無效的傾聽（Adler & Towne, 2002，黃素菲譯）

無效的傾聽	說明
假裝聽	表面上看似專心，但是沒有用心。
自戀式傾聽	總是將話題轉到自己身上，聽別人說話只是過渡，想要趕快輪到自己說話。
選擇性傾聽	只選擇自己有興趣的部分做反應、其他則忽略。
隔絕性傾聽	擺明了根本就不想聽，連肢體動作表現出來的也是如此。
防衛性傾聽	以為他人所說的都是要攻擊或批判自己，也就是帶著偏見在聽。
埋伏性傾聽	像間諜一樣偵測對方，想要聽到「言外之音」。
魯鈍傾聽	只接收到表面意義、沒有去思考深一層的含意。

諮商師不可以這樣做

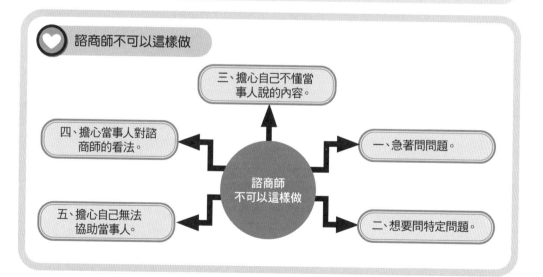

- 三、擔心自己不懂當事人說的內容。
- 四、擔心當事人對諮商師的看法。
- 一、急著問問題。
- 五、擔心自己無法協助當事人。
- 諮商師不可以這樣做
- 二、想要問特定問題。

+ 知識補充站

　　諮商師問太多問題容易讓當事人覺得自己在接受「質詢」或「拷問」，因此要特別注意。當然問問題也是蒐集資料的一種方式，然而需要恰當地使用，在緊急狀態、或是面對年幼的當事人時可以多問「封閉式」（如是或否）的問題，以便確定事態的嚴重性、做最快捷的處置，其他時候則是以「開放性問題」較佳。

8-5 怎麼問問題（一）

聽懂之後，接下來諮商師要學習怎麼問問題、而且問對的問題。問問題主要是蒐集資訊之用，許多新手諮商師常常問「太多」問題，好像是在「審問」當事人，當事人會認為諮商師在沒有聽懂之前就發問，覺得自己不被尊重、或是認為諮商師不想要了解自己的處境，往往就不再出現，這就是諮商師用「問題」嚇跑當事人的情況。

用詞簡潔，不要一下子問太多問題

諮商師使用語言時，要注意當事人的年紀與反應，有時當事人懾於成人的權威，即使聽不懂也不敢發問、含糊帶過，這樣不僅容易有誤解、也讓當事人覺得不被了解，因此有時還需要將話語以不同的用詞、重新說一遍。也不要一下子問太多的問題，容易攪混當事人的思考，或讓當事人覺得被「拷問」、殊不是滋味！

問開放性問題

我們常常會用「閉鎖性」的方式問話，像是：「你/妳吃飯了沒有？」「你/妳要不要坐下來？」雖然看似有「選擇」（吃了或沒吃、要或不要），但是非常有限，也侷限了對方的回答。諮商師通常要從當事人那裡獲取許多資料，因此儘量不要以「閉鎖性」的方式問話，而是用開放答案的方式：「今天想談些什麼？」「今天過得如何？」

但在面對年幼兒童、或是諮商師預料有可能的危機（如當事人有自傷或自殺的危險性）時，就可以直接針對問題發問，如：「你/妳想過要傷害自己嗎？」「你/妳說怕有人受傷，指的是什麼？」。

有時候碰到青少年，他們也常常以「不知道」來回應許多諮商師的問題，不妨使用其他的方式，像是：「如果你/妳知道呢？」、「想像一下你/妳是在那個情況下，你/妳會怎麼做或說什麼？」如果當事人還是堅持以「不知道」來回應，就改採其他管道進行，不一定要用問的。

問具體的問題

有時候當事人表達得不是很清楚、或是諮商師聽不懂，就進一步問明白。像是：

當事人：「我最近覺得不舒服。」

諮商師：「什麼樣的不舒服？是身體上的、還是心理上或情緒上的？」

如果諮商師設想自己站在當事人的立場可能有的感受、甚至想法或行動，都可以進一步探問。像是：

諮商師：「聽到你/妳的經歷，真的很難想像要怎麼熬過來。我不知道你/妳在這當中，有沒有想過要『結束』這一切？甚至有傷害自己的念頭？」

當事人若有輕生或傷害他人的念頭，往往壓抑下來、感受非常痛苦，倘若諮商師可以問「對」的問題，通常壓力在當下就釋放了大半，接下來就可以好好跟當事人談怎麼解決問題。即便是未成年的孩子也會有想不開的時候，尤其孩童還在發展階段、生命經驗不夠，因此會常常鑽牛角尖、就可能做了錯誤的決定。

妨礙傾聽的因素

妨礙因素	說明
性別	男性較擅長具體事實之表達，女性著重脈絡描述。 女性會注意非語言訊息與肢體動作的表現。
社會影響	性別刻板印象、年齡、社經地位、教育程度、穿著與談吐等。
先入為主的想法或假設	對於種族、語言、外貌等的假設，或是之前與類似人物的互動經驗（包括重要他人）。
環境因素	環境中有干擾（包括視覺或是物理環境上的）
非語言因素	動作、姿勢、表情是否傳達的與所說的一致？
生理因素	身體不舒服或是有心事。
關係因素	彼此關係越親密、或是很陌生有敵意，可能就會認為不需要認真聽。
缺乏訓練	傾聽是一種能力，當然也可以培養。

➕ 知識補充站

　　諮商技巧的學習需要在自己的生活中運用，倘若有效，才可以用在當事人身上，這不僅表示諮商師本身因為有效才相信，有效果之後再用到當事人身上，同時也是諮商師要遵守的專業倫理。

8-6 **怎麼問問題（二）**

可以用比喻或打比方的方式

有時候當事人不太清楚要怎麼表達，也可以鼓勵其用譬喻或是打比方的方式來說，像是：「你/妳說心裡沉甸甸的，像一塊石頭壓著還是……？」「如果說你/妳們之間的關係像什麼，你/妳會怎麼形容或打比方？」

可以使用手偶或演戲/角色扮演的方式

無論是兒童或青少年，都比較喜歡做活動，也許使用一些玩具、玩偶或是積木等協助，當事人就可以表達出來，而不受限於語言的方式。當事人會將自己投射在某些角色裡，可以藉此詢問一些相關的問題，像是：「如果你/妳也像這隻小熊一樣被誤解，你/妳會怎麼做？」或者是以手偶、演戲的方式，將想要問的問題藉由台詞說出來，像是：「好痛，你/妳為什麼要這樣？」

使用遊戲讓孩子可以輕鬆與諮商師對話

女性較容易以語言方式溝通，男性則是較不被鼓勵說太多話，這是我們社會文化的影響。有些當事人由於年紀較小，或是因為性別養成的關係，不太多話、也不喜歡以口語方式表達，加上面對的是諮商師、又為成人，不免會因為陌生或成人威權而感到緊張，為了紓解這些壓力，不妨用遊戲的方式讓孩童可以玩耍一下、與諮商師建立關係，治療師也可以在遊戲（如下棋）過程中慢慢探問、做資料蒐集或諮商介入。倘若是互動式遊戲更佳，不少諮商創意遊戲（如故事骰子、圖卡）可以做為工具。

可以藉由繪本、電影或其他適當媒材

如同上述，也可以使用相關題材的繪本或故事、影片等呈現，然後與當事人一起討論。坊間書肆有許多可以運用的媒材，不管是繪本、故事書、短片等，也都蒐羅做為諮商可使用的媒材。

少問「為什麼」

一般較常問的是「是什麼」、「怎麼樣」（如何）、「什麼時候」，有些學派認為問「為什麼」是企圖去找原因，但是有時候原因太多或不明，另一方面也是鼓勵當事人找藉口、逃避責任，然而適當的使用是可以的。

適當使用挑戰或面質

有些諮商師很擔心當事人不再出現，所以很小心問問題，但是有時候該問的問題卻沒有問，也許就會讓話題不深入、甚至不得窺其堂奧。適當地使用挑戰與面質可以收到不錯的效果，像是：「你/妳之前曾經提到很喜歡這位同學，今天的感覺不一樣了嗎？有什麼特別事情發生？」「如果讓你/妳有機會重新再試一次，你/妳會有不同的做法嗎？怎麼做？」

運用「語句完成」或是畫圖方式，同樣可以達到問題的效果

諮商師自己可以設計一些「未完成」句子讓當事人試著去填寫，使用「語句接龍」或「故事接龍」也可以，或者是採用畫圖的（屋樹人、自由畫或是特定主題『如我的家人、我最喜歡的食物』）方式，也可以得到想要蒐集的資訊。

問問題的適當時機（Doyle, 1998, 引自邱珍琬，2011，p.188）

時機	說明
一、諮商開始進行時	開場白、了解當事人此行目的。
二、鼓勵當事人針對某個主題說明更詳細時	可以獲得更清楚、完整資訊。
三、協助當事人聚焦或是更完整描述其感受、想法或行為時	可以釐清諮商師的迷思或假設，也讓當事人更清楚自己的目標。
四、協助當事人舉出具體事例說明關切的議題時	具體事實可以協助當事人所訂目標與可能採取的行動。
五、去發掘當事人所擁有的資源時	讓當事人去思考自己有過的成功經驗或是擁有的有形或無形支持。

評估自殺危險性的問題

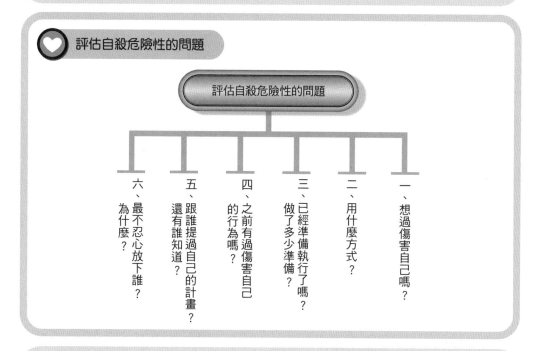

評估自殺危險性的問題

一、想過傷害自己嗎？

二、用什麼方式？

三、已經準備執行了嗎？做了多少準備？

四、之前有過傷害自己的行為嗎？

五、跟誰提過自己的計畫？還有誰知道？

六、最不忍心放下誰？為什麼？

＋ 知識補充站

　　面質（Confrontation）：就當事人所表現的行為、感受、思考或敘述前後不一致，或是表現與所說的不一致（如笑著說失戀故事）進行檢視與提點。

　　挑戰（Challenge）：邀請當事人去檢視自己尚未充分覺察的感受、思考與溝通的不一致，或是激發新的思考

第9章
適合兒童與青少年階段的
諮商理論與其應用

教學目的：

　　適用於兒童階段的諮商取向，一般說來有以下幾個學派（當然不限於此），本章會針對不同學派可以運用在兒童與青少年會談的觀點加以舉例說明。阿德勒學派中的「了解行為目的」、「邏輯結果」與具體鼓勵；焦點解決看見孩子的優勢與資源、把人與問題分開；認知行為以行動改變認知或從認知改變行為與感受；現實治療尊重選擇、提供更有效的方式滿足需求；而家族治療可以從更巨觀的角度看見問題脈絡、也做最根本的問題解決。

9-1 阿德勒的自我心理學派（一）

了解行為與其動機

　　此學派認為人的行為有其目的，兒童的行為也不例外，此外因為兒童受限於語言與認知發展尚未成熟，有時候無法精確表達自己的想法與感受，於是採用最直接的行為來表示，因此輔導教師就可以依據其行為之表現去猜測行為背後可能的動機，這樣就能清楚其目的為何？一般說來兒童行為背後的目的有：討好他人（怕失去寵愛或是擔心被排擠）、優越者（自我認同的部分，需要讓自己勝過他人才有價值感）、控制者（擔心失控，因此主導慾念強）、以及尋求舒適者（不想費太多力氣過生活，因此會逃避責任、自願當老二）。

　　兒童的行為不會出現「問題」，只是「不適應」而已，「不適應」的背後是「不被鼓勵與認同」，因此只要清楚其動機，即可找出適當的因應方式。阿德勒學派不將兒童視為「有問題」的孩子，同時也影響了兒童對自己的看法，兒童不會認為自己無可救藥，也讓周遭重要他人從不同角度看她/他的情況，對於行為的改善有較佳的期待。

　　沒有孩子是天生的壞胚子，孩子需要被了解與認可，當這些需求都滿足了，他們就可以朝向對「社會有益」的方向發展，因此儘可能了解孩子行為背後的可能動機，而且用「猜測」的語氣詢問，孩子會覺得自己被了解，接下來也較容易合作。

使用正確具體的讚美與鼓勵

　　每個孩子都有其優勢，只要仔細觀察、或者是詢問孩子或其重要他人，也都可以發現。從孩子進入諮商室開始，治療師就可以從孩子的一言一行中去發現他/她的強項，而且在讚美時舉出行為作為佐證，孩子就可以知道哪些是屬於「可欲」行為，不僅協助他/她更了解自己、也對自己更有信心；對懷疑性較強的青少年來說，這些具體的佐證才可以說服他/她，而不是治療師為了博得他/她的好感而說的。

　　阿德勒學派認為不適應的孩子就是缺乏鼓勵的孩子，因此倡導正確的鼓勵方式，也就是採用「具體」的鼓勵替代炫麗無實質的鼓勵（如『妳好聰明』、『你好棒』）。具體的鼓勵一定有行為的證據，像是：「謝謝你安慰妹妹、還把玩具讓給她。」「你幫同學拿作業，真的好貼心！」正確的鼓勵會讓兒童同時知道自己行為被看見、且受到認同，也明白怎麼做是對的（有益社會的方向）。

小博士解說

　　了解不適應行為背後的原因，就可以採用適當的方式做處理。孩童因為認知尚在發展，許多感受與想法無法以語言表達，就會以行為模式表現，了解行為就知其目的。

兒童不適應行為背後的動機

背後動機	給人的感受	處理方式
引起注意	會讓人情緒上覺得「很煩」	老師給予適當的注意就可以解決。
權力之爭	會讓人情緒上覺得「生氣」	因為兒童想要展示「誰是老大」，老師要避免與兒童直接衝突。
報復	會讓人情緒上覺得「受傷」	表示兒童本身曾經受過傷害，因此想要「以其人之道還治其身」，老師要去安撫兒童、同理其情緒。
自暴自棄	會讓人情緒上覺得「無望」	表示兒童之前有過太多失敗的經驗、已經沒有嘗試的勇氣，老師要常用鼓勵、漸進式的嘗試，讓他/她慢慢恢復自信。
無聊	會讓人情緒上覺得「莫名其妙」	表示兒童覺得生活缺少刺激所以很無趣，老師只要明白、理解、幽默一下就可以了。

 不同鼓勵方式比較

無效的鼓勵	正確的鼓勵
你/妳好帥/漂亮	你/妳的眼睛很亮、很漂亮
你/妳真聰明	你/妳會去想該怎麼解決這個問題，很棒！
你/妳好棒	你/妳替我拿東西，謝謝！
你/妳是乖孩子	你/妳願意在那裡安靜等我，謝謝你/妳！
無聊	表示兒童覺得生活缺少刺激所以很無趣，老師只要明白、理解、幽默一下就可以了。

✛ 知識補充站

　　阿德勒學派認為人有「被認可」的需求，希望自己的優點被看見、被接受，當這個需求被滿足，就會朝「有益」社會的方向發展，反之則是會往對社會「無益」或「有害」的方向發展。

9-2 阿德勒的自我心理學派（二）

設定邏輯結果

　　行為後面會產生結果，但是有些結果是「自然」生成，像是跑太快會跌倒（『跌倒』就是『自然結果』），然而在生活中或是教育場域上，為了讓下一代學習更多，通常會使用「邏輯結果」。

　　所謂的「邏輯結果」顧名思義就是要符合「邏輯」，也就是「合理」。小朋友要寫完功課之後，才可以看電視，這就是「邏輯結果」的使用；如果小朋友不寫功課（行為），家長用打罵方式（結果），並沒有促使「寫功課」完成的事實，因此對小朋友來說是「不合邏輯」的。要設定符合邏輯的結果，才可以讓工作完成的同時，贏得孩子的尊重與信任。

早期記憶

　　阿德勒學派的許多觀點都可以用來了解兒童，像是「早期記憶」、「排行」、「家庭星座」與「家庭氣氛」。輔導教師可以用「早期記憶」的技術，了解兒童的生命目標可能是什麼？性格如何？重要他人與關係如何？以及對世界的看法。

家庭星座與家庭氣氛

　　阿德勒學派相信每個人的性格是自小就養成，孩子從重要他人的對待中看自己、也定義自己，雖然有時候會有錯誤解讀，但是這些對自己的看法就形成了「終極目標」，也影響其生命形態。此外，從「家庭星座」裡了解兒童在家中的排行、家中成員、家長對待方式、家庭氣氛等，都可以協助了解兒童的個性與養成。家庭是影響兒童最重要的因素，了解家庭成員彼此互動的情況，可以從家庭氣氛裡知道家庭是威權、壓抑、拒絕、批判貶低、不和諧、不一致、物質主義、過度保護、憐惜、無望或殉道者等不同的氛圍，其所產出的兒童也會有不同的性格。

　　這裡所謂的排行不一定是指實際的出生序，阿德勒學派稱之為「社會心理地位」，也就是個體對於自己在家中的位置、父母親對待的態度來評定，也因此實際排行老二的可能是實質上的「老大」，如果排行老大的較不被父母親信任、或是表現較差，老大的位置就可能被接下來受重視的老二所取代。阿德勒的排行少了「性別」的因素，在中國傳統的家庭裡可能因此而有區別。

平權民主

　　阿德勒是第一個提出在治療中「平權」與「民主會議」觀點的學者，因此治療關係是「平權」對等的，沒有所謂的成人威權，因此治療師在與當事人晤談時是以平等、猜測的口氣，而不急著建議或指導。諮商師尊重當事人，不論其性別、年齡、社經地位或背景，展現出來的「態度」，讓當事人感到被尊重與平等對待，同時諮商師也很謙虛地展現自己「願意從當事人身上學習」的態度，讓當事人覺得自己很不錯。

早期記憶示例：（十二歲女生，最好是八歲之前的記憶，而且事件越多越準確）

早期記憶事件摘要	感受	綜合分析
幼稚園時候跌倒被同學笑。	很丟臉、很生氣	很重視自己在他人眼中的形象。
幼稚園時跟鄰居一位男生出去玩迷路，被媽媽找到時又哭又笑。	興奮、好玩、害怕、安心	媽媽是重要他人，與母親關係可能有點矛盾。願意去冒險，但是不太清楚可能的後果，個性中有一點迷糊。
二年級時被好朋友排擠。	難過、莫名其妙	記憶中有兩個事件與同儕有關，表示很重視同儕間的關係、也容易受其左右，自信較低。提到的同儕關係都較為負面，也可能影響到後來的人際關係與對人的信賴度。
三年級時繪畫得名。	高興、驕傲、自信	很希望自己的成就被人看見，也是肯定自己的一種方式，對於自己工作上的努力與結果希望獲得肯定。

 「家庭星座問題」舉隅

一、可否形容一下你/妳的父母親？他們的關係如何？

二、有其他人同住嗎？或是其他是你/妳很重要的人？

三、哪個孩子與父（母）親最像？

四、你/妳跟家裡誰最親近？誰最疏遠？

五、你/妳跟父母親誰最相像？跟誰最不像？在哪些方面？

六、手足中誰跟你/妳最像？誰最不像？在哪些方面？

七、你/妳是怎樣的一個小孩？其他人呢？

八、家裡誰會照顧誰？誰跟誰玩？誰跟誰交情最好？誰跟誰打架？

9-3 焦點解決取向

將兒童視為其問題之專家：將兒童當成專家，也就是指兒童了解自己的問題、也曾嘗試去解決，可能是解決方式無效，因此輔導老師可以與兒童一起去發掘哪些使用過後有效的方式、可以繼續保留與嘗試，倘若無效，再一起思考商量可以採行的方法。

善用兒童擁有的資源：兒童的資源包括他/她的優勢與可能的支持網路，因此將其師長、家人或朋友納進來，一起參與協助過程，也可以「見證」兒童的改變。像是可以問兒童：「如果你/妳懂得跟朋友好好相處了，誰會最先發現這些改變？」或許兒童認為周遭許多人只看到他/她表現不好的部分，也可以請相關重要他人來做證人，敘述他們看到兒童的優點事蹟。

了解兒童的偶像，可以詢問其偶像會希望他/她如何（如：「如果你/妳的偶像在這裡，他/她會怎麼跟你/妳說？」），或者是某電腦遊戲人物的優勢為何？如果兒童是那些人物，他/她會如何善用這些優勢？

將兒童與問題分開：一般人會將兒童的行為與其為人勾連在一起，彷彿兒童只要做錯一件事、就不是好人，兒童也容易讓自己陷入這樣的困境，而當問題與人之間的關係是以等號相連時，要處理問題就變得困難，兒童本身也會覺得要改變、掙脫這個標籤不容易，因此要刻意將兒童與其問題區隔開來。可以使用的問話為：「什麼時候你/妳比較不會聽到這個叫你/妳偷竊的聲音？」「你/妳是怎麼讓自己不受別人影響，而沒有出手打人的？」

無效的方法就不要繼續使用：很多時候兒童因為缺乏經驗或是不知道解決問題的有效方法，所以才採用了無效的策略。像兒童用打架來獲得注意，卻換來不好的結果。可以讓兒童嘗試不同的方式，或許是幫助同學，同時也請老師留意兒童正向的行為、予以嘉獎，兒童發現結果與之前的不一樣——獲得老師的注意、而且得到讚許——也許就會更常出現這樣的助人行為。

小改變可以促成大改變：只要有一個行動開始，就可以產生漣漪效應。兒童有時候不願意有所行動，因為「不做不錯」，或是擔心結果不如預期，只要輔導教師可以說服其做一個小小動作、或只是觀察也好，就開啟了改變的可能性。

重新架構技巧：換個角度或是以正向的觀點來看問題或事件，這是用來找當事人優勢的好方法。像是學生爭吵，諮商師可以說：「你有自己的想法，也希望對方可以了解。有沒有可能兩個人心平氣和地互相溝通呢？」另外，不要只是看重結果，也注意過程，也會讓當事人有不同的領悟，像是：「雖然這一次沒有得到名次，但是你卻堅持跑下去、不肯放棄，可見你是一個有毅力的人！」

焦點解決的「重新架構」示例

問題描述	解決描述
不聽話的孩子	喜歡獨立思考的孩子。
關係不和	有自己的主張、急於讓對方也了解。
沮喪	感覺悲傷，偶而會影響個人體會快樂的能力。
上癮行為	一直持續的行為習慣，此習慣對個人沒有幫助。

 焦點解決的「行動作業」

作業方式	舉例
改變頻率或速率	對強迫症患者建議一天洗手五次。
改變發生時間	早上哭改成放學之後哭。
改變長短	哭半小時變成五分鐘。
改變地點或程序	本來回家是馬上打開電腦，改成去開冰箱找冷飲。

+ 知識補充站

　　焦點解決治療將每一次的晤談都當成最後一次，即便沒有顯著成效，至少讓當事人經歷了一次感受很好的晤談，因為諮商師會看見他/她的優勢及努力。

9-4 認知行為治療（一）

　　一般的治療都算是認知治療，因為我們都用說理或舉例的方式想要說服對方，只是認知行為治療是融合了「認知學派」（包括『理情行為治療』與『認知治療』）與「行為學派」，將兩個取向學派的理念與技巧都運用在諮商裡。行為主義的理念常用在行為評估、家庭作業裡面，而認知治療的理念與技巧則是穿插在諮商過程與家庭作業裡。

　　行為學派的基本立論是「改變行為才是真正的改變」，認知學派的基本立論是「改變認知就能夠造成行為與生活哲學的改變」，而在認知行為治療裡，則是主張只要改變行為、認知與感受任何一項，就可以造成改變。

提供不同角度的思考

　　治療師的一個功能是「為當事人開啟另一扇窗」，許多兒童是因為生命經驗與認知發展有限，因此問題解決方法就會受限，提供兒童相關的一些可能解決方法（特別是有人用過的），他們其實就很容易理解。像是：「你說是出拳的力量比較大、還是要把拳頭收回來的力量大？」「以前我聽說過一個跟你一樣大的同學說，別人罵我三八、可是我又不三八，所以就不用理他（對號入座）！」

改變認知

　　從當事人所舉的案例中去找尋改變的契機。像是當事人若認為只要考好成績、就會得到別人的讚賞，但是她卻無法達成，因為她的成績不佳。讓當事人去做一項作業，訪問重要他人、說出她的優點並舉證。如果這項作業完成之後，當事人還是沒有被說服、自己沒有其他優點可以得到認可的話，可以讓她去看看自己喜歡的偶像的優點，延伸到每個人都有不同的優點與能力，只要對社會有用就好。

重新架構或重新框架（也可參見前面的「提供不同角度的思考」）

　　許多孩子因為不善於語言表達，因此就採用最直接的方式──行為──來表現，而其行為背後的動機是需要被了解的，一旦被了解之後，才可能與孩子商議其他有效的解決方法。諮商師的另一項功能就是提供當事人另一個思考角度或觀點，「重新架構」就是可以使用的技巧之一。此外，運用「重新架構」技巧，也可以探索孩子行為的動機，像是「打人」，諮商師可以進一步詢問：「你也不想出手打他，可是因為他太煩了、你告訴過他很多次他都不聽，所以你才會生氣動手。」「重新架構」還可以看見孩子的優勢，如對一個懶散不寫功課的孩子：「你喜歡按照自己的方式寫作業，不喜歡別人叫你做什麼，是不是？」進一步的「重新架構」還看到事情的不同面向與希望，如：「你有保護自己的能力，因為你的力量很大，我相信以你這樣的力氣，可以用在更棒的地方！」

認知、感受與行為三者的關係圖

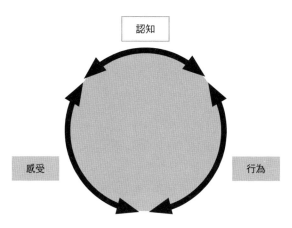

注：不管從任何一環切入，也都可以達成改變。

＋ 知識補充站

案例舉隅：

　　小安很想要讓自己功課進步（行為），但是通常是努力多次、卻沒有看到實質效果，他認為自己不可能進步（認知），覺得很懊惱（感受）。

　　諮商師協助小安看到自己每一次的進展。像是小安認為「及格」（『全有或全無的雙極思考』）才算是成功，但是諮商師指給他看：「每一次小考你都記得更多、也考更好。」「一次到達終點比較有難度，我們就像打棒球一樣，先讓自己安打上壘，然後再進一步取分，好不好？」（改變認知）

　　小安的確看到自己的進步，雖然幅度不大，但是至少不在原地踏步、感覺就不會糟糕，因此他開始規畫自己下一次的目標（只要有進步就好、跟自己比較），而達到成功的機率幾乎是百分百，也因此生出了自信！

9-5 認知行為治療（二）

故事或是其他經驗分享

諮商師可以利用教育性的繪本、故事書與影片作為媒介，或是談話的題材，讓當事人可以從中學習到一些智慧或道理，甚至可以看到別人也有這樣的經歷而不孤單，別人可以成功、我也應該可以！當然也可以請一些有過類似經驗、且已經克服的同儕或學長姐來分享，真人實事的說服力更強！

教導當事人 ABC 理論或與當事人進行產婆式對話

ABC 理論可以用極為簡單的事例來說明，即使是年紀小的孩子也容易理解。像是：「跌倒」是「A」、「大哭」是「C」、「怕人家笑」是「B」，因為有些人跌倒了也不一定會「哭」，因此可以協助當事人將事情的「發生」與「結果」清楚地釐清，也同時了解「想法會決定一切」的道理。

進行產婆式對話的方式很簡單，可以詢問當事人這些想法自何而來？有沒有證據可以佐證？如果沒有證據佐證，可能就是自己的擔心害怕使然，而不會真實發生。像是：

諮商師問：「你最擔心誰知道你拿別人的東西？」

當事人低頭：「爸爸。」

諮商師道：「為什麼？」

當事人：「爸爸會打我。」

諮商師接著問：「爸爸會生氣，你知道爸爸為什麼生氣？」

當事人：「因為我拿別人的東西。」

諮商師道：「拿別人的東西是怎樣不好？」

當事人：「就是偷東西、品行不好。」

諮商師說：「所以爸爸是因為難過自己沒有把孩子教好？」

當事人點頭。

諮商師道：「你也希望讓爸爸為你覺得驕傲？」

當事人點頭、看著諮商師。

諮商師說：「我相信你辦得到。要先從哪裡開始呢？」

當事人搖頭：「不知道。」

諮商師道：「告訴我你曾經讓爸爸覺得有你這個兒子很棒的事情。」

當事人：「有一次我賽跑跑第一。」

家庭作業

使用「家庭作業」的目的可以延續諮商效果，可以讓當事人嘗試與試驗不同的行為與解決方式，也會讓他們在認知上產生改變（像是當初認為不可行的、卻可以做得到）。「家庭作業」除了要配合諮商目標，也要為當事人「量身打造」，同時要注意當事人當時的處境或環境是否可以讓其順利進行作業（如讓當事人訪問家長，家長卻認為是『擾民』）？最好的方式是與當事人商議家庭作業要做些什麼？倘若不成，可以用哪一種方式取代？取得當事人的合作，「家庭作業」的完成率才會提高，也才能達成當初預計的目標。

貝克三欄

事件	當下的感受	可能的想法	其他轉換的想法
被老師罰站	很生氣。	自己倒楣。	可以抽空休息一下。
同學誣賴我	生氣、難受、無奈。	她怎麼可以不相信我？	也許她在氣頭上，過一陣子事情就清楚了。
上學遲到	緊張、擔心。	老師會認為我是壞學生。	只是遲到一次，下次改進就好。

注：採用貝克三欄的方式來檢視自己可能的非理性想法，也可以是家庭作業之一。

 將「一定」「必須」的對用詞做適當改變

原始句子	改變後的句子
我這一次「一定」要成功	我「希望」這一次結果可以比上次更好
我「必須」要在十分鐘內趕到	我「想要」在十分鐘內趕到
她「應該」要買東西給我才對	她「能夠」買東西給我

注：有時候我們所使用的語句是「絕對」、「極端」的，這會產生許多額外的壓力，因此做適當的改變，也可以改變認知。

＋ 知識補充站

　　家庭作業的功能主要是延續諮商效果，但也可能藉此讓當事人開始行動來做改變，有些人也因為「做了」，而轉變了想法（『以為做不到』）。

9-6 現實治療

行為改變的因素

造成行為的因素有行動、感受、想法與生理等面向，只要啟動「行動」與「思考」就可引發改變，所以讓學生可以從小的動作或作業開始、願意去試試，或者改變他的想法，改變就會發生。

人有五種基本需求

人的基本需求為：生存與孕育下一代、愛與隸屬、獲得權力、自由與樂趣。對兒童來說，也需要滿足這五種需求，除了生存所需的營養保健之外，有人愛、知道自己隸屬於家庭或被同儕接納，對生活有若干掌控感、而不是都靠他人決定，得到適度的活動與選擇自由，在生活中有樂趣與快樂。

行為都經過選擇

人的行為是經過選擇的，因此諮商師的工作是：協助兒童選擇有效的行為滿足其需求。

由於「現實治療」是以「選擇理論」為基礎，認為人的每一個行為都經過自己的選擇，因此也可以在諮商過程中提出「選擇」讓學生自己做決定。像是對於非自願當事人，可能有許多抗拒行為，那麼不妨讓他/她做一些選擇，如：「你不需要在這裡待一節課，如果我們可以在五分鐘之內，把該做的做完，你當然就可以離開，你認為呢？」或者：「既然在這裡你不說話，要不要做一些事情？我這裡有一些繪本、玩具，你要不要試試？」選項中要很明顯地讓當事人可以區別出哪一個「較喜歡」（通常就是諮商師要他/她做的選擇），這樣他/她就會更容易做「對的」選擇。

協助當事人做有效的選擇與行動

當事人之所以遭遇問題，主要是用了無效的方式來滿足其需求，因此諮商師的任務之一就是協助當事人採取「有效」的方式。像是當事人運用暴力欺負同學，這樣家長才會來學校關心他，諮商師可以讓當事人理解怎樣的行為可以獲得家長「關心」而不是「擔心」，也針對其「可欲行為」（符合社會期待）做讚許與增強，這樣當事人就會持續朝這個方向前進。

適當的計劃與執行

現實治療會協助當事人擬定可行的計畫，並隨時做評估與修正，務必達到目標。倘若學生想要有更多朋友，那麼就與其一起研擬該怎麼做？也在每次執行之後、評估效果如何，成功的方式就保留下來，較無效的方式就做改進。學生執行的計畫需要有人陪伴與鼓勵，才容易持續下去。

永不放棄

現實治療的一個很重要原則是「不放棄」，沒有逼迫的含意，只有一直陪伴與鼓勵。兒童與青少年是很容易被放棄的一群，有時候是因為成人不了解、沒有耐心去探討可能原因，所以連帶地孩子也就放棄自己了。諮商師不願意接受藉口（當事人用來逃避之用），同時也以鼓勵、正向的態度，協助當事人擬訂可以達成的目標。

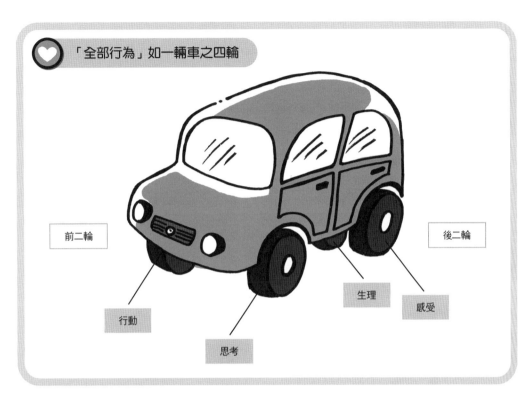

「全部行為」如一輛車之四輪

前二輪

後二輪

行動

思考

生理

感受

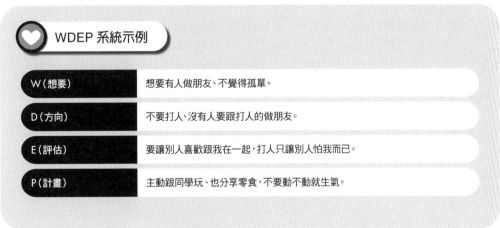

WDEP 系統示例

W（想要）	想要有人做朋友、不覺得孤單。
D（方向）	不要打人、沒有人要跟打人的做朋友。
E（評估）	要讓別人喜歡跟我在一起，打人只讓別人怕我而已。
P（計畫）	主動跟同學玩、也分享零食，不要動不動就生氣。

9-7 家族治療取向（一）

家庭需要維持其平衡，因此只要有新的資訊或情況出現，就會經過一些震盪與調整，到底是需要解決問題、還是重新組織，以恢復之前的狀態？這是「系統觀」的理念。兒童年紀小受到環境的影響大，特別是家庭，因為自己能力不足、卻又身為家庭的一份子，兒童會認為自己「應該」出點力、協助解決，然而他們可能嘗試某些行為，卻意外發現結果不錯，於是就繼續使用，殊不知這樣可能只是轉移了注意力，真正的問題還是沒有解決。像是平常很乖巧的小珮突然爆發脾氣，本來在吵架的父母親就急急趨前關切，小珮很高興看到父母親一起關心她、就像她想要的爸媽一樣，所以下一回還是會如法炮製、亂發脾氣，但是父母親不和的問題沒有獲得解決，只是焦點暫時轉移到小珮身上罷了，而小俐就成為家庭問題的「代罪羔羊」！

生態系統觀

家庭不能自外於周遭的環境（鄰里、社區、學校、社會、國家與世界），況且現在科技進步、天涯咫尺，世界某一角落的事件可能會影響全球，像是最近的伊波拉及MERS 病毒，已經造成人心惶惶。

家庭也在這樣的大系統之中，因此輔導教師面對兒童時，也要將這些大脈絡的變動考量在內。許多孩子因為家長工作關係，不是常搬家、無法交到朋友，就是家長無業或被資遣在家，孩童反而成為家長情緒的出氣筒，導致家暴的產生。「家庭暴力」往往是持續最久、最難被發現的，一旦發現可能就非死即傷！「家暴」是「控制」與「權力」的問題，牽涉到傳統的性別關係與位階。家庭有暴力事件，家庭成員都無法置身事外，受到或目睹家暴的孩子，男性容易淪為「加害者」、女性容易成為未來的「受害者」，而暴力也會因為模仿而傳承下去。

三角關係

家庭中有人覺得自己的力量不夠、常常居於劣勢，於是就會找另一位家人來對抗有力量的對方。像是母親如果認為自己影響力小、父親常常做主導，因此吵架時就會拉大女兒一起對抗父親（『妳看妳爸是怎麼對我的！』），形成一種類似的權力平衡，久而久之，就形成一種關係的連結（稱之為『同盟』）。大女兒是孩子輩，不應該被動介入雙親的戰爭之中，這不僅踰越了親子關係的界限，也讓大女兒受到「忠誠度」的拉扯（不知道該向著母親還是父親），而且也無法真正解決問題（夫妻之衝突）。有些家庭還會將延伸家庭的成員拉進來，像是婆婆支持兒子「管教」妻子，就形成「三角關係」。

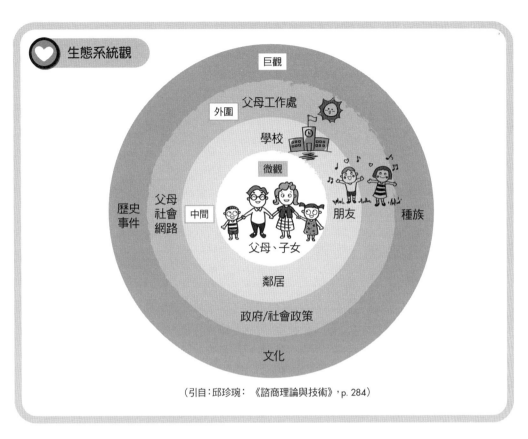

（引自：邱珍琬：《諮商理論與技術》，p. 284）

9-8 **家族治療取向（二）**

界限產生的問題

家人之間的關係界限不清楚或是僵化，也會讓孩童無所適從，產生可能的問題行為。像是父母親常常爭吵的家庭，家長會刻意拉攏某個孩子（可能形成『三角關係』），這就是親子之間界限模糊；或者有孩子認為父母親不愛他/她（界限太僵化），也可能向外尋求關注。不少父母親將自身的婚姻問題與孩子分享，孩子會覺得無法同時對雙親忠誠，同時孩子也沒有處理雙親問題的能力，因而倍感焦慮。

我國的親子關係以母女/子關係最親，父親似乎被排擠在外，形成的界限關係就是母女/子關係較糾結（關係親密、卻失去自主獨立性，所謂的『媽寶』也應運而生）、父女/子關係較僵化（擁有獨立性、卻缺乏親密，孩子覺得孤單）。

家庭諮商的疑慮

因為許多的孩子只是替罪羔羊，因此要解決真正的問題還是要讓父母親出席，讓他們看到孩子的情況。然而我國雖然家人關係緊密，家長常常礙於「面子」問題，不願意承認問題的存在，甚至會認為只是學校老師多事！有時候即便孩子已經產生極為嚴重的問題（例如『強迫症』），父母親卻還是堅持己見、不願意出席，也許承認自己有錯是很難的，只是因此卻讓孩子受罪，真是於心何忍？諮商師碰到這樣的情況也極為頭痛，退而求其次的方式就是邀請家長出席，以諮詢者的方式提供意見。

再則，有多少家長願意承認自己不對？或是孩子出現問題自己有責任？倘若夫妻間關係不良或常有衝突，孩子的行為問題會持續下去，因為根本問題沒有得到解決。此外，通常孩子在學校有問題行為發生，出席的經常只是母親或女性照顧人而已，缺乏另一半的支持，很多時候處理起來是事倍功半的。

小博士解說

即便家中只有少數人（如母親與孩子）一起來做家庭治療，也可以因為兩人將改變帶回家中，造成其他人不同因應方式的改變，或形成漣漪效應。

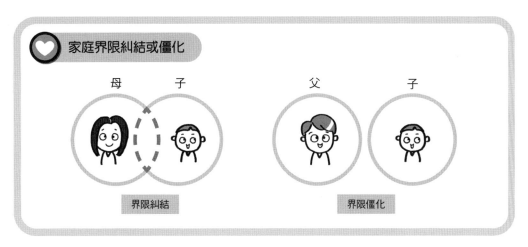

家庭界限糾結或僵化

母　　子　　　　父　　　子

界限糾結　　　　　界限僵化

家族圖示例

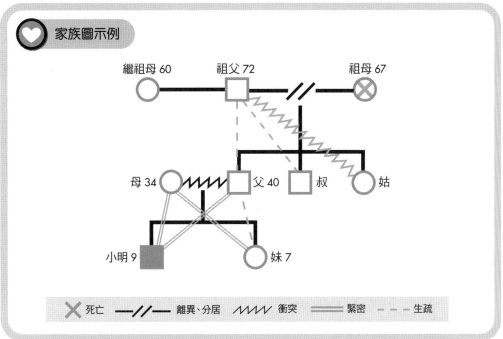

繼祖母 60　祖父 72　　祖母 67

母 34　父 40　叔　姑

小明 9　妹 7

✕ 死亡　——///——離異、分居　∿∿∿ 衝突　══ 緊密　－－－生疏

✚ 知識補充站

　　個人或家庭界限最好是在「糾結」與「僵化」之間取得平衡，也就是因人因地制宜、維持適當的彈性。

　　例如在家規的執行上，家長要堅持自己的角色，也就是界限要明確、嚴格；但是在關係經營上，偶而家長也可以撒嬌、好玩，不是總擺著一張嚴肅的臉，有助於親密關係的加溫。

第10章
兒童與青少年諮商注意事項

教學目的：

　　現代孩子面臨的挑戰有許多的不同，諮商師也需要了解周遭世界的現況與身處其中的服務對象，為使學校輔導教師能發揮最大功效，本章就兒童與青少年面臨的議題、發展特色與任務、學校老師最常遭遇的學生問題等做介紹，此外也針對如何與兒童及青少年建立治療關係、蒐集相關資訊與帶領諮商團體時注意事項做詳細說明。

10-1 現代孩子面臨的挑戰

　　由於輔導教師服務的族群以兒童與青少年為主，因此本章特別著墨在兒童與青少年諮商需要注意的事項，做較為詳盡的說明。

　　國小學童的身心成熟度決定其行為，且其行為受到周遭環境（特別是家庭、學校與居住社區）影響很大，家長的管教方式與家庭氣氛決定了兒童的基本生活形態（包括生活與飲食習慣、時間管理與自律、價值觀等），而兒童的自我觀念與人際態度影響其未來的發展。

　　雖然理論上有所謂的「需求層次」，也就是從最低的需求滿足開始，持續到較高層的需求滿足。以馬斯洛的理論來說，人有六個層次的需求（由低到高為：生理生存、安全、愛與隸屬、自尊、自我實現與心靈），然而事實上卻不一定按照這樣的程序，例如暴力家庭中的「愛與歸屬」可能次於「基本生存」與「安全」，個體甚至會犧牲掉較低層的需求、去滿足更高層的需求。

　　以現實治療的觀點來說，關係決定一切，而「愛與隸屬」就是最重要的需求，個人的「認同」是終其一生都在進行的，兒童與青少年在「長自我」的過程中，也特別需要關愛、支持與引導，也因此許多的諮商學派都注意到主要照顧者的角色、功能或不足所造成的影響，甚至企圖在治療過程中做修補或補強。理論當然也是實務的觀察所得，然而好的理論是要經過許多的考驗與修正的，這也提醒我們不要盡信書。

現代孩子面臨的挑戰

現代孩子面臨的挑戰有：

一、競爭對象多，而且不是區域性的、是全球性的。

二、要學習得更多，而且努力並不一定成功。

三、少子化的挑戰，倍受寵愛或溺愛，家長期待高。

四、雙薪家庭多，許多原本的親職功能由補習班或外人所取代。

五、失能親職多，不少家長無法兼顧自己的親職責任，子女就無法受到應有的照顧，更甚者還有暴力與虐待情事發生。

六、電腦網路與手機平板入侵生活，彷彿生活中無法脫離 3C 產品的掌控，甚至成為生活的避難所。網路世代的特色是較自我中心、自我感覺良好、少同理他人、將錯誤怪罪給別人、生活上較乏自律，也的確讓人憂心。

七、價值觀轉變，「速食」主義風行，青少年較無法容忍等待或挫折，許多東西或物品都要手到擒來，也不相信用功或是勞力的過程（所謂的『靠爸族』、『啃老族』也應運而生）。

　　學校教育面臨的另一個難題是：恐龍家長涉入學校教育過多，其負面影響是教師不敢管教、也少責備或要求，學校甚至變成廉價安親班；加上城鄉差距大，資源分配不均，導致競爭力的 M 型化（極端的差距），這些當然也會影響到學生學習與生活。

不同諮商理論有關愛與隸屬（或與主要照顧人有關）的重點

學派	理論
精神分析	戀父戀母情結、移情、童年經驗
客體關係	自我客體、鏡映
人本中心	治療關係、自我概念
存在主義	孤獨、存在虛無、與人關係
完形	內射、投射
阿德勒	家庭星座、排行、社會興趣
溝通交流	自我狀態、重寫生命腳本
理情治療	自我灌輸、必須與應該
行為	增強、模仿、社會學習
女性主義	母女關係、女性情誼

 現代孩子面臨的挑戰 VS. 輔導教師的挑戰

孩子面臨的挑戰	輔導教師的挑戰
競爭對象多	挫折忍受力較差
要學習的更多	專心度與學習精熟度
少子化的挑戰	自律與待人
雙薪家庭多	親職功能與親子關係
失能親職多	子女照顧與管教、親師溝通
電腦網路與手機平板入侵生活	上癮行為與時間管理
價值觀轉變	道德與行為、師生關係

10-2 **了解兒童與青少年發展特色與任務**

　　了解兒童與青少年不同發展階段的特色與需求、也熟悉他們的次文化，是學校輔導教師接近服務對象最重要的一項知能，此外也要進一步將兒童與青少年所身處的大環境脈絡做了解，包含現代學生所面臨的網路世代有哪些特色與挑戰？家庭結構與環境如何？社會與全球的趨勢為何？兒童與青少年因為尚未成熟、生命經驗有限，也容易受到環境的左右，因此也影響其對於壓力或是問題的處理方式；許多在學中的學生常常不是問題所在，而是問題的「代罪羔羊」，有必要去了解其他相關的環境資訊，才有可能了解真正問題核心所在，進一步尋求解決之方。

　　基本上兒童對於成人是較為畏懼的，這是因為成人所展現的威權、以及他們對自身無論生理或心理上的渺小（或自卑）感受。在面對成人時，孩童會擔心自己做錯、受罰，倘若在同儕關係中又受挫，自然會影響其對自我的看法與發展。這些也可以對照其道德發展階段來看。此外，許多小學中年級生已經開始對異性有興趣、甚至談戀愛，而性傾向的少數族群也早已發現自己的不同、但卻苦無管道去了解或獲得支持。

　　許多兒童對於成人的態度是「既敬又畏」，青少年則又不同、甚至會挑戰權威或死亡，因此輔導教師在諮商室裡所展現的態度就非常重要，要能夠讓當事人覺得自己被尊敬、也被公平對待，還可以說出自己真正想說的話而不被斥責或處罰。現在網路資訊發達，許多資訊的獲取容易，也影響了成人的權威，青少年不一定相信成人所說的。輔導教師要將學生的這種「懷疑」視為正向特質，不要將其「個人化」（認為學生是衝自己而來），而是讚許他/她有勇於挑戰的精神、也在努力長自己，正是追求真理最需要的特質！每個人都需要被真誠對待，而真誠無偽也是維持與增進關係最重要的特質，青少年尤其對於「虛假」不屑，有時也會當場戳破。

　　輔導教師對於兒童與青少年特有的文化（所謂的『次文化』）要有所了解，包含他們慣用或創新的語言，喜歡的遊戲或休閒活動，崇拜的偶像與樂團，以及目前流行的日常活動（像是交換日記）。不必刻意去使用他們的語言、企圖融入他們，而是可以站在「不知」的立場、虛心討教，他們也會願意分享。網路世代的特色也需要注意，常使用網路表示與人互動的重要性，然而若將網路視為最重要，可能也犧牲了生活其他面向（包括真實的人際關係、家人關係、喜愛活動等）。

兒童與青少年發展階段的特色與需求

發展類別	學齡期兒童	青少年
發展任務	學習動作技能；建立正向自我觀念；學習適當的性別角色行為；學習與同儕相處；發展價值觀、道德與良知；學習獨立；培養基本讀、寫、算技能；了解自我與周遭世界。	發展觀念性與問題解決技巧；與兩性同儕建立成熟關係；發展引導行為的倫理系統；表現吻合社會期待的負責行為；接納自己生理成熟的變化；有效運用自己體能；為未來生涯做準備；情感與經濟獨立；婚姻與家庭生活的準備。
生理	國小中、高年級身體開始發育，對於性別刻板印象較嚴苛。	對身體與外表很在意；偶有不適應的情況，因為身心發展不一致，也會嘗試新的動作、測試自己的能力。
認知	處於Piaget的「具體運思期」。此時期的兒童已有「物體永存」的概念；有逆向思考能力；有邏輯分類觀念；會覺察到物體間不同的關係；了解數字觀念；思考具象化。	進入「形式運思期」；有假設性與抽象思考；開始認真思考與尋找自己的定位及生命的意義。
情緒	中年級開始對自己的特色有矛盾的感受，較遵從成人指令、偶而反權威，對電視或流行的物品感興趣。 高年級情緒發展較廣泛與多樣化，有時在短時間內情緒變化很快，對他人情緒有較好的判斷；有些人已經進入青春期，對未來想法較不切實際。	自我意識強（較自我中心）、容易與權威人士起衝突；情緒起伏大，喜歡做白日夢。
行為	六歲：行為轉變可以很極端，精力旺盛、也容易疲倦。 七歲：行為表現較有組織、安靜，可以坐得比較久、較專心。 八歲：有能力為自己行為負責、也能表達自己想法。 九歲：表現更獨立。 十歲：合作，喜歡閱讀與講話，可獨力完成工作。 十一歲：有時表現笨拙或莫名其妙，喜捉弄他人、與人競爭。	不安、好動、精力旺盛；容易無聊，會找刺激、做無厘頭的行為；有時候出現笨拙情況，主要是身心發展與調適的問題。
社會/人際關係	學校是兒童第二個接觸的社會（第一個是家庭），因此會慢慢拓展自己的交遊圈。 低年級視老師為權威，友伴關係很不穩定；中年級開始會與同性別的玩在一起，但是也會出現「男生愛女生」的傳言與戲謔，在乎他人對自己的看法與喜愛程度（以此來定義自己的價值）同儕影響力開始介入，也有明顯的「霸凌」情況；高年級的女生較同年齡男生成熟，開始有「閨密」，與男生似乎變成「不同國度」的人，也對異性感到興趣。	容易結黨成派，社交發展從家庭轉移到以友伴為中心；想爭取獨立、努力脫離對父母的依賴。
道德	對權威的合法性感受複雜；將道德決定重點放在賞罰與成人威權上；重視公平；關切他人需求與贊同。	強調與人關係與社會秩序；道德思考與行為較能整合；有抽象原則與價值；有同理感受、尊重社會規則。

10-3 **兒童階段最常出現的關切議題**

人際（疏離、暴力與霸凌、親密關係、性傾向）

現在許多家庭有獨生子女，家長愛護甚殷，可能使其較少有同儕接觸經驗，因此一進入學校上學就可能面臨到社交技巧與合作的問題。因為以孩子為唯一重心，也可能養成孩子較自我中心、無同理心的傾向，這也影響到其人際發展。

許多兒童在年幼時就出現較不符合其生理性別的行為（如『娘娘腔』），容易遭受到同儕譏笑或欺凌，但是「娘娘腔」並不表示「男同志」，性傾向少數的孩子通常在極為年幼時，就已經發現自己的「不同」，需要有智慧的師長協助其自我認同與自信的發展。

家庭問題

現在許多家庭不只是建構與組成上呈現多元，也有不少失能家庭出現，主要是親職功能失常所導致，加上少子化影響，即便是經濟上較無問題的家庭，也可能出現溺愛子女、導致孩子人格上的缺陷。年紀尚小的孩童容易受到家庭的影響，因此只要家裡出現問題，家裡面的成員都受到影響，而通常年紀小的孩子會表現出行為上的問題。

教養的挑戰

現在有越來越多的孩子在兒童期就發現異狀，也許是因為診斷工具更精細、或許是孩子出狀況也多。倘若孩子有心理疾病或是發展上的問題，對教養人來說都是極大的挑戰。該不該帶孩子去診斷就是一個兩難的問題，一來害怕知道真相、對教養人來說都不好受，二來該如何面對社會其他人的眼光？家長當然不願意自己的孩子生病，然而若家長本身也沒有病識感，就更不可能讓孩子獲得及時有效的協助。

家長期待與學業表現

雖然許多家長都表示不注重孩子的學業，只要孩子健康就好，但還是抵擋不住潮流的壓力。教改讓孩子更辛苦，父母親也難辭其咎。到底應該讓孩子學更多、讓他/她不落人後？還是順其自然發展就好？這也是家長的兩難。

自信與自尊問題

孩子因為年紀小，很在乎他人對自己的評價，尤其是女性。孩子的內在或自我衝突，缺乏自我或對環境的知識、技巧或能力等，也都可能造成對自己信心不足的問題，而友伴團體的對待也是重要關鍵。孩子開始發展與重視同儕關係，同儕的認可對他們很重要，也會極力去迎合他人，而且關係霸凌的事件發生極早，許多孩子會因為無法被同儕接納而放棄自己！

缺乏被照顧或有創傷經驗

受虐或是有過創傷經驗的孩子（包括早期失落經驗、忽略、被傷害或虐待）容易被發現，缺乏被照顧與關愛的孩子卻常是被忽視的一群，總是在攸關生命時，才被發現！教師與相關人士卻因為「清官難斷家務事」而不願意涉入處理，往往錯失救助良機。

兒童階段容易出現的家庭問題

失親或失怙	父母因病或意外身亡、入獄或失聯
隔代教養	父母一代失聯或不負責親職
家暴	家長之間的暴力、家長對孩童的暴力
管教問題	家長管教不一致、溺愛
親職失功能	放任或忽視

 兒童階段容易出現的家庭問題

教養挑戰	說明
個人衛生習慣	容易產生同儕排擠情況。
生活習慣養成	在團體生活中出現問題。
為他人著想	缺乏同理心、不能合作。
上網與使用3C產品	影響課業、與人互動及作息、時間管理。
讀書習慣與策略	未能養成專心學習或主動完成作業的習慣，有些家長也不要求。
運動與休閒	較少家人出遊或是一起活動，孩子四體不勤、缺乏耐力、視力退化。
道德與價值觀	自律與自制力缺乏，有時家長做了不良示範。
偶像崇拜	價值觀的一種，想要速成與獲得名聲。
識字問題	受到媒體與電腦影響，多錯別字或不會寫，也不喜歡寫作業練習，有些家長還會代筆、甚至請老師少規定作業。
基本功	讀寫算的基本功夫已經不受重視，學習的東西不扎實。

10-4 與兒童建立關係的方式

姿勢的象徵意義

一般情況下，兒童對成人是有所顧慮或畏懼的，因為成人的身高與威權本身就是威脅，加上成人不太相信兒童，因此在與兒童相處時要注意位階與權力的因素。與兒童平起平坐、不要站著低睨兒童，甚至可以蹲下來進行對話，鬆懈兒童的防衛。

玩耍

工作、玩樂與愛是人生三大要務。兒童的重要工作之一就是玩耍與遊戲，從遊戲中兒童可以經由角色扮演學習社會（與人互動）及生活的一些技巧，發洩自己的情緒，學會容忍挫折、從錯誤中學習等等。遊戲的功能是可以協助孩童與成人將現實暫時擱置，允許孩童可以用「假裝」的方式來滿足生活需求；孩童經由遊戲來探索世界、與人互動與了解自己；遊戲也可以用來娛樂、放鬆、表達創意、與豐富生活。因此即便與兒童做治療，遊戲是不可或缺的媒介，有遊戲治療證照者可以使用此治療技術，而一般的諮商師或輔導教師則可以用遊戲做中介，減輕兒童的壓力，同時與兒童建立關係、在遊戲中對話，甚至在遊戲中觀察兒童、蒐集相關資訊。

諮商室裡的布置與零食

諮商室裡可以放置一些玩偶或是具有童趣的畫，也可以準備一些玩具（若是太多則可能分散兒童的注意力，不妨收藏起來），讓兒童進來諮商室時，可以放鬆自己、不覺得有壓力。此外，可以準備座椅與乾淨地板，兒童可以選擇自己要坐的地方，而諮商師也可以做適度配合。中年級以下的兒童喜歡一邊玩一邊說話，諮商師可以容許他們手邊逗弄一些玩具，同時進行治療；高年級以上學生，手中可能也習慣把玩筆或手機，只要不是在看手機內容，也都可以接受，不要以為他們會因此而不專心。零食可以減輕焦慮（也要注意零食的選擇，不要有色素太多或味道太重的），對兒童與成人都是如此，有時候只是準備一杯水就可以，讓兒童知道自己是被尊重的。

走出諮商室

兒童諮商不一定要在諮商室裡進行，年幼的兒童喜歡跑跑跳跳，也可以帶他們到操場或遊戲區去玩，即使是一起盪鞦韆，也可以做好諮商工作。有時候在校園散散步，可以舒緩兒童與成人相處的緊張情緒，而且這樣談話也較無壓力。

考慮兒童的性別

不同性別的兒童可能在諮商室裡的表現不一樣。女生比較容易談話，男生可能受制於社會文化對男性的要求（多話就像『婆娘』），加上較無語言上的訓練，因此要談話較困難。男生喜歡活動，倘若可以先跟他下個棋、玩撲克牌或是遊戲、甚至接個球，在活動進行中就可以閒聊、獲得資訊。當然喜不喜歡用言語表達還是有個別差異，不一定只是性別的因素。

學校輔導老師注意事項

一、言行一致（行動比說話更有力）。

二、本身的示範與楷模作用。

三、注意權力位階與其影響（教師角色與諮商師的衝突）。

四、留意性別刻板印象與偏見。

五、耐心聽學生說完（給學生機會說完他/她的故事，尤其是與家長一起出席時）。

六、注意報告家長與導師（或轉介老師）的內容（保密原則與取得信任之間的平衡）。

七、了解兒童目前流行的遊戲、電視節目與偶像，可以從這裡開始聊起，也是了解學生之鑰。

八、適當的幽默，也減少了學生對輔導教師的威權感。

九、少用「為什麼」，多使用觀察、猜測語氣、問「是什麼」與「怎麼樣」。

＋ 知識補充站

　　國小階段輔導要訣：陪伴與傾聽、平權與尊重（姿勢有其象徵意義，若能讓學生感受到權力地位的平等，他們更願意傾吐自己的心事）、適合發展階段的語言及活動、注意性別差異、玩耍與創意的發揮、看見兒童的優勢與資源、同理心與內在參考架構、取得重要他人的了解與協助。

10-5 **資料蒐集方式**

　　觀察：是最重要且便捷的途徑，教師在學校的觀察結合家長在家中的觀察所得，可以知道兒童較為全面的情況。教師不僅是在自己上課時或是下課時間做這樣的觀察與記錄，也要從兒童其他同儕與任課老師那裡獲得更詳細的資訊。可以觀察兒童喜歡上什麼課？做怎樣的活動？班上同學對他 / 她的態度與觀感如何？有沒有較好的朋友？與人聊天的話題為何等等。

　　畫圖：絕大多數的兒童喜歡繪畫，當然也有極少部分不喜歡繪畫，從兒童繪畫的色彩、構圖與內容，可以猜測出兒童目前的遭遇與心境，在兒童畫圖過程中的觀察也很重要。兒童所使用的色彩較為鮮豔（如大紅色、黃色、天藍、淺綠、橘色等），倘若兒童所使用的色彩較為晦暗、或特殊，就需要留意。

　　許多老師喜歡問兒童家中的成員，但是年紀小的兒童可能還分不清原生家庭與延伸家庭成員的區別，有時候隔壁的弟弟也會算在內，因此不妨讓兒童畫「家族圖」（全家在家裡做些什麼），然後請兒童做解說，可能得到的資訊較為完整與正確。當然臨床上也使用畫「屋樹人」的方式來看兒童的人格與發展，這需要有專業的訓練才可以解讀，倘若以一般常識來看，也可以獲得一些重要線索。

　　語句完成：三、四年級以上的兒童有時候可以採用「語句完成」（或『接龍』）的方式來獲得資訊。所使用的語句不要太複雜，簡單的「我喜歡……」、「我怕……」、「最討厭……」開頭的句子就可以，當然也可以採用句中（如『……所以……』）或字尾（『……很快樂』）詞來進行，主要是看諮商師想要獲取的資訊為何？

　　表達性藝術與其他：除了用繪畫、自畫像等表達性藝術之外，還可以藉由演戲、表演、閱讀（或共讀）、肢體動作、遊戲等來進行，都可以從中一窺兒童的情況。

　　兒童語彙能力有限，常以行為表達，需進一步探查其動機與意圖，不要以行為為唯一指標。

　　可以使用的媒介：手偶、繪本、故事書、媒體、演戲或狀況劇、歌唱、音樂、活動、舞蹈、遊戲、敲打樂器等，只要能用、有創意，就不限與此。採用閱讀的方式是因為兒童們很容易投射自身的情境到故事中的主角身上，藉此可以抒發情緒、了解自我、思考解決問題的方法，也具有療癒功能。此外還有「想像」方式，兒童可以天馬行空盡情想像，簡單的像「我像什麼動物？為什麼？」，而演戲或角色扮演也是很適當的方式。

　　將家長納進來：兒童在學校的時間不比在家裡時間長，而家長們的協助力道更佳，因此與兒童進行輔導工作時，盡可能將家長也納進來，讓家長們清楚自己孩子的情況、也給予適當的協助或鼓勵，尤其許多兒童所擔心的事務通常與家庭有關（像是覺得父母親對待不公平、有心事不敢說、家裡有問題卻不知該如何協助等），家長與學校的溝通越通暢，兒童受益越多！

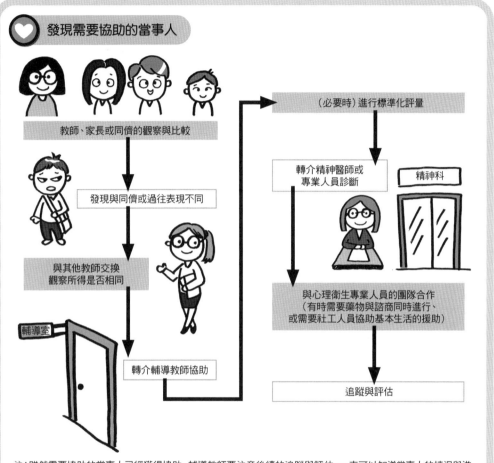

注：雖然需要協助的當事人已經獲得協助，輔導教師要注意後續的追蹤與評估，一來可以知道當事人的情況與進度，二來也可以用來反思處理案例的有效程度。許多案例儘管已經轉介出去，還是要有追蹤的動作，其中有許多案例是需要與其他專業團隊合作、協力來完成。

＋ 知識補充站

　　現在的孩子不喜歡看有太多字的書，因此就讓「繪本」有更多發揮場域，不少繪本也已經有動畫版，可以吸引與維持孩子的注意力。市面上有多元主題的繪本，一般教師或輔導老師都可以善用。儘管有些繪本似乎有特定主題，但是也可以依據需要做不同的角度切入與討論。

10-6 **兒童團體諮商**

團體諮商之前建立個人關係

輔導教師採用團體方式進行諮商，不僅可以針對同一主題做了解與解決，在時間與心力上較為經濟，團體諮商可以讓兒童自團體中學習到更多！同儕之間的學習比成人對兒童的單向教育要有效得多，倘若團體中還有兒童可以學習的楷模，學習效率自然更佳！然而在進行團體諮商之前，最好與個別學生建立關係、彼此熟悉，這樣一進入團體，他們配合的意願也會增加。

進行兒童團體注意事項

一、團體很適合兒童，因為團體就是個小社會，可以讓兒童在團體中學習表達情感與問題的機會，他們的同儕學習最快也有效，但也要注意到發展階段認知及語言表達能力的限制；

二、利用多種媒體（電腦、電視、音樂、影片或 PPT）或媒材（手偶、遊戲、音樂、繪畫、繪本等）輔助，將活動（包括演戲、情況劇、動作、問『如果你是他，你會怎樣做』之類問題）與討論做穿插，成員比較會投入、不會無聊；

三、坐成一圈、彼此可以互相看見，也可以聚焦在領導身上，較容易專注與投入；

四、人數六人（至八人）左右（依年齡或特殊議題而有不同），時間二十至四十分鐘，原則上一週一次、年幼者一週兩次為原則；

五、社交或相關需要學習正向行為的團體，需要安插值得學習的「榜樣」（或楷模）在團體內；

六、採用行為主義的代幣或是增強方式，可以維持秩序、也鼓勵同學參與；

七、篩選成員部分（可以用第一次團體來做，或做個別篩選——要明白告知所關切議題、願意合作與遵守團體規約、在團體中的要求與角色）；

八、主要是「領導者取向」，也就是領導人要做許多規畫與介入，「結構」要嚴謹；

九、領導者愉快、有活力與創意的聲調很重要；

十、引導成員回到主題，因為他們容易分心；

十一、領導者的示範與帶著動作的說明很重要；

十二、領導者對於相關議題要相當了解；

十三、讓成員帶作業回家做、可以延伸團體效果，也讓家人知道其進度；

十四、讓成員在每一次團體結束時自己做摘要，也可以做為「評估」之參考；

十五、成員會考驗領導者可能的「威權」，因此「耐性」與「同理」能力非常重要，不需要正面衝突或訓誡，而以反問或幽默帶過；

十六、可能的團體主題：聆聽與溝通，認識與處理情緒，社會技巧與友誼，學業成就與學習方式，自我概念與自信，問題解決與如何做決定，失落與哀傷（危機處理的一部分），孤單感受，校園暴力（欺凌者/受害者、或兩者）等。

進行兒童團體需要思考的部分

同質異質性	到底應該讓同一議題（如社交技巧、同儕關係、弱勢家庭）的孩子在同一團體或是不設限？主要是看團體目標而定，沒有嚴格限制，但是若擔心團體裡面負面力量會影響學習（如霸凌者與受害者一起參與團體）就需要分開、甚至安插正面的楷模在團體中以供學習，而且人數要超過負面的成員。
保密的限制	兒童團體裡的成員會擔心團體中的事情外洩、或是領導者會告知其班導，因此要一再提醒團體成員或是掛保證，也可以與成員商議哪些資訊可以讓班導或同學知道。
設定界限與彈性	有些孩童會因為與團體領導的關係而開始測試關係界限，擔任團體領導的輔導老師要特別注意界限的「彈性」，該遵守的不放水、可以調整的也做適當調整。
篩選	許多老師推薦的學生通常與團體要針對的對象無關，有些老師只是想把「問題人物」往外推而已，因此在選擇成員之前，要詳細與可能推薦的老師們釐清與說明。若是讓學生以自我推薦的方式進入團體，有時候要拒絕他們參與就會有點困難，可能會影響他們以後參與的意願，因此輔導老師要特別說明清楚，甚至有餘力可以開其他適當的團體讓他們加入。
招徠團員的表面效度	有些學校需要獲得家長書面同意才讓學生參與團體，因此要特別注意說服家長的「表面效度」。也許這個團體是為有暴力行為的學生開設，然而在給家長的說明書上可以寫成「讓我更快樂」團體，裡面再將學生加入團體之後的可能收穫（如社交技巧、有朋友、合作等）一一列出。

10-7 **青少年諮商注意事項（一）**

現在的兒童發育較之早年提前許多，有些中、高年級生已經進入青春期，因此輔導教師需要了解青春期孩子的生、心理發展情況。青少年面臨的壓力有：學校課業與考試、與父母或同儕間的緊張關係、升學壓力與自己前途、對於自己外表和生理發展的不安全感、財務問題、轉學或搬家、擔心死亡與全球性的問題。而青春期也可能是個體遭遇到與思考存在議題的時刻，可能有失去或失落經驗，也會思考到死亡與自己的關係、存在的意義為何？倘若青少年不知道如何與師長提及這些關切議題，諮商師可以與當事人做討論。當然有些青少年會嘗試用冒險的方式去挑戰死神，偶而迫於同儕壓力，也會去做一些無厘頭或是危及性命的行為，像是飆車、嗑藥與自傷。

青少年雖然在發展與肯定自我，受到同儕影響甚深，但是基本上還是極依賴父母親，且其價值觀也與家長相同，因此輔導教師要熟悉所面對的青少年次文化，知道他們喜愛與流行的事物為何，可能使用的一些新鮮或特殊用語與意義，但是不要刻意使用，會讓青少年覺得「虛假」，要注意青少年階段對於虛假的人際關係是很敏感的。

與青少年的諮商工作

在學校做輔導工作，許多的當事人都是教職員或家長轉介而來的「非自願」當事人，輔導教師可能因此先入為主地認為他們一定不合作，事實上可以用許多方式來與青少年磋商，若取得他們的合作，諮商效果就很不錯。

一、進入諮商過程前

將「抗拒」視為自然的：青少年若是經由轉介管道過來或是自行前來，其抗拒是很自然的，因為不知道眼前這位陌生輔導老師會怎麼看我？諮商師如何看待「抗拒」，有時候攸關諮商效果的成敗。把「抗拒」當成自然現象，不要將青少年的抗拒「個人化」（認為他們是衝著輔導老師而來），以好奇、寬容的態度接納，也不要因為當事人的突然舉止而被驚嚇到，將與青少年的「第一次見面」當作是難得的經驗，或是輔導老師可以學習的機會。

先留住他/她幾分鐘：非自願的當事人坐不住，會想要早點離開諮商現場。諮商師也可以表明自己的擔心與焦慮（如『我也希望可以談短一點，不要留你太久。』），或請教當事人擔心與害怕的是什麼？不要企圖留住他/她整節課，而是以調整、溝通的態度，留他/她個幾分鐘，這樣也可以給轉介過來的老師或家長「交代」，通常青少年是願意妥協的。倘若當事人堅持要離開諮商室，不需要勉強他/她，可以說：「謝謝你親自來跟我說你不想來，也許下一次有機會，我們可以談談。」或將治療師在這幾分鐘接觸的時間內看到的當事人優點告知，讓他/她未來較有意願前來。

青少年困擾

一、煩惱不安	生理劇烈發展有時候自己也無法掌控,加上社會對其要求與以往(兒童期)不同,會感受到前所未有的壓力。
二、敵對反抗	要在「自我獨立」與「依賴」他人之間做平衡,並不容易。
三、缺乏自信	這個階段是建立自信的重要時期,許多因素都可能影響青少年對自己的信心,像是能力、獨立判斷、與人關係、外表、自我形象、與未來期許等。由於國內傳統的文憑主義依然如故,有時候會阻礙他們發揮自我創意的機會。
四、性的專注	除了生理上性別賀爾蒙的勃發,需要去認識與調整之外,還包含親密關係與性認同(特別是性別少數族群)。
五、逃避現實	青少年期是所謂的夢想或理想化時期,也許看到自己想要的無法達成(眼高手低),可能就會採取抗爭或逃避策略,也容易發現自己在學校沒有立足之地而中輟或逃家,現在有更多是退縮到網路世界裡面。
六、升學壓力	現在的孩子要與更多人競爭,父母親也希望他們可以養成更多的競爭能力,所以提供許多校外學習的機會,然而升學壓力還是存在,至少在大學之前是不可避免的現實。
七、代　　溝	青春期是挑戰與家長、教師價值觀的重要階段,有時候是因為要反對而反對,或是因為立場不同而難溝通,青少年的語言能力有時不足,就容易放棄溝通、自行其是。

10-8 **青少年諮商注意事項（二）**

一、進入諮商過程前（續）

從當事人的優點或是有興趣的事物開始：不要從轉介的「理由」開始（所謂的『哪壺不開提哪壺』），而是從當事人進入諮商室就進行觀察，把當事人所表現出來的具體正向行為做描述、並作適當的誇獎，像是：「你／妳其實可以不來的，但是你／妳還是出現在這裡，你／妳是怎麼辦到的？」「剛剛你／妳進來的時候喊『報告』喊得好大聲，讓人覺得很有精神！」

維持亦師亦友的關係：青少年為了「長自己」、讓自己與他人之間有所區隔，會為了反對而反對，尤其是面對成人時，有時候也會挑戰成人的權威，因此諮商師保持「好奇」與「不知」、甚至是「願意請教」的立場與態度，比較能夠解除他們的戒心。諮商師也需要站在「教育者」的立場，有些界限需要堅持、有些則可以放寬，這些都可以與青少年商議、協調出一個雙方都可以接受的情況。此外也可以請教當事人要怎麼稱呼他／她？適當的尊重與不威權的態度，是維持良好治療關係之鑰。

找到真正的諮商目標：輔導老師有時候「認為」自己「應該」要達成轉介學生過來的教職員的「期待」或「目標」，這一點很值得商榷，因為轉介人與諮商師看到的問題可能不同，因此目標會不一樣，況且許多教職員會將諮商師「神化」，以為諮商師無所不能！然而許多當事人的問題其實由來已久，也不是短短幾次談話就可以奇蹟式地解決。最好的方式是與當事人商議，看看可以妥協的目標為何？這樣也較容易取得當事人的合作與採取改善行動。

建立關係是從第一次見面開始：治療關係是諮商成功的關鍵要素，而關係的建立是從第一次碰面就開始、一直持續到後來，這中間當事人會因為不信任而做許多的測試動作，有時候會遲到、不出現、堅持某一節課時間前來、或是來了之後做些甚麼活動，甚至有時候會暴怒、發脾氣，用這些方式來測試諮商師的底線與反應，諮商師要讓當事人覺得可以信任、但是又有該堅守的原則委實不易。

善用環境教育：如同兒童一般，諮商不一定要在諮商室裡進行，可以走出諮商室，到校園走走、或是坐在涼亭裡，效果一樣不差！但是有些青少年就是不願意談，這也無妨，可以請他們到輔導室擔任義工、協助一些事務，他們可以從輔導室裡人員的互動中學習到許多東西，也會慢慢了解諮商是可以接受的助人方式。許多對世界帶有恨意的青少年，會從這些與人友善互動的歷程中，學習到人性的美善，進而修正自己的一些想法與性格。

青少年諮商訣竅——接觸的技巧（Hanna, Hanna, & Keys, 1999）

採取方式（接觸的技巧）

★提供點心

★不要有桌子

★播放青少年熟悉或喜歡的音樂

★談話時讓青少年手上可以把玩物

★走出諮商室

★真誠不虛假

★表現出對當事人的尊重

★幽默感

★要懂得自我解嘲

★讓當事人了解諮商室是怎麼一回事

★不要成為威權的象徵

★避免專家立場，除非治療關係已經穩定了

★避免用臨床的標籤來思考

★強調共同的經驗

★傳達出諮商時間可以很「短」的訊息

★使用不同的媒材，讓青少年可以表達自己

★如果當事人不善於認知上的頓悟，就不要往那個方向去

★讚許與表示崇拜常常可以打破其防禦與敵意

★重新架構嗑藥與酗酒是要避免痛苦

★聚焦在「傷痛」，然後才提「氣憤」

★鼓勵抗拒的表現

★提及當事人性格上的優點

10-9 **青少年諮商注意事項（三）**

二、進入諮商過程之後

開放問答：青少年對於進入輔導室是畏懼與困惑的，因此有必要解釋或說明讓他們知道，最好是開放讓他們發問，準備好接受一些意想不到的問題。

聽當事人說他們的故事：詢問轉介過來的青少年：「你/妳怎麼會出現在這裡？」他們給的答案不是「不知道」、就是老師轉介過來的理由，如果輔導老師也同意、這樣反而容易陷入困境，因為青少年也可能是主流文化的受害者，只要不遵守大人訂的規矩、就是不對。當事人進入諮商室，輔導教師可以把他/她的檔案放在一邊，花時間仔細聽聽他/她的故事，這樣的尊重態度，比較容易建立起諮商關係，也可以更了解事情的原貌。

不要刻意去討好當事人：真誠的態度就是贏得青少年的最便捷途徑，也是建立治療關係的關鍵。有些諮商師會刻意使用青少年的語言，反而會適得其反。

青少年要結伴而來是可以的：不要執著於「個諮」就是「一個人」，畢竟在諮商室裡是面對一個（陌生的）成人，他們結伴而來是可以容許的，也可以從他們彼此的互動中更了解當事人與其文化。

要替當事人找資源：與當事人相關的重要人物或是偶像、書籍或是剪報，也都是可以用來協助當事人的資源。

說故事比教訓更好：與青少年分享跟他/她情況類似或相關的事實與故事，也問他/她的看法，從故事裡去體會諮商的善意更容易。

給當事人一些簡易可行的家庭作業：改變是需要行動的。青少年有時候不知道該如何下手開始做改變，諮商師可以與他/她商議一些簡單的家庭作業，讓他/她牛刀小試一番，也因為成功率高，促使他們改變的動力就會提升。

不要安排在同一時段：與兒童諮商一樣，不要總是在同一時段約談當事人，即使諮商過程需要一段較長的時間也是如此。當事人還是學生，需要上課學習，有些當事人可能會要求諮商師特別在某堂課與他/她約談、試圖逃避該堂課。諮商師要強調學習是當事人的責任，況且總是在某一堂課將他/她抽離，不僅剝奪了學生學習的機會、也是對任課老師的不敬。

與他們一起活動：特別是男性青少年，光是坐著談話很無趣、他們也不喜歡，因此可以在諮商室裡做一些活動或遊戲，或是走出戶外去投球，在活動中他們比較願意說話。

他們會「好康倒相報」：青少年會以「老鼠會」方式介紹其他當事人來談，有過諮商協助的人會把他們的心得與同儕分享，因此諮商師也可以善用這樣的資源，請有過諮商經驗的、或是諮商之後有效果的當事人擔任顧問，可以在適當場合（個人諮商或團體諮商、班級輔導）邀請他們分享自己的經驗與心得，這個說服力就更大了！

青少年諮商訣竅——接納的技巧（Hanna, Hanna, & Keys, 1999）

採取方式（接觸的技巧）

★讓當事人很清楚可接受行為的界限

★清楚哪些行為不允許其發生

★避免權力爭奪戰

★不要堅持非必要的口頭尊重

★接納當事人突如其來的氣憤與敵意，因為這些可能是他/她生活中的常事

★確認當事人的感受

★認出與善用「移情」現象

★處理令人震驚或驚訝的言詞時要平靜、並做立即的重新架構。

★承認自己覺得困惑或不知情

★要有危機情況的預期與準備

★告訴當事人其他青少年有過的類似經驗

★讓當事人知道諮商師從他們身上學到了什麼

★與自己的青春期接觸

★如果另外一位諮商師與當事人關係較好，不妨考慮更換諮商師

★溝通要簡單明瞭

★自我揭露有其限制

★不要讓過多的關切影響你/妳的同理心

★有機會的話，發展一個治療性的同儕文化

★若孩子是幫派份子，也注意到幫派的好處

★不要逃避死亡、孤獨、無意義與自由等存在議題

★不管是甚麼形式的受害，都要指認出來

★認出可能有的歧視 （如種族或性別）

★不可低估性慾的壓力

★如果當事人要的是注意就給他/她

★自然的面質態度

★對於青少年「無感」的態度要注意

10-10 **青少年團體諮商**

青少年族群很適合以團體方式進行諮商。因為他們正在發展自己的主見，卻常常受到成人或是社會的忽視與反對，正好在團體裡可以表達自己衝突的感受、探索自我的疑惑，也與同儕分享彼此的觀點。團體也會允許成員質疑或表達不同的價值觀，這些可以在聽取他人的意見之後，有更宏觀的視野或改變。他們也可以將在團體中學的在團體外面做嘗試、把經驗帶回團體中分享，將團體成員當作自己的支持系統之一，有歸屬感。

進行青少年團體，成員的性別有時是考量因素。一般說來，最好容納兩個性別的成員，同時人數相當，因為這樣成員可以從不同的角度與觀點來學習；然而將男女放在同一個團體也可能會助長性別刻板印象，或是男性急於表現、女性變得較沉默。

同性別的團體，女性團體可能較願意表達意見，團體進行較為順利，但是也可能有同性競爭或搞小團體的情況出現；單一男性團體就可能較沉默，不妨安插適當的相關小活動，然後再進行討論或分享。

若有成員不敢在團體面前說話，就先採用兩兩討論或小組討論方式進行，領導者可以用「走動」方式巡視及協助。當然儘管有這些考量，主要還是看領導人的經驗與功力。

可以使用的技巧或活動

有些活動或是技巧可以運用在熱身或是熟悉彼此之用，諮商師在熟悉諮商的理論與實務運作之後，會有許多的創新與做法（包括技巧），只要能夠達成目標，也都可以彈性使用。在此介紹兩個活動，一個用在個別諮商場合，一個可用在團體諮商過程。

一、信賴圈

這個技巧可以使用在與青少年當事人的晤談裡，讓當事人可以清楚自己想要開放的程度，同時有較多的掌控感，這就是所謂的「信賴圈」。以下是「信賴圈」的使用：

應用五個同心圓的方式，由最外圈的「圓圈五」到最內圈的「圓圈一」，邀請青少年分享對他來說最不重要的資訊（『圓圈五』），一直到最私密、內心最深層的資訊（『圓圈一』），問當事人可以容許諮商師探問到哪一圈。藉此方式可以讓諮商師了解建立治療關係的進程，也同時讓青少年可以自己做決定透露多少、有較大的主控權。

二、「你是誰」活動

一般在陌生團體中想要迅速讓彼此熟識的方法之一就是使用「你/妳是誰」的活動。進行方式是讓兩個人一組（一人發問、另一人回答）、連續問對方「你 / 妳是誰」一分半鐘（然後角色互換），答案不能重複。諮商師也可以從回答的內容中了解哪些學生比較容易放開自己、哪些較謹慎？較開放的成員會在很短時間的「逼問」下透露自己的許多訊息，而較不開放的成員則會答出許多表面或事實性的資訊。

「信賴圈」圖示例

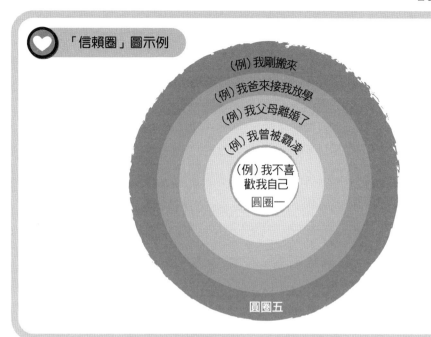

(例) 我剛搬來

(例) 我爸來接我放學

(例) 我父母離婚了

(例) 我曾被霸凌

(例) 我不喜
歡我自己

圓圈一

圓圈五

「你 / 妳是誰」活動示例

「你 / 妳是誰」活動示例一

「你 / 妳是誰？」	「我是中國人。」
「你 / 妳是誰？」	「我是台灣人。」
「你 / 妳是誰？」	「我住台中。」
「你 / 妳是誰？」	「我是男生。」
「你 / 妳是誰？」	「我念〇〇學校。」
「你 / 妳是誰？」	「我今年十五歲。」
「你 / 妳是誰？」	「我喜歡數學。」

（本例的男生較謹慎，因為答案大多是事實的資訊，只有最後一個答案與自己較有關，倘若此人在團體中，也可以預期他在團體中會開放較晚或較少）

「你 / 妳是誰」活動示例二

「你 / 妳是誰？」	「我是鄭〇〇」
「你 / 妳是誰？」	「我是花蓮人。」
「你 / 妳是誰？」	「我是八年級學生。。」
「你 / 妳是誰？」	「我有一個哥哥。」
「你 / 妳是誰？」	「我喜歡看電影。」
「你 / 妳是誰？」	「我的偶像是 Bill Gates。」
「你 / 妳是誰？」	「我不喜歡青椒。」

（本例的成員開放性較前一例的男生高，因為他分享較快也較多個人內在資訊）

附錄一

貝克憂鬱量表

請根據個人最近的狀況，選擇一個適當的選項。

1‧□ 0 我不感到難過。
　　□ 1 我感覺難過。
　　□ 2 我一直覺得難過且無法振作起來。
　　□ 3 我難過且不快樂，我不能忍受這種情形了。

2‧□ 0 對未來我並不感覺特別沮喪。
　　□ 1 對未來我感到沮喪。
　　□ 2 沒有任何事可讓我期盼。
　　□ 3 我覺得未來毫無希望，並且無法改善。

3‧□ 0 我不覺得自己是個失敗者。
　　□ 1 我比一般人害怕失敗。
　　□ 2 回想自己的生活，我所看到的都是一大堆失敗。
　　□ 3 我覺得自己是個徹底的失敗者。

4‧□ 0 我像過去一樣從一些事中得到滿足。
　　□ 1 我不像過去一樣對一些事感到喜悅。
　　□ 2 我不再從任何事中感到真正的滿足。
　　□ 3 我對任何事都感到煩躁不滿意。

5‧□ 0 我沒有罪惡感。
　　□ 1 偶爾我會有罪惡感。
　　□ 2 我常常有罪惡感。
　　□ 3 我總是感到罪惡。

6‧□ 0 我不覺得自己正在受罰。
　　□ 1 我覺得自己可能遭受報應。

□ 2 我希望受到報應。
□ 3 我覺得自己正在自食惡果。

7.□ 0 我對自己並不感到失望。
　□ 1 我對自己甚感失望。
　□ 2 我討厭自己。
　□ 3 我恨自己。

8.□ 0 我不覺得自己比別人差勁。
　□ 1 我對自己的弱點或錯誤常常挑三揀四。
　□ 2 我總是為了自己的缺失苛責自己。
　□ 3 只要出事就會歸咎於自己。

9.□ 0 我沒有任何想自殺的念頭。
　□ 1 我想自殺，但我不會真的那麼做。
　□ 2 我真想自殺。
　□ 3 如果有機會，我要自殺。

10.□ 0 和平時比較，我哭的次數並無增加。
　　□ 1 我現在比以前常哭。
　　□ 2 現在我經常哭泣。
　　□ 3 過去我還能，但現在想哭都哭不出來了。

11.□ 0 我對任何事並不會比以前更易動怒。
　　□ 1 我比以前稍微有些脾氣暴躁。
　　□ 2 很多時候我相當苦惱或脾氣暴躁。
　　□ 3 目前我總是容易動怒。

12.□ 0 我關心他人。

□ 1 和以前比較我有點不關心別人。
　　　□ 2 我關心別人的程度已大不如昔。
　　　□ 3 我已不再關心他人。

13・□ 0 我做決定能像以前一樣好。
　　　□ 1 我比以前會延後做決定的時間。
　　　□ 2 我做決定比以前更感困難。
　　　□ 3 我不再能做決定了。

14・□ 0 我不覺得自己比以前差勁。
　　　□ 1 我擔心自己變老或不吸引人。
　　　□ 2 我覺得自己的外表變得不再吸引人。
　　　□ 3 我認為自己長得很醜。

15・□ 0 我的工作情況跟以前一樣好。
　　　□ 1 我需要特別努力才能開始工作。
　　　□ 2 我必須極力催促自己才能做一些事情。
　　　□ 3 我無法做任何事。

16・□ 0 我像往常一樣睡得好。
　　　□ 1 我不像往常一樣睡得好。
　　　□ 2 我比往常早醒 1 至 2 小時且難再入睡。
　　　□ 3 我比往常早數小時醒來，且無法再入睡。

17・□ 0 我並不比以往感到疲倦。
　　　□ 1 我比以往易感到疲倦。
　　　□ 2 幾乎做任何事都令我感到疲倦。
　　　□ 3 我累得任何事都不想做。

18・□ 0 我的食慾不比以前差。

□ 1 我的食慾不像以前那樣好。
□ 2 目前我的食慾很差。
□ 3 我不再感到有任何的食慾。

19‧□ 0 我的體重並沒有下降，若有，也只有一點。
□ 1 我的體重下降了 2.5 公斤以上。
□ 2 我的體重下降了 4.5 公斤以上。
□ 3 我的體重下降了 7 公斤以上。

20‧□ 0 我並未比以往更憂慮自己的健康狀況。
□ 1 我被一些生理病痛困擾，譬如胃痛、便秘等。
□ 2 我很憂慮自己的健康問題，因此無法顧及許多事務。
□ 3 我太憂慮自己的健康問題，以致於無法思索任何事情。

21‧□ 0 最近我對性的興趣並沒有特殊改變。
□ 1 最近我對性的興趣比以前稍減。
□ 2 目前我對性的興趣降低很多。
□ 3 我對性已完全沒有興趣了。

計分：當你做完問卷，將二十一題的得分累加起來求出總分。每題最高得分是 3 分，最低是 0 分，因此總分不會高於 63 分，反之，總分最低為 0 分。
貝克憂鬱量表的解釋：
1--10 分在此範圍內屬於正常。
11--16 分輕微情緒困擾。
17--20 分在臨床上屬於憂鬱症邊緣。
21--30 分屬於中度憂鬱症。
31--40 分嚴重憂鬱症。
40 分以上極端憂鬱症。
（假若個人長期維持在 17 分以上，則需要專業人員的協助治療。）

附錄二

兒少保護與受暴人數統計（內政部 2014 年）

3.5.1 兒童少年保護通報及個案數

民國 93-103 年上半年

年別	舉報個案件數按來源分（件）										保護專線	
	合計	父或母	親友	學校	醫院	檢警單位	民間社福單位（機構）	案主主動求助	鄰居及社會人士	其他	接案數（不含虛報）（件次）	虛報數（件次）
93年, 2004	8,494	894	1,033	1,173	1,198	1,188	862	220	761	1,165	9,321	1,155
94年, 2005	10,722	1,355	1,162	1,443	1,515	1,443	1,086	420	1,332	966	13,186	3,489

年別	通報來源（件）										
	合計	責任通報									
		計	醫事	社會工作人員	教育人員	保育人員	警察	司法人員	村（里）幹事	其他執行兒童少年福利業務人員	
95年, 2006	13,986	8,623	2,012	1,958	1,875	63	1,787	162	－	766	
96年, 2007	19,247	12,453	3,008	3,221	2,578	59	2,462	188	－	937	
97年, 2008	21,443	12,866	2,813	3,684	3,093	40	2,352	254	－	630	

年別	通報來源（件）										
	合計	責任通報									
		計	醫事	社會工作人員	教育人員	保育人員	警察	司法人員	村（里）幹事	其他執行兒童少年福利業務人員	
98年, 2009	21,449	13,994	2,863	4,600	3,295	42	2,463	269	－	462	
99年, 2010	30,791	22,213	4,530	6,378	5,985	348	3,874	371	－	727	
100年, 2011	28,955	21,115	3,918	5,408	6,971	134	3,898	211	－	575	
101年, 2012	35,823	29,996	4,967	7,487	8,954	155	5,978	263	61	2,131	
102年, 2013	34,545	30,753	4,480	7,489	7,856	90	6,895	254	46	3,643	
103年上半年	24,219	19,655	1,919	5,015	7,793	104	4,514	219	22	69	

資料來源：各直轄市、縣市政府
更新日期：2014/9/1

	一般通報						通報方式			
							通報個案數（不含虛報數）			虛報數
	計	父或母	親友	案主主動求助	鄰居及社會人士	其他	合計	113保護專線	其他方式	
	5,363	1,500	1,044	600	1,607	612	17,051	8,289	8,762	4,157
	6,794	2,017	1,336	746	2,094	601	20,369	6,909	13,460	1,844
	8,577	2,548	1,540	1,201	2,607	681	19,679	6,954	12,725	801

	一般通報						個案人數		
	計	父或母	親友	案主主動求助	鄰居及社會人士	其他	通報人數	受理案件人數	開案人數
	7,455	2,197	1,198	1,030	2,170	860	19,928	19,841	13,400
	8,578	2,761	1,482	1,331	2,561	443	27,459	26,550	18,188
	7,840	3,004	1,316	1,087	2,008	425	30,197	26,573	17,667
	5,827	2,302	1,118	860	1,293	254	31,917	29,268	19,174
	3,792	1,687	597	512	866	130	31,102	25,971	16,322
	4,564	1,272	611	1,194	1,009	478	18,503	16,877	5,807

參考書目

1、王文秀、田秀蘭、廖鳳池（2011）。兒童輔導原理（第三版）。台北：心理。

2、王行、黃俶惠審訂（2009）。團體諮商：理論與實務。台北：學富。

3、王智弘（2005）。諮商專業倫理之理念與實踐。教育研究月刊，132，87-98。

4、王慧玲、連雅慧（譯）（2002）。家族治療理論的理論與方法（Family therapy: Concepts & methods, By M. P. Nichols & R. C. Schwartz, 1998）。台北：洪葉。

6、牛格正、王智弘（2008）。助人專業倫理。台北：心靈工坊。

7、林家興（2014）。諮商專業倫理：臨床應用與案例分析。台北：心理。

8、洪莉竹（2013）。學生輔導工作倫理守則暨案例分析。台北：張老師文化。

9、吳芝儀譯（1996）。生涯發展的理論與實務（By V. G. Zunker, Career counseling applied concepts of life planning, 1994）。台北：揚智。

10、易之新譯 (2008) 再生之旅——藉再決定治療改變一生。台北：心理。（By Goulding, R.L. & Goulding, M. M., *Changing lives through redecision therapy*,1979）

11、邱珍琬（2009）。親職教育（三版）。台北：五南。

12、邱珍琬（2012）。諮商理論與技術。台北：五南。

13、徐西森（2007）。諮商督導的倫理規範（收錄於徐西森、黃素雲著《諮商督導：理論與研究》（pp.91-104）。台北：心理。

14、新苗編譯小組（1998）。我不再被恐嚇（By Michele Eilliott, 101 ways to deal with bullying, 1997）。台北：新苗。

15、楊康臨、鄭維瑄（2007）。家庭衝突處理：家事調解理論與實務（By A. Taylor, The handbook of family dispute resolution:Mediation theory & practice, 2004）。台北：學富。

16、張春興（1989）。張春興心理學辭典。台北：東華。

17、張鳳燕、楊妙芬、邱珍琬、蔡素紋譯（2002）。人格心理學——策略與議題。台北：五南。（By Liebert, R. M., & Liebert, L. L., *Personality: Strategies & issues,*1998）

18、黃素菲譯（2004）。人際溝通（By R. B. Adler & N. Towne, Looking out, looking in, 10th ed.）。台北：洪葉。

19、劉焜輝主編 （2010）。輔導原理與實務。台北：三民。

20、梁培勇（2009）偏差行為概說（收錄於《兒童偏差行為》，梁培勇策畫主編，1-29。）。台北：心理。

21、鄔佩麗、黃兆慧（2006）。諮詢的理論與實務。台北：心理。

22、鄔佩麗、陳麗英（2011）輔導原理與實務。台北：雙葉。

23、Berman, P. S. (1997). *Case conceptualization and treatment planning: Exercise for integrating theory with clinical practice.* Thousand Oaks, CA: Sage.

24、Corey, G. (2001). *The art of integrative counseling.* Belmont, CA: Brooks/Cole.

25、Corey, G. (2009). *Theory and practice of counseling and psychotherapy (8th ed.).* Belmont, CA: Brooks/Cole——Thomson Learning.

26、Corey, G., Schneider Corey, M., & Callanan, P. (2007). *Issues & ethics in the helping professions* (7th ed.). CA: Thomson Brooks/Cole.

27、Dryden, W. (1999). *Rational emotive behavioral counseling in action* (2nd ed.). London: Sage.

28、Dryden, W. (2007). *Rational emotive behavioral therapy*. In W. Dryden (Ed.), *Dryden's handbook of individual therapy (5th ed)* (pp.352-3378). London: Sage.

29、Erikson, E. H. (1963). Childhood & society (2nd ed.). N.Y.: W. W. Norton.

30、Freedman, J., & Combs, G. (1996). *Narrative therapy: The social construction of preferred realities.* N. Y.: W.W.Norton & Company.

31、George, R. L., & Cristiani, T. L. (1995). *Counseling theory and practice* (4th ed.). MA, Needham Heights: Simon & Schuster Company.

32、Gilliland, B. E., James, R. K., & Bowman, J. T. (1989). *Theories and strategies in counseling and psychotherapy (2nd ed.).* Eaglewood Cliffs, NJ:Prentice Hall.

33、Glasser, W. (1975). *Reality therapy: A new approach to psychiatry.* N. Y.: Harper & Row.

34、Glasser, W. (1998). *Choice theory: A new psychology of personal freedom.* N.Y.: Harper Collins.

35、Glasser, W. (2000). *Counseling with choice theory: The new reality therapy.* N.Y.: HarperCollins.

36、Glasser, W., & Wubbolding, R. (1995). Reality therapy. In R. Corsini & D. Wedding (Eds.), *Current psychotherapies* (5th ed)(pp.293-321).Itasca, IL: F. E.Peacock.

37、Hanna, F. J., Hanna, C. A., & Keys, S. G. (1999). Strategies for counseling defiant, aggressive adolescents: Reaching, accepting, & relating. *Journal of Counseling & Development,* 77(4), 395-404.

38、Harper, J. F. & Marshall, E. (1991). Adolescents' problems and relationship to self-esteem. *Adolescence*, 26(104), 799-806.

39、Lazarus, A. A. (1995). Multimodal therapy. In R. Corsini & D. Wedding Eds.), *Current psychotherapies* (5th ed)(pp.322-355).Itasca, IL: F. E. Peacock.

40、Lazarus, A. A. (2008). Technical eclecticism and multimodal therapy. In J. L. Lebow (Ed.), *Twenty-first century psychotherapies: Contemporary approaches to theory & practice* (pp.424-452). Hoboken, N. J.: John Wiley & Sons.

41、Lewis, J. A., Lewis, M. D., Daniels, J. A., & D' Andrea, M. J. (2011). *Community counseling: A multicultural-social justice perspective* (4th Ed.). Belmont, CA: Brooks/ Cole.

42、Roberts, A. R. (2005). *Crisis intervention handbook: Assessment, treatment, & research* (3rd ed.). N.Y.: Oxford University Press.

43、Schneider Corey, M. & Corey, G. (2011). *Becoming a helper* (6th ed.). Belmont, CA: Brooks/Cole.

44、Sweeney, T. J. (1989). *Adlerian counseling: A practical approach for a new decade* (3rd ed.). IN: Accelerated Development INC.

45、Tarragona, M. (2008). Postmordern/postructturalist therapies. In J. L. Lebow (Ed.), *Twenty-first century psychotherapies: Contemporary approaches to theory & practice* (pp.167-205). Hoboken, N. J.: John Wiley & Sons.

46、Vasquez, M. J. T. (2010). Ethics in multicultural counseling practice. In Ponterotto, J. G., Casas, J. M., Suzuki, L. A., & Alexander, C. M. (Eds.), *Handbook of multicultural counseling* (3rd ed.) (pp.127-145). Thousand Oaks, CA:Sage

47、Yalom, I. D. (1980). *Existential psychotherapy*. N. Y.: BasicBooks.

國家圖書館出版品預行編目資料

圖解輔導原理與實務／邱珍琬著.--初版.--臺
北市：五南圖書出版股份有限公司, 2015.11
　　　面；　　公分.
ISBN 978-957-11-8370-1（平裝）

1.學校輔導　2.中小學教育

523.7　　　　　　　　　　104020383

1BZT

圖解輔導原理與實務

作　　者 ─ 邱珍琬(149.29)

發 行 人 ─ 楊榮川

總 經 理 ─ 楊士清

總 編 輯 ─ 楊秀麗

副總編輯 ─ 王俐文

責任編輯 ─ 金明芬、黃巧惠

封面設計 ─ 劉好音

出 版 者 ─ 五南圖書出版股份有限公司

地　　址：106台北市大安區和平東路二段339號4樓

電　　話：(02)2705-5066　　傳　　真：(02)2706-6100

網　　址：https://www.wunan.com.tw

電子郵件：wunan@wunan.com.tw

劃撥帳號：01068953

戶　　名：五南圖書出版股份有限公司

法律顧問　林勝安律師事務所　林勝安律師

出版日期　2015年11月初版一刷
　　　　　2021年10月初版四刷

定　　價　新臺幣320元

經典永恆・名著常在

五十週年的獻禮——經典名著文庫

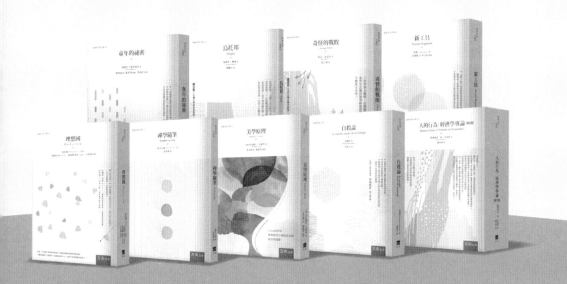

五南，五十年了，半個世紀，人生旅程的一大半，走過來了。

思索著，邁向百年的未來歷程，能為知識界、文化學術界作些什麼？

在速食文化的生態下，有什麼值得讓人雋永品味的？

歷代經典・當今名著，經過時間的洗禮，千錘百鍊，流傳至今，光芒耀人；

不僅使我們能領悟前人的智慧，同時也增深加廣我們思考的深度與視野。

我們決心投入巨資，有計畫的系統梳選，成立「經典名著文庫」，

希望收入古今中外思想性的、充滿睿智與獨見的經典、名著。

這是一項理想性的、永續性的巨大出版工程。

不在意讀者的眾寡，只考慮它的學術價值，力求完整展現先哲思想的軌跡；

為知識界開啟一片智慧之窗，營造一座百花綻放的世界文明公園，

任君遨遊、取菁吸蜜、嘉惠學子！